Maria Haesele

Eucharistische Wunder aus aller Welt

Dr. phil. Maria Haesele
18. Februar 1900 — 15. Februar 1972

Eher könnte die Welt
ohne Sonne,
als ohne Eucharistie
leben.
Johannes Maria Vianney
Pfarrer von Ars (1786—1859)

VIA·VERITAS·VITA

Das Antlitz Christi, mit modernster Technik der Nasa aus dem Turiner Grabtuch transparent gemacht.

MARIA HAESELE

Eucharistische Wunder aus aller Welt

CHRISTIANA-VERLAG STEIN AM RHEIN

Herausgeber: Arnold Guillet

Umschlaggestaltung: Hans Martin, Rebstein

Die auf den Seiten 8 bis 10 zitierten Worte des Heiligen Vaters sind seinem Schreiben «Über das Geheimnis und die Verehrung der heiligsten Eucharistie» entnommen.
71 Seiten, 3 Fotos, Christiana-Verlag, Stein am Rhein, 1980.

Bildlegenden und Fotonachweis:
Seite 32: Kopf Christi von Tilman Riemenschneider, Heiligblutaltar in der Kirche St. Jakob in Rothenburg ob der Tauber. Foto Marburg, Karte 219.
Übrige: Bildarchiv Christiana-Verlag.

Sechste erweiterte Auflage 1988: 26.—30. Tausend.

Druck: Atelier 14, Hans Martin, CH-9445 Rebstein

CIP-Titelaufnahme der Deutschen Bibliothek

Eucharistische Wunder aus aller Welt / Maria Haesele. (Hrsg.: Arnold Guillet). / 6. Aufl., 26.—30. Tsd., - Stein am Rhein: Christiana-Verlag 1988.
NE: Haesele, Maria (Mitarb.); Guillet Arnold (Hrsg.).

ISBN 3-7171-0645-7

Inhaltsverzeichnis

Vorwort des Herausgebers

Wir hatten in Stein am Rhein einen sehr frommen Pfarrer. Er hiess Albert Zuber, stammte aus dem benachbarten Thurgau und hatte zwei Brüder, welche Priester waren: der eine war Professor in Heiligkreuz Cham, der andere war Missionar. Als Ministrant hatte ich immer wieder Gelegenheit, ihn zu beobachten, sei es in der Frühmesse, bei den Andachten vor ausgesetztem Allerheiligsten, sei es in der Fronleichnamsprozession. Pfarrer Zuber glaubte mit ganzer Seele an die Realpräsenz; seine Haltung war geprägt von Ehrfurcht und Anbetung. Aus seinem Unterricht ist mir etwas geblieben: er erzählte uns einmal, wie er sich auf einer Zugsfahrt verhalte. Gerne würde er die Landschaft, Gottes Natur betrachten, und immer, wenn er irgendwo eine katholische Kirche sähe, würde er einen Augenblick innehalten und den Heiland im Tabernakel der dortigen Kirche grüssen und anbeten. Albert Zuber verbrachte seine letzten Lebensjahre in Eschenz, wo er neben der Kirche beigesetzt worden ist. In diesem Geist haben auch die Heiligen gelebt. Prof. F. Holböck hat in seinem Buch „Das Allerheiligste und die Heiligen" Männer und Frauen beschrieben, die ein ganz inniges Verhältnis zum eucharistischen Heiland gepflegt haben, ein Thomas von Aquin, ein Bruder Klaus, ein Paschalis Baylon, eine Margaretha Maria Alacoque, ein Pater Lukas Etlin. Diese Heiligen lebten so, wie ein lutheranischer Professor gelebt hätte, wenn ... Dieser Professor sagte nämlich, wenn er an die wirkliche Gegenwart Gottes in der Hostie glauben könnte, würde er jeden Tag einige Stunden vor dem Tabernakel verbringen. Papst Johannes Paul II. hat die Katholiken beschworen, dem Geheimnis der Eucharistie mit aller Ehrfurcht zu begegnen und Gott im Altarssakrament zu verehren; anschliessend bringen wir aus diesem Schreiben ein Zitat. Maria Haesele, Sekundarlehrerin in Zürich, hat in diesem Buch historisch beglaubigte Berichte über eucharistische Wunder aus verschiedenen Zeiten und Ländern zusammengetragen. Wir haben das Buch um einige Beiträge erweitert.

Arnold Guillet

Worte des Heiligen Vaters über das Geheimnis der Eucharistie

Die Eucharistie ist vor allem ein Opfer: Opfer unserer Erlösung und zugleich Opfer des Neuen Bundes, wie unser Glaube sagt und die Ostkirchen klar bekennen: „Das heutige Opfer – so hat vor Jahrhunderten die griechische Kirche erklärt – ist jenem gleich, das einmal der Eingeborene, das menschgewordene Wort, dargebracht hat; es wird von ihm (heute wie damals) dargebracht, da es das eine identische ist." Daher werden gerade bei der Gegenwärtigsetzung dieses einen Opfers unseres Heiles Mensch und Welt durch das neue österliche Geschenk der Erlösung Gott zurückgegeben. Diese Rückgabe darf nicht fehlen, denn sie ist Fundament für den „neuen und ewigen Bund" Gottes mit dem Menschen und des Menschen mit Gott. Ohne diese Rückgabe müßte man sowohl die Erhabenheit des Erlösungsopfers in Frage stellen, das doch vollkommen und endgültig war, als auch den Opfercharakter der heiligen Messe. Da die Eucharistie also ein wahres Opfer ist, bewirkt sie diese Rückgabe an Gott.

Daraus folgt, daß der Zelebrant als Diener dieses Opfers wahrhaft *Priester* ist und kraft der besonderen Vollmacht seiner Weihe einen Opferakt vollzieht, der die Menschen und Dinge mit Gott verbindet. Alle anderen, die an der Eucharistiefeier teilnehmen, opfern nicht in der gleichen Weise, bringen aber mit ihm kraft des allgemeinen Priestertums ihre eigenen *geistlichen Opfer* dar, die vom Augenblick der Gabenüberreichung am Altar durch Brot und Wein dargestellt werden. Dieser liturgische Akt, den fast alle Liturgien feierlich gestalten, hat nämlich „seinen geistlichen Wert und seine geistliche Bedeutung". Brot und Wein werden gewissermaßen zum Symbol für alles das, was die Gemeinde bei der Eucharistiefeier Gott zum Opfer bringt und im Geiste darbietet.

Es ist wichtig, daß dieser erste Akt der eucharistischen Liturgie im engeren Sinn auch im Verhalten der Teilnehmer zum Ausdruck kommt. Dem entspricht die sogenannte Gabenprozession, wie sie die jüngste Liturgiereform vorsieht, wobei nach alter Überlieferung ein Psalm oder Lied gesungen wird.

Das Bewußtsein vom Akt der Gabendarbringung müßte während der ganzen Messe lebendig bleiben. Ja, es müßte im Augenblick der Wandlung und der Aufopferung während der Anamnese seinen Höhepunkt erreichen, wie es der Grundgehalt des Opfervollzugs erfordert. Dies wollen die Worte des eucharistischen Hochgebetes zeigen, welche der Priester mit lauter Stimme spricht. Es scheint nützlich, hier einige Sätze des dritten eucharistischen Hochgebetes anzuführen, die besonders den Opfercharakter der Eucharistiefeier hervorheben und die Aufopferung unserer Personen mit der von Christus verbinden: „Schau gütig auf die Gabe deiner Kirche. Denn sie stellt dir das Lamm vor Augen, das geopfert wurde und uns nach deinem Willen mit dir versöhnt hat. Stärke uns durch den Leib und das Blut deines Sohnes und erfülle uns mit seinem Heiligen Geist, damit wir ein Leib und ein Geist werden in Christus. Er mache uns auf immer zu einer Gabe, die dir wohlgefällt."

Dieser Opfercharakter kommt schon bei jeder Meßfeier in den Worten zum Ausdruck, mit denen der Priester die Gabendarbringung abschließt, indem er die Gläubigen auffordert zu beten, daß „mein und euer Opfer Gott, dem allmächtigen Vater, gefalle". Diese Worte besitzen einen verbindlichen Wert, insofern sie die Eigenart der gesamten Eucharistiefeier sowie die Fülle ihres göttlichen und kirchlichen Gehaltes zum Ausdruck bringen.

Alle, die gläubig an der Eucharistie teilnehmen, sind sich bewußt, daß diese ein „Opfer", d. h. eine „geweihte Opfergabe" ist. Tatsächlich werden ja Brot und Wein zum Altar gebracht, begleitet vom Gebet und den geistlichen Opfern der Teilnehmer, und schließlich verwandelt, so daß sie *wahrhaft, wirklich und substantiell* zum Leib werden, den Christus selber hingegeben, und zum Blut, das er vergossen hat. So vergegenwärtigen die Gestalten von Brot und Wein kraft der Wandlung auf sakramentale und unblutige Weise das blutige Sühnopfer, das er am Kreuz dem Vater für das Heil der Welt dargebracht hat. Indem er sich in einem Akt höchster Hingabe und Aufopferung als Sühnopfer dahingeschenkt hat, hat nur er allein durch sein Lebensopfer die Menschheit mit dem Vater versöhnt: „Er hat den Schuldschein, der gegen uns sprach, durchgestrichen."

Für dieses Opfer, das in sakramentaler Weise auf dem Altar erneuert wird, stellen also die Gaben von Brot und Wein zusammen mit der inneren Hingabe der Gläubigen einen unersetzlichen Beitrag dar; denn bei der Wandlung durch den Priester werden sie die konsekrierten Gestalten. Dies wird deutlich im Verhalten des Priesters beim eucharistischen Hochgebet, vor allem während der Wandlung und immer dann, wenn die Feier des heiligen Opfers und die Teilnahme daran vom Bewußtsein begleitet sind, daß hier der Meister da ist und dich ruft. Dieser Ruf, den der Herr durch sein Opfer an uns alle richtet, öffnet die Herzen, damit sie sich im Geheimnis unserer Erlösung reinigen lassen und sich mit ihm in der eucharistischen Kommunion vereinigen, die der Teilnahme an der heiligen Messe einen reifen und vollen Wert schenkt, der den Menschen in seiner ganzen Existenz fordert: „Die Kirche möchte erreichen, daß die Gläubigen nicht nur diese makellose Gabe darbringen, sondern auch lernen, sich selbst hinzuzuschenken, und so durch Christus, den Mittler, zu einer immer innigeren Einheit mit Gott und untereinander gelangen, auf daß Gott alles in allem sei."

Papst Johannes Paul II.

Der Hostienraub von Ettiswil/Luzern

Schweiz 1447

Die Sakramentskapelle von Ettiswil, Kanton Luzern, ist das schönste Denkmal, das zu Ehren eines Hostien-Wunders in der Schweiz errichtet wurde.

Im Jahre 1947 feierte Land und Volk von Luzern den 500. Jahrestag jenes eucharistischen Ereignisses. Zu diesem Anlass gewährte der Heilige Vater Pius XII. allen frommen Besuchern des Gnadenortes einen vollkommenen Ablass.

Alte, eingehend geprüfte Urkunden geben uns ausführlichen Bescheid darüber, was vor 500 Jahren in Ettiswil geschah.

Das ausgeraubte Sakramentshäuschen

Am Fronleichnamsfest, 23. Mai 1447 [1]), standen die Ettiswiler mit ihrem Pfarrherrn höchst erschrocken und aufgebracht vor einer leeren Wandnische im Chor der Pfarrkirche, wo man nach damaliger Sitte, vergittert und gut verschlossen, das Allerheiligste aufbewahrte. Die hl. Hostie war nicht mehr da! Erst wollte der Priester kaum seinen Augen trauen. Er fragte die Ministranten. Er rief die nächststehenden Männer herzu. Doch niemand vermochte ihm zu sagen, wo die heilige Hostie hingekommen sei. In den Kirchenbänken wurde es inzwischen unruhig. Ein Raunen und Fragen begann, ein Vermuten und Entsetzen. Allmählich drängten die Leute aus den Bänken hervor und umstanden verwirrt und erschüttert das leere Sakramentshäuschen.

Es blieb kein Zweifel übrig: Ein Frevel war mit dem Allerheiligsten Sakrament verübt worden!

Häscher suchen und ergreifen die Diebin

Bald lief die Kunde von Weiler zu Weiler. Die Pfarrkinder von Ettiswil waren gar traurig und unglücklich und gaben

---

[1]) Dr. Josef Bütler, Das Wunder von Ettiswil. Willisau 1947, 23. oder 24. Mai 1447. S 23.

sich Mühe, eifrig zu überlegen, wie sie es bewerkstelligen könnten, jene Person aufzuspüren, die sich am hochheiligen Sakramente verfehlt hatte. Die frommen Bauern beteten und verübten Busswerke, um von Gott die Gnade zu erlangen, die heilige Hostie aufzufinden, ehe sie von verbrecherischer Hand noch ärger entweiht und entehrt werde.

Sogleich schickte man nach allen Seiten des Landes Häscher aus, um allüberall nachzufragen, ob man eine verdächtige Person gesehen habe.

Und wirklich! Nach ganz kurzer Zeit griffen die Kundschafter in Triengen ein fremdes Weib auf, namens Anna Vögtli, aus Bischoffingen im Badischen, welche in den vergangenen Tagen in Ettiswil gesehen worden war.

Anna Vögtli vor Gericht

Dem Richter Hemmann von Rüsegg [2]) gestand die Frevlerin „völlig freiwillig und spontan“ [3]):

„Ich, Anna, lebte in meiner Heimat in drückender Armut und grossem Elende. Da machte sich vor einiger Zeit ein verdorbener Mensch an mich heran mit den Worten:

‚Wenn du meinen Antrag annehmen willst, so werde ich dich unterweisen, wie du jedermann an Leib und Gut benachteiligen kannst. Auch will ich dir ein anständiges Kleid anschaffen, damit du nicht derart zerfetzt und armselig herumlaufen brauchst‘. –

Ich liess mich dazu bewegen und ging auf alles ein, nicht aus Bosheit, sondern um meiner Armut willen.“

Hostienraub, um ein neues Kleid zu erhalten!

Anna bekam nun vom elenden Burschen ein schönes Kleid geschenkt. Doch, sie musste es zwar nicht mit Geld, aber – mit schweren Sünden und Verbrechen bezahlen!

---

[2]) Ebenda S. 13–18. Gerichtsprotokoll v. 16. Juni 1447.
[3]) Ebenda. S. 14.

Sie kam jetzt öfters mit diesem Schurken und seinen Freunden zusammen. Was sie dabei ausmachten, erzählte Anna selber dem Richter:

„Man fasste einhellig und einstimmig den Beschluss, ich, Anna, soll in die Kirche von Bischoffingen gehen und dort das kostbare und verehrungswürdige Sakrament des Fronleichnams unseres Herrn Jesus Christus rauben. Ich führte den Auftrag aus und überbrachte die Hostie dem verdorbenen Menschen. Da trieb man mit dem hochheiligen Fronleichnam unseres Herrn Jesus Christus gar frevles Spiel! Doch darf man das vor Menschen nicht in Worte fassen. –

Zehn Wochen nach jener Freveltat kamen wir wieder zusammen. Nochmals wurde der Beschluss gefasst, ich, Anna, müsse erneut in der Kirche von Bischoffingen das hochheiligste Sakrament rauben. Ich tat's." [4]) –

Die Diebin bekam das Reisegeld nach Ettiswil

Anna hatte also schon zweimal in ihrem deutschen Heimatdorfe auf sakrilegische Weise heilige Hostien entwendet. Von ihrem Verführer beraten, glitt sie immer tiefer abwärts auf der Verbrecherbahn.

Sie gestand dem Richter vor vielen Zeugen weiter:

„Im einzelnen Verbrecher stieg nun die Furcht auf, wenn der Raub immer am gleichen Orte geschehe, so möchte man daraufkommen. Auf Anhalten hin bekam ich darum den nötigen Reisepfennig, um mich in entferntere Gegenden zu begeben und dort das hochwürdigste Altarssakrament zu rauben.

So kam ich ins Dorf Ettiswil (Schweiz). Daselbst hielt ich mich einige Zeit auf, um bei günstiger Gelegenheit den Raub auszuführen.

---

[4]) Ebenda. S. 15.

Schliesslich bot sich diese Gelegenheit, und ich zog in der Pfarrkirche zu Ettiswil das in ein Korporale eingehüllte hoch- und verehrungswürdige Sakrament des hehren Leibes unseres Herrn Jesus Christus durch das Eisengitter aus dem Sakramentshäuschen heraus". [5])

Wie Anna Vögtli die hochheilige Hostie raubte

Wie schlau Anna beim Hostienraub zu Werke ging, hat der Kartäuserpater Heinrich Murer [6]) ausführlich aufgezeichnet:

„Am besagten Tage ging Anna mit Judasgemüt morgens zur hl. Messe in die Kirche, stellte sich zuhinterst in eine Bank, um das Ende des Gottesdienstes abzuwarten. Der Priester las Messe und konsekrierte zwei Hostien, eine in der Messe zu empfangen, die andere für das bevorstehende Fest des Fronleichnamstages, um sie da nach altem römisch-katholischem Brauche mit grosser Andacht in der Prozession im Dorfe Ettiswil in einer Monstranz umzutragen.

Als die Messe vollendet war, tat der Priester die andere hl. Hostie ins Korporale, trug sie mit Andacht ins Sakramentshäuschen, welches er mit allem Fleiss schloss, ging hernach, wie auch andere Anwesende nach Hause. Aber das arge, ‚verwennte' Weib, aller Schalkheit voll, blieb in der Kirche und da sie niemand mehr zugegen sah und alle Gelegenheit in Acht und Augen genommen, wohin der Priester den teuren Schatz hingetan hatte, ging sie auf das Sakramentshäuschen zu, wendete allen Fleiss an, wie sie das hochwürdigste Sakrament durch das Gitter neben oder unten herausbringen mochte mitsamt dem Korporale, warf es mit geringer Ehrerbietung in ihren Schoss und eilte durch die Kirche hinab über den Kirchenhof hinaus . . ."

---

[5]) Ebenda. S. 16.

[6]) P. Heinrich Murer, Helvetia Sancta (1684). Siehe auch Heidegger, J. J., Stadtpfarrer von Willisau, in Cysats Kollektaneen, Band A (vor 1564).

Auf der Flucht

Sie dachte nicht daran, dass es ein Auge gibt, das alles sieht und eine allmächtige, göttliche Vaterhand, die das Gute belohnt und das Böse bestraft, und zwar immer, wenn auch nicht sofort, wie in ihrem eigenen Falle.

Sie kam nicht weit mit dem Allerheiligsten, denn Gott selbst machte ihren sakrilegischen Diebstählen ein Ende.

Plötzlich hielt sie einen Augenblick auf dem Felde still und schaute erschrocken auf das hochwürdigste Gut in ihrer Schürze. Dann versuchte sie weiterzugehen, konnte es aber nicht.

Sie selber gestand dem Richter Hemmann vor vielen Zeugen, was ihr Wunderbares auf der Flucht geschah:

„Allsogleich verliess ich die Kirche und flüchtete. Als ich ausserhalb der Friedhofsmauern war, nahm die hochheilige Hostie allmählich an Gewicht zu und wurde schliesslich so schwer, dass ich völlig ausserstande war, sie weiterzutragen. Auch konnte ich weder rückwärts noch vorwärts, so dass ich genötigt gewesen wäre, an derselben Stelle zu verharren.

So warf ich denn das lebenspendende Sakrament, ob seiner gewaltigen Schwere, neben einen Zaun in die Nesseln. Das Korporale jedoch behielt ich für mich, ging weg und machte mich aus dem Staube.

Ich zog des Weges weiter nach Büron. Von dort gelangte ich nach Triengen und wollte in die Heimat zurückkehren. Daselbst wurde ich von zwei Pfarrangehörigen der Kirche zu Ettiswil aufgegriffen, ins Gefängnis gebracht und dort festgehalten ...

Hätte ich das Begonnene nach meinem Willen zu Ende führen und das hochwürdigste Sakrament heimbringen können, so wäre mir reicher Lohn zuteil geworden ..." [7])

Reue und Sühne

Nicht nur der mehrmalige Hostienraub, sondern noch andere Übeltaten gestand Anna vor Gericht ein, die schwere Strafe verdienten.

---

[7]) Vorerwähntes Gerichtsprotokoll.

Doch hatte die Gnade bereits durch den grossen heilsamen Schrecken bei der auffallenden Gewichtszunahme der hl. Hostie während der Flucht ihren Sinn geändert.

Eingeschlossen in den Gefängnisturm auf dem Schlosshügel von Büron, überdachte Anna ihre himmelschreienden Sakrilegien und bereute sie. Der liebe Gott, dessen Barmherzigkeit grösser ist als die Verbrechen aller Menschen und aller Zeiten, hat ihr gewiss verziehen, da sie im Geiste der Sühne willig die Verurteilung zum Feuertode annahm.

Einst erblickte Anna an einem sonnigen Maienmorgen durch das Kerkerfenster den Pilatus und die strahlenden Gletscherfirne und brach in herzlicher Reue weinend in die Worte aus:

„Ach, wenn ich ungebunden auf dem höchsten Berge der Eidgenossenschaft stünde und wohl entrinnen könnte, dennoch wollte ich ungezwungen selber, mit gutem Willen, in das Feuer gehen!"

So ward aus der Sünderin eine gottliebende Büsserin

Das Gerichtsprotokoll berichtet, dass Anna Vögtli vor dem Richter Hemmann und den von ihm eigens gerufenen und aufgebotenen Zeugen ihre Schuld eingestanden habe. – „Bis zum letzten Augenblicke ihres Lebens hielt sie dies Geständnis aufrecht und hauchte unter grosser Reue ihres Herzens und mit hoher Andacht, selig, wie man fromm glaubt, im lodernden Feuer ihr Leben aus!" –

Anna Schulmeister, eine junge Schweinehirtin, fand die heilige Hostie

Bis man Anna Vögtli gefangennehmen und verhören konnte, lag die heilige Hostie im Gestrüpp, zwischen Nesseln und Dornen, wohin die Frevlerin sie unweit der Pfarrkirche geworfen hatte.

Millionen Engel mögen „Heilig, Heilig, Heilig" singend vom Himmel herabgeschwebt sein auf das Ettiswiler Feld und den wahren Gottessohn in Brotgestalt angebetet haben.

Dann zog die Nacht ihren schwarzen Schleier über die Flur, während am Himmel tausend und tausend Sterne als ewige Lichtlein ob dem Allerheiligsten auf dem einsamen Acker brannten.

In den Häusern aber beteten die Kinder zum Hochgelobten Sakrament, und jedes hätte so gerne die geraubte Hostie gefunden.

Gott erhörte das Gebet der frommen Pfarrgemeinde.

Noch ehe Anna Vögtli ihren Raub eingestanden hatte, führte Gott das brävste, aber auch weit und breit das ärmste Kind an den einsamen Ort, wo die heilige Hostie verborgen lag. Die kleine Margreth Schulmeister war so arm, dass sie die Schweine der Ettiswiler Bauern hüten musste.

Auch zur Zeit des Hostienraubes trieb Gritli die borstigen Tiere aufs Feld hinaus und dachte traurig darüber nach, wie man den lieben Heiland gestohlen habe.

Der Kartäuser-Pater Heinrich Murer berichtet:

„Als zu Ettiswil der Verlust des hochheiligen Schatzes ruchbar geworden, geschah es nach wenig Tagen und kurzer Zeit, dass eines Abends ein Mädchen, Margreth Schulmeister mit Namen, jung an Jahren, die Schweine hütete auf dem Feld und dieselben bei jenem Nesselbusch vorüber in das genannte Dorf eintreiben sollte. Als die Schweine an diesen Ort kamen, wollten sie weder vorwärts noch rückwärts, fielen teils auf die Knie, teils grunzten sie und trieben seltsame Gebärden, so dass das arme Schweinemägdlein in grosse Sorge und Angst geriet. Weder mit Zusprechen, noch Zuschreien, noch mit Schlägen konnte es etwas ausrichten. Es beschloss daher, eine Frau, welche unfern war, herbeizurufen. Diese kam dem

Mägdlein zu Hilfe. Aber obschon beide allen möglichen Fleiss anwandten, konnten sie dennoch die Schweine nicht von dannen bringen.

Da vermeinte Margrethchen Schulmeister im Nesselbusch eine wunderschöne, weisse Blume zu sehen, ging hin und wollte sie pflücken, es war jedoch die heilige Hostie.

Beide erblickten im Nesselbusch, einer weissen Rose gleich, der Engel und der Menschen Speis, von grossem Schein umgeben. Denn diese hl. Hostie hatte sich wunderbarerweise in sieben Teile zerteilt, so dass sechs Teile nicht anders anzusehen waren, als wären es sechs schöne, weisse Rosenblätter, und der siebte Teil lag ganz rund darüber."

Margreth Schulmeister rief die Nachbarn herbei, und das ganze Dorf freute sich über die Auffindung der hl. Hostie.

Dankprozession

„Die Kunde von der wunderbaren Auffindung des verlorenen Schatzes kam dem Pfarrherrn bald zu Gehör, wie auch allen Einwohnern des Dorfes. Da lief Mann und Weib, jung und alt, mit dem Pfarrherrn das Wunder zu besichtigen. Freude und Leid waren durcheinander vermischt: Einer beherzigte die grosse Unehre, welche das boshafte Weib unserem Herrn und Seligmacher angetan; ein anderer erfreute sich der wunderbaren Auffindung der schönen Gestalt und des Glanzes des hochheiligen Sakramentes.

Der Pfarrherr, als ein weiser Mann, wollte Gott den Herrn nicht länger in Unehre unter den Nesseln an der Strasse liegen lassen. Er eilte der Kirche zu, liess durch das Geläute das Volk herbeirufen und sammeln, verordnete eine Prozession anzustellen, das hochwürdige Sakrament wieder mit Kreuz und Fahnen, Lichtern und Glockenschall einzuholen, so gut dies in solcher Not und Eile geschehen konnte . . .

Als man aber zum Orte kam und der Pfarrherr, wie alle andern, mit besonderer Andacht Gott den Herrn angebetet hatte, langte der Pfarrherr mit seiner Patene nach den Stükken und Partikeln, dieselben aufzuheben.

Nachdem die sechs Teile in der Runde herum aufgehoben waren, und der Priester zuletzt nach dem siebten, runden Hostienteile griff, versank derselbe in die Erde zur grossen Verwunderung aller Umstehenden, so dass er nicht mehr zu sehen und zu bekommen war.

Das verursachte viel Bedenken und Reden. Sie wurden endlich Rats, dass es bedeute, allda eine Kapelle zu ewigem Gedächtnis zu erbauen.

Darauf ging der Pfarrherr mit den sechs Partikeln samt allen, die der Prozession beiwohnten, wieder in guter Ordnung und Andacht zur Pfarrkirche zurück.

Allda wurden diese Hostienteile lange Zeit in besonderer Ehre aufbewahrt und von Einheimischen und Ausländischen mit höchster Andacht besucht und angebetet.

Gott wirkte und zeigte dort auch manches Wunderwerk an Blinden, Lahmen und Kranken ..."

Die Sakramentskapelle in Ettiswil

Wir können uns vorstellen, wie glücklich die kleine Schweinehirtin war und mit ihr alle frommen Ettiswiler Pfarrkinder. Sicher haben sie auch der Anna Vögtli, als sie ihrer habhaft wurden, berichtet, dass man die heilige Hostie auf wundersame Weise gefunden habe. Dies mag ihr Herz bewegt und zu noch innigerer Reue gestimmt haben.

Gott wirkt ja die Wunder immer zum Wohle der Seelen, damit sie glauben und nicht verloren gehen.

Den durch die heilige Hostie geheiligten Platz im Gestrüpp umzäunten die guten Ettiswiler sofort sorgfältig, damit kein weidendes Tier ihn mehr betrete. Auch bezeichneten sie ihn mit einem grossen Steine, bis sie später die heutige Gedächtniskapelle darüber errichten konnten.

Dort an der rechten Kapellenwand ist das ganze Wunder in prächtigen Bildern geschildert. Daneben hängen buntbemalte, hölzerne „Exvoto“-Tafeln.

Diese berichten von frommen Pilgern, die in ihren Nöten Zuflucht zum allerheiligsten Altarssakrament nahmen und für die erhaltenen Gnaden durch diese Votivbilder in der Ettiswiler Kapelle Dank sagten.

Da steht in verblichener Schrift geschrieben:

– Eine Person, welche mit sehr gefährlichen, offenen Wunden behaftet war, gelobte in dieser Gnadenkapelle zu dem Hochheiligsten Sakrament des Altars und wurde gnädig erhört. *anno 1780*

– Eine gewisse Person gelobte zu dem Hochheiligsten Sakrament des Altars und es wurde ihr geholfen. *anno 1805*

– Eine gewisse Mannsperson, mit gefährlichen Wunden behaftet, gelobte zum Hochheiligsten Sakramente des Altars und erlangte Hilfe und Gnade. *anno 1806*

– Kummervolle Eltern haben eine Wallfahrt nach Ettiswil versprochen wegen eines kranken und lahmen Kindes und Gott sei Dank wurde geholfen. *anno 1821*

Auch wir wollen in unseren Sorgen voll Vertrauen Zuflucht zum allerheiligsten Altarssakrament nehmen. In jeder Kirche wartet Jesus auf uns. In der hl. Messe, in der hl. Kommunion, beim täglichen, kurzen Besuch will uns der göttliche Heiland in der hl. Hostie Gnaden austeilen. Er ist der beste Arzt, der beste Helfer, der beste Ratgeber und Tröster.

Geheimnisvolles Leuchten in Paterno

Italien 1772

Am 18. Januar 1772 drangen Diebe nachts in die Pfarrkirche von Paterno bei Neapel ein. Sie brachen den Tabernakel auf und raubten zwei Ziborien voll konsekrierter Hostien.

Als das Verbrechen bekannt wurde, erfüllte Bestürzung und Empörung die ganze Gegend. Niemand konnte einen solch himmelschreienden Frevel begreifen.

In allen Kirchen und Kapellen der Umgebung wurden Sühneandachten gehalten. Die Gläubigen baten Gott um die Gnade und den Trost, das hochwürdigste Gut bald auffinden zu können, damit es nicht länger frechen Judashänden ausgeliefert bleibe.

Wenige Tage nach der ruchlosen Tat ereigneten sich auf dem Landsitz des Herzogs Grottoletto sonderbare Dinge.

Die benachbarten Bauern beobachteten, wie dort auf einem Acker allnächtlich ein Glitzern und Flimmern begann, als ob eine Handvoll vom Himmel gefallener Sterne einen funkelnden Reigen aufführe. An den Fenstern stehend, betrachteten die Leute das geheimnisvolle Schauspiel. Die Nachricht verbreitete sich rasch. Doch niemand wusste dieses seltsame Vorkommnis zu erklären.

Eines Abends staunte man noch mehr, als um einige Heustöcke jenes Ackers kleine Flammen aufzüngelten und wieder erloschen.

Da eilten die Leute, fest überzeugt, dass dieses Flammenspiel eine Antwort des Himmels auf ihr Gebet um Wiederauffindung der hl. Hostien sei, mit Hacken und Schaufeln dorthin.

Voll Eifer gruben sie nach. Doch sie fanden nichts. Enttäuscht wollten sie schon den Heimweg antreten, als ein hel-

ler Lichtstrahl aus der Ritze einer Pappel hervordrang. Zugleich hörten sie den Flügelschlag einer weissen Taube, die aus der Höhe herabflog, einige Augenblicke bei der Pappel verweilte und wieder verschwand.

Nun umringten die Bauern die Pappel und fanden, zu ebener Erde verborgen, eine hl. Hostie. Mit lautem Jubel begrüssten die Leute den göttlichen Heiland in Brotsgestalt.

Rasch rief man den Hochw. Herrn Diego Guarino herbei. Er legte die hl. Hostie in das mitgebrachte Korporale, während die Männer rings um den Baum herum eifrig weitersuchten. Nach kurzer Zeit gelang es ihnen, vierzig hl. Hostien aus dem Versteck hervorzuholen. In feierlicher Prozession wurde das höchste Gut freudig zur Pfarrkirche zurückgetragen.

Doch, wie staunten die guten Bauern, die geglaubt hatten, alle geweihten Hostien aufgefunden zu haben, als in der folgenden Nacht wiederum rings um die Heustöcke das feurige Spiel begann und es gleichzeitig da und dort sternartig glitzerte.

Neuerdings zogen sie mit Pickeln, Gabeln und Schaufeln aufs nächtliche Feld hinaus und ruhten nicht, bis sie auch noch die übrigen Hostien fanden.

Dankbarer Jubel erfüllte alle Leute, als sie mit brennenden Kerzen, singend und betend, unter festlichem Geläute die letzten heiligen Hostien zurück ins Heiligtum begleiteten.

(Quelle: P. Pedro Laurenti, S. J., Le Meragviglie del SS. Sacramento.)

Was ist das Altarssakrament?

Das Sakrament des Altares ist der Leib und das Blut Jesu Christi, auf dem Altar als Opfer (Messopfer) dargebracht und den Gläubigen zur Speise (Kommunion) gegeben.

Jesus Christus hat beim letzten Abendmahl die Eucharistie als Opfer und Sakrament eingesetzt und zugleich den Aposteln den Auftrag erteilt: *„Tut dies zu meinem Andenken!"* (Lk. 22, 19). Diesen Auftrag erfüllt die Kirche im hl. Messopfer.

Himmlische Begleiter

Spanien 1530

Der selige Johann von Avila verstand es, seinen Theologie-Studenten eine innige Andacht zum allerheiligsten Altarsakramente einzuflössen. Einer derselben, Pater Centenares, war später als Seelsorger im einsamen Gebirge der „Sierra Morena" tätig.

Eines Nachts erhielt er Bericht, ein Kranker verlange nach der hl. Wegzehrung. Es war sehr stürmisches Wetter, und in der Finsternis vermochte niemand dem Priester den genauen Pfad zur fernen Behausung anzugeben. Dennoch holte der gute Pater Centenares das Ziborium, in welchem sich mehrere hl. Hostien befanden, und machte sich auf den gefährlichen Weg.

Kaum hatte er die Kirche verlassen, da näherten sich ihm zwei engelgleiche Jünglinge mit brennenden Kerzen und boten sich an, ihn zu begleiten.

Nachdem der Priester den Sterbenden versehen hatte, kehrten die Unbekannten mit ihm zur Kirche zurück und traten mit ihm an den Altar. Kaum hatte er das Ziborium wieder versorgt, verschwanden die geheimnisvollen Begleiter.

Sehr verwundert darob, nahm sich Pater Centenares vor, alles seinem heiligmäßigen Lehrer zu berichten. Doch, noch ehe er das Vorgefallene niederschrieb, erhielt er zu seiner grossen Überraschung am nächsten Morgen folgenden Brief vom seligen Johann von Avila:

„Verwundere Dich nicht über das Erlebnis der vergangenen Nacht! Die beiden Jünglinge, die Dich begleiteten, waren zwei Engel, welche Gott Dir sandte, um Deinen Seeleneifer zu belohnen. Danke ihm dafür und fahre treu so weiter!"

(Quelle: P. J. B. Courdes, S. J., Beato Juan de Avila.)

g. e.

Der „heilige Zweifel" von Iborra

Spanien 1010

Unter diesem sonderbaren Namen ist ein ergreifendes eucharistisches Wunder bekannt, welches sich vor 1000 Jahren in einer Marienkapelle, nahe bei Iborra, in der spanischen Diözese Solsona, ereignete.

Als der damalige Rektor der Kapelle, HH. Bernhard Oliver, eines Tages im Jahre 1010 die heilige Messe feierte, wurde er im Augenblicke, da er die Wandlungsworte über den Kelch sprach, vom bösen Feinde mit heftigen Zweifeln über die Verwandlung des Weines in das kostbare Blut geplagt.

Der liebe Gott half ihm, diese Versuchung zu besiegen, indem er durch ein offensichtliches Wunder das Dogma von der Wandlung des Weines in das kostbare Blut bestätigte.

Sogleich nach der Wandlung begann nämlich aus dem Kelche eine Menge Blut zu fliessen, welches sich nicht nur über das Korporale und den Altartisch, sondern sogar über die Altarstufen ergoss. Wer vermöchte sich den Schrecken des Zelebranten und das Staunen der anwesenden Gläubigen vorzustellen?

Zur gleichen Zeit begannen die Glocken der Kapelle von selber feierlich zu läuten, so dass die Leute zusammenliefen und Augenzeugen des erhabenen Wunders wurden. Einige Frauen begannen mit Linnentüchern das heilige Blut vom Boden aufzutrocknen.

In jenen Tagen befand sich der hl. Ermengol, Bischof von Solsona, dank der göttlichen Vorsehung, gerade im benachbarten Dorfe Guisona.

Er eilte nach Iborra und wurde selber Augenzeuge dieses einzigartigen Ereignisses. Strenge untersuchte er alle Einzel-

heiten und kam zur Überzeugung, dass es sich wirklich um ein übernatürliches Vorkommnis handle.

Um aber nicht voreilig zu urteilen, begab er sich mit einem Teil jenes kostbaren Blutes nach Rom und erzählte dem Papste Sergius IV., was sich in Iborra zugetragen hatte.

Staunend hörte der Hl. Vater den Bericht und erteilte die Erlaubnis zur öffentlichen Verehrung der Heiligblut-Reliquie. Ausserdem schenkte er dem hl. Ermengol einen Dorn aus der Dornenkrone unseres Herrn und Heilandes.

Diese und andere Reliquien werden in Iborra heute noch gemeinsam mit jenen blutgetränkten Korporalien des „heiligen Zweifels" alljährlich zweimal – am 1. Passionssonntag und am 16. August – vom Volke verehrt.

Eine authentische Kopie der Bulle des Papstes Sergius IV., die Blutreliquie von Iborra betreffend, ist ebenfalls erhalten. Ausserdem hat die hl. Ritenkongregation durch Dekret vom 2. Juni 1868 deren Verehrung erneut gutgeheissen.

(Quelle: HH. E. Moreno Cebada, „Glorias religiosas de Espana", 2. Bd.)

Der verheissene Messias

Spanien 1554

Der hl. Thomas von Villanueva, Erzbischof von Valencia, wurde im Jahre 1554 dringend zu einem Sterbenden geholt. Der Kranke begrüsste ihn mit grosser Freude und sprach:

„Gnädiger Herr, ich habe Sie persönlich rufen lassen, da ich Ihnen offenbaren möchte, warum ich seinerzeit dem jüdischen Glauben entsagt habe und katholisch geworden bin. Ich habe bisher mein Geheimnis keinem Menschen anvertraut. Jetzt aber möchte ich Sie bitten, alles was ich Ihnen erzähle, nach meinem Tode zu Ehren des allerheiligsten Altarssakramentes zu veröffentlichen.

Ich bin von meinen Eltern nach streng jüdischem Gesetze erzogen und in der Synagoge unterrichtet worden. Ich war fest von der Wahrheit meines Glaubens überzeugt.

Da schickte mich mein Vater eines Tages auf einen ziemlich weiten Botengang. Einer meiner jungen Freunde begleitete mich.

Auf dem Wege begannen wir vom kommenden Messias zu sprechen, denn im jüdischen Religionsunterricht hatte man uns versichert, dass Er noch nicht geboren worden sei.

Wir beide wünschten nun sehnlichst die baldige Geburt des Erlösers, damit auch wir Ihn sehen und vielleicht sogar als erste Jünger Ihm nachfolgen dürften.

In solch kindlich frommem Gespräche wanderten wir dahin.

Als die Sonne untergegangen und die Dunkelheit bereits hereingebrochen war, bemerkten wir staunend, wie ein Teil des nächtlichen Himmels in wunderbarer Helle erglänzte. Es schien, als ob jemand in jener Richtung den blauen Himmelsvorhang wegzöge. Verwundert betrachteten wir das seltsame Schauspiel.

Mein Vater hatte mir oft eingeschärft, ich solle, falls ich je Zeuge eines aussergewöhnlichen Naturereignisses sei, Gott sogleich um eine Gnade bitten. Ich erinnerte mich dieser Mahnung und kniete mich mit meinem Kameraden unverzüglich auf dem Wege nieder. Gemeinsam baten wir den lieben Gott recht innig, er möge uns doch den verheissenen Messias schauen lassen.

Da erschien in den Lüften, inmitten eines leuchtenden Strahlenkranzes, ein glänzender Kelch und darüber eine heilige Hostie.

Wir erschraken zuerst über diese Erscheinung. Dann aber fühlten wir uns durch diesen wundersamen Anblick hochbeglückt und vollkommen überzeugt, dass dies der wahre und einzige Messias sei.

Der wahre Glaube nahm Besitz von unseren Herzen, und wir dankten und priesen Gott für die erkannte Wahrheit. Nach Hause zurückgekehrt, verschloss mir jedoch die Angst vor meinem Vater den Mund.

Sobald ich aber volljährig und der väterlichen Gewalt entwachsen war, zögerte ich nicht länger, um die hl. Taufe zu bitten und in die hl. katholische Kirche überzutreten. Was aus meinem Kameraden geworden ist, weiss ich nicht, denn ich hörte später nichts mehr von ihm."

(Quelle: Hl. Thomas von Villanueva, „De corpore Christi", 2 Pred.)

Jesus, dir leb' ich,
Jesus, dir sterb' ich,
Jesus, dein bin ich im Leben und im Tod!

Jesus, sei mir gnädig,
Jesus, sei mir barmherzig,
Jesus, verzeih' mir meine Sünden. Amen.

Das Fischwunder von Alboraya/Valencia

Spanien 1348

Anfangs Juli des Jahres 1348 begab sich ein Bauer von Alboraya, der im Amtsbezirk Soboya eine Ölmühle besass, ins Pfarrhaus und bat den Seelsorger, einen Sterbenden zu versehen.

Obwohl sich gerade ein heftiges Gewitter entlud, machte sich der edle Priester, trotz Blitz und Donner und Wolkenbruch, sogleich auf den Weg. Die Leute, die ihm begegneten, knieten sich ehrfürchtig nieder, denn er war mit Chorrock und Stola angetan und trug, unter dem weissen Schultertuch verborgen, den goldenen Speisekelch mit dem hochheiligen Leib des Herrn.

Zum Glück vermochte der Pfarrherr ein Bachtobel, Pedralvilla oder auch Carraixet genannt, in welchem bereits das Wasser anstieg, noch ohne grössere Schwierigkeiten zu durchqueren. Bei starkem Regen nämlich verwandeln sich in Spanien Gräben und Bachbette, die den grössten Teil des Jahres versandet daliegen und sogar als Fahrstrassen dienen, manchmal plötzlich in reissende Flüsse.

Wohlbehalten am Ziele angekommen, hörte der Priester des Sterbenden Beichte und reichte ihm die hl. Wegzehrung und die letzte Ölung. Nachdem er so sein Pfarrkind für die letzte Reise, von welcher niemand zurückkehrt, gestärkt hatte, verabschiedete er sich. Da im mitgebrachten Speisekelch noch drei weitere hl. Hostien verblieben, deckte der Priester denselben sorgfältig zu, um ihn ebenso feierlich, wie beim Herweg, zurück in die Kirche zu tragen.

Das Unwetter hatte inzwischen jedoch keineswegs nachgelassen. Der Regen prasselte unaufhaltsam nieder und überschwemmte alle Wege und Felder ringsum.

Als der Geistliche zum Carraixet gelangte, stand er einen Augenblick erschrocken und zögernd still, denn das Tobel hatte sich in ein rauschendes Bachbett verwandelt. Schliesslich entschloss er sich, dennoch hindurchzuwaten, denn weit und breit war keine Brücke vorhanden.

Den Speisekelch unter dem Schulturtuch fest an die Brust drückend, begann der Pfarrherr vorsichtig das Wasser zu durchschreiten. Doch plötzlich glitt er aus. Das Ziborium entfiel seinen Händen und dessen Deckel löste sich. Wer vermöchte sich den Schrecken des armen Priesters vorzustellen!

Sich bückend, suchte er auf dem trüben Grunde die heiligen Hostien. Der aufgewühlte Sand aber erschwerte sein Bemühen. Alle seine Anstrengungen blieben erfolglos. Voller Kummer eilte er schliesslich ins Dorf und berichtete seinen Pfarrkindern, was geschehen war.

Die ganze Gemeinde nahm innigen Anteil. Die Männer trösteten ihren völlig durchnässten und erschöpften Seelsorger, indem sie sich sogleich mit ihm aufmachten, um das Allerheiligste zu suchen.

Barfuss wateten sie durch das langgestreckte Flussbett, und bald meldete einer der Suchenden glückstrahlend:

„Gefunden, gefunden!"

Doch die Freude verwandelte sich in tiefste Betrübnis, als er nur den leeren Kelch aus dem Wasser zog. Der Deckel fehlte. Die hl. Hostien waren fortgeschwemmt worden, dem nahen Mittelmeere zu.

Suchend und betend wateten die braven Bauern weiter im Wasser bis an den Meeresstrand, wo sich der reissende Fluss ins Mittelmeer ergoss.

Gerade dort aber wollte der allmächtige Gott ihren opferbereiten Glauben mit einem grossartigen Wunder belohnen.

Plötzlich beobachteten nämlich die suchenden Bauern, die im Wasser standen, dass an der Mündungsstelle des Flusses drei Fische auftauchten und regungslos ihre Köpfe aus den Fluten streckten.

Neugierig näherten sich die Männer und trauten ihren Augen kaum, als sie sahen, dass jeder Fisch eine Hostie im Maule trug.

Aus Ehrfurcht vor dem hochheiligen Sakramente wagte keiner der Anwesenden, die Tiere zu ergreifen. Man rief den Priester. Tief ergriffen betrachtete er diese wunderbare Aussetzung des Allerheiligsten auf den dahingleitenden Wellen.

Dann eilte er in die Kirche, legte die hl. Gewänder an und kehrte zurück an den Strand, wo ihn die Fische regungslos erwarteten.

Als er sich mit dem leeren Speisekelche den Wellen näherte, schwammen ihm die Fische rasch entgegen und liessen die drei heiligen Hostien vollständig unversehrt in das Ziborium fallen.

Ehe sie im Meere untertauchten, bezeugten sie durch mehrere muntere Luftsprünge ihre grosse Freude über die gehabte Ehre.

Mit unsäglichem Jubel begleitete das Volk das Allerheiligste in feierlicher Prozession in die Pfarrkirche von Alboraya, wo der Priester die heiligen Gestalten in den Tabernakel

legte, um dieselben an den folgenden Tagen, während der hl. Messe, zu geniessen.

Darauf benachrichtigte der Pfarrherr seinen Vorgesetzten, Bischof Hugo de Fenollet, welcher sogleich strenge Untersuchungen über das geheimnisvolle Ereignis anordnete.

Zur ewigen Erinnerung an dieses Wunder errichtete das dankbare Volk zwei Kapellen: die eine im Bachtobel der Gemeinde Almacera und die andere in der Gemeinde Alboraya am Meeresufer. Um den Bewohnern von Almacera, wohin der Priester damals die hl. Wegzehrung gebracht hatte, eine besondere Freude zu machen, überliess man ihnen jenes Ziborium. Auf einem kostbaren Kelch ihrer Pfarrkirche wurden kunstvoll drei Fische eingraviert, die eine hl. Hostie im Maule tragen und darunter folgende Worte geschrieben:

Quis divina neget Panis Misteria
quando muto etiam piscis praedicat ore fidem?
Wer unterstände sich, das Geheimnis dieses göttlichen Brotes zu leugnen, wenn sogar der Fisch mit stummem Munde daran zu glauben lehrt?

Dort aber, wo die hl. Hostien zu Boden fielen, quillt seither ständig so reichlich Wasser aus dem Grunde, dass es nicht mehr möglich ist, jene Stelle des Tobels Garraixet zu Fuss zu überschreiten. Der Volksmund nennt jene ausgiebige Quelle, die vor diesem eucharistischen Wunder nicht existierte, „Clot de Frechina". Die ansässigen Bauern danken Gott dafür, denn seither können sie sogar zur Zeit grösster Trockenheit ihre Felder und Äcker im weiten Umkreis genügend bewässern und sich über reiche Ernten freuen.

(Quelle: HH. Manuel Juan, Historia del milagro de las sagradas Formas del pueblo de Alboraya, Cronica del primer Congreso Eucaristico Nacional celebrado en Valencia 1893.)

Die hl. Hostie im Gasthause

Nordamerika, 20. Jahrhundert

Der Regen prasselte nieder und der Sturm rüttelte an den Fensterladen des schlafenden Pfarrhauses. Trotzdem machte sich der Priester zu einem Versehgang bereit. Man hatte ihn zu einem Sterbenden weit draussen in einer einsamen Gegend des Bistums Albany gebeten.

Der Missionar schloss den Tabernakel auf, entnahm dem Speisekelch eine hl. Hostie, legte sie ehrfürchtig in eine Kapsel und barg dieselbe mit aller Sorgfalt in der Verseh-Burse, die er in seine Brusttasche steckte.

Dann holte er sein Pferd aus dem Stall und fort ging's in die Nacht hinaus. Mutig kämpften Ross und Reiter gegen das Unwetter, das sich ihnen immer heftiger entgegenstemmte. Immer tiefer sank das Pferd in den aufgeweichten Boden und ermüdete bald so sehr, dass der Geistliche sich gezwungen sah, demselben Ruhe zu gönnen.

Er stieg bei einer Schenke ab. Nachdem er das erschöpfte Tier wohl versorgt hatte, legte auch er sich zu kurzer Ruhe nieder. Zuerst aber schloss er die Kapsel mit der hl. Hostie in eine Schublade ein.

Glücklicherweise legte sich gegen Morgen der Orkan, und der Geistliche beeilte sich weiterzureiten, um den Sterbenden noch rechtzeitig auströsten zu können.

Bereits war er einige Meilen weit geritten, als es ihm plötzlich in den Sinn kam, dass er die Verseh-Burse in der Kommode des Gastzimmers vergessen habe. Der edle Seelsorger erschrak zutiefst und machte sich die bittersten Vorwürfe wegen seiner unverantwortlichen Vergesslichkeit. Die Angestellten des Lokals waren nicht katholisch, was der Priester wohl bemerkt hatte. Vielleicht hatten sie das Gastzimmer inzwischen aufgeräumt und die unscheinbare Burse samt der heili-

gen Hostie aus Unkenntnis bereits weggeworfen! Von solchen Gedanken geplagt, jagte der unglückliche Reiter im Galopp zurück zum kleinen Hotel.

Atemlos kam er an und frug den ihn empfangenden Wirt, ob das Gastzimmer, in welchem er die vergangene Nacht geruht habe, noch frei sei.

„Jawohl!" entgegnete der Hotelier ziemlich ungehalten. „Und es ist gut, dass Sie zurückgekehrt sind, denn wir befinden uns in grosser Verlegenheit, weil wir umsonst versuchten, die Zimmertüre zu öffnen. Was haben Sie denn nur angestellt? Obwohl sich der Schlüssel im Schloss drehen lässt, geht die Türe einfach nicht auf. Durchs Schlüsselloch gewahrten wir zudem einen sonderbaren Lichtglanz! Wir konnten uns diesen blendenden Schein nicht erklären und meinten zuerst es brenne!"

„Gott sei Lob und Dank", flüsterte der Priester erleichtert und sprang die Treppen zum Gastzimmer hinauf, gefolgt vom neugierigen Wirte und sämtlichem Dienstpersonal.

Ohne die geringste Anstrengung vermochte der Geistliche die Türe zu öffnen und warf sich vor der Kommode nieder, in welcher das hochwürdigste Gut, umstrahlt von himmlischem Lichte, lag.

Ehrfürchtig die hl. Burse in seiner Brusttasche bergend, erklärte er den staunenden Protestanten, dass Gott selber in dieser kleinen Hostie mit Gottheit und Menschheit, mit Leib und Seele, mit Fleisch und Blut zugegen sei. Dieses Wunder machte auf alle, die es erlebt, einen so tiefen Eindruck, dass die ganze Wirtsfamilie und alle Hotelangestellten katholisch wurden.

(Quelle: J. McDonnell S. J., Tales of the Blessed Sacrament, Dublin.)

+ JHS +

Durch das hl. Messopfer vor Hungersnot bewahrt

Kleinasien 612

Im Juli des Jahres 612 überfielen riesige Heuschreckenschwärme Galatien in Kleinasien. Dunklen Wolken gleich bedeckten sie die Äcker und frassen alle Saaten und Feldfrüchte weg.

Voller Schrecken sahen die Bauern die ganze Ernte bedroht. Ihrer Wehrlosigkeit solcher Naturkatastrophe gegenüber bewusst, suchten sie Hilfe bei Gott.

Sie eilten zum hl. Theodor, dem grossen Wundertäter, und baten ihn, Gott um Befreiung von diesen Schädlingen anzuflehen und in dieser Meinung eine hl. Messe darzubringen.

Sogleich begab sich der Archimandrit mit allem Volke in die Kirche und betete lange.

Anderntags feierte er frühmorgens das hl. Messopfer. Als er danach mit den Gläubigen das Gotteshaus verliess, lagen alle Heuschrecken leblos auf den Feldern.

Jubelnd kehrten die Leute zur Kirche zurück, um Gott aus ganzem Herzen dafür zu danken, dass er sie durch das heilige Messopfer vor Hungersnot bewahrt hatte.

Die hl. Messe ist das vollkommenste Lob-, Dank- und Bittopfer, das wir Menschen der hochheiligsten Dreifaltigkeit darbringen können.

Gottesgericht auf dem Tanzplatz

Holland

Nach der Arbeit hat jedermann Anrecht auf gesunde, ehrbare und fröhliche Unterhaltung.

Leider gibt es aber auch viele Vergnügen, welche nicht beruhigen und erholen, sondern aufregen und erschöpfen, die niedern Instinkte aufpeitschen, die Seele beflecken und von Gott entfernen.

Schon so manche Jugendliche haben in der Hitze des Tanzes den Kopf derart verloren, dass sie sich in unbegreifliche Konflikte einliessen, Ruhe und Reinheit der Seele verloren und alles verleugneten, was ihnen vorher lieb und heilig war. Doch nicht nur das Feuer der Schamlosigkeit schürt der Teufel an vielen Festplätzen, sondern ebensosehr Stolz und Prahlerei, Neid und Zwietracht, Trunk und Verschwendung, Schwören und Fluchen.

Einst trug in Maastricht (Holland) ein Geistlicher die letzte Wegzehrung zu einem Sterbenden. Sein Weg führte ihn über eine alte Brücke, darauf viele junge Leute tanzten.

Als sie das Versehglöcklein hörten, welches das Herannahen des Allerheiligsten ankündigte, sagten einige: „Wir wollen aufhören zu tanzen und warten, bis das hochwürdigste Gut vorüber ist."

Eine unverschämte, gottlose Tänzerin aber begann über die unerwünschte Störung zu fluchen. Mehrere Feiglinge zollten ihr sogar Beifall. Trotz des vorüberziehenden Allerheiligsten wurde ausgelassen weitergetanzt.

Doch kaum war der Priester an den Tanzenden vorübergegangen, stürzte die Brücke ein. Mehr als zweihundert Tänzer und Tänzerinnen fanden in den kalten Fluten den Tod.

(Quelle: Chronik Johann Vergen / Nauclero.)

Das Jesuskind und der Zauberer von Zaragoza

Spanien 1427

In Zaragoza befindet sich das berühmte Nationalheiligtum der Spanier, die Marienkirche „U. Lb. Frau von der Säule", genannt „Pilar". Uralt ist diese Gnadenstätte, reichen doch ihre Anfänge bis ins erste christliche Jahrhundert zurück.

Der hl. Apostel Jakobus der Ältere verkündete den heidnischen Spaniern zum erstenmal die Frohbotschaft des Herrn. Doch die stolzen Iberier waren schwierig zu bekehren. Nur sieben Männer entschlossen sich zur Taufe.

Entmutigt ob seines Misserfolges, kniete Jakobus, der Bruder des hl. Apostels Johannes, eines Nachts am Ebrostrand und bat Gott um Hilfe. Da hörte er plötzlich himmlischen Gesang.

Von den Engeln getragen, erschien ihm die liebe Gottesmutter, die damals noch in Ephesus lebte. Voll mütterlicher Liebe tröstete sie den Verzagten und versicherte ihm, dass die scheinbar so unzugänglichen Spanier sich bekehren und den Glauben nie verlieren werden, solange ihr Bild daselbst verehrt werde. Gleichzeitig überreichten die Engel dem Apostel eine kleine Säule, auf welcher eine Statue der Gottesmutter mit dem göttlichen Kindlein thronte.

Auf Geheiss der Himmelskönigin errichtete Jakobus mit seinen Getreuen am Erscheinungsorte eine Kapelle – die erste Marienwallfahrtsstätte der Welt, „Pilar" genannt. Jenes Heiligtum wurde durch alle Jahrhunderte hindurch vergrössert und verschönert. Marienliebe und Marienverehrung seit den Zeiten der Apostel! Wer immer nach Madrid fährt, sollte unterwegs in Zaragoza aussteigen und „die Gnadenmutter von der Säule" grüssen!

Wenige Schritte von dieser Marienkirche entfernt erhebt sich in Zaragoza die grossartige Kathedrale, genannt „Seo", reich an kunstvoll geschnitzten Altären und wertvollen Gemälden. Eine der vielen Seitenkapellen ist dem hl. Ministranten-Märtyrer Dominguito del Val geweiht.

In grossen antiken Bildtafeln ist dort das berühmte Hostienwunder von Zaragoza dargestellt. Dieses Wunder geschah zur Zeit, da Don Alfonso Arbuello Erzbischof von Zaragoza war. Der gelehrte Domherr Dormer hat wahrheitsgetreu alles, wie folgt, aufgezeichnet:

„Im Jahre 1427 lebte in der Stadt Zaragoza ein Ehepaar in beständigem Zank und Streit.

Statt Gott um Hilfe zu bitten und den jähzornigen Mann in Geduld zu ertragen, klatschte die Frau ihr Unglück andern Leuten. Da gab ihr jemand den sündhaften Rat, sie solle zu einem berüchtigten Mohammedaner gehen, der allerlei Zaubermittel zu brauen verstehe.

Die gewissenlose Gattin suchte in der Tat das dunkle Gässlein auf, wo der schlaue Berber hauste und klagte ihm ihr Anliegen. Schweigend hörte er sie an, während sein scharfer Blick prüfend über ihre Züge glitt.

Als Anhänger Mohammeds hasste er Christus und nicht minder die Christen. Seit sieben Jahrhunderten hatten seine Vorfahren versucht, die spanische Halbinsel zu knechten und den Glauben auszurotten. Doch immer wieder hatten sich die Christen zusammengerottet, um ihre Heimat von den mohammedanischen Eindringlingen zu befreien. Nach siebenhundertjähriger Herrschaft erlagen endlich die Mauren. Auch Zaragoza, der herrliche Sitz am rauschenden Ebro, wurde den arabisch-afrikanischen Dieben für immer entrissen. Rachebrütend sassen sie nun in ihren Häusern, worin sie der christliche Sieger grossmütig gelassen hatte.

Aber der alte Zauberer hoffte immer noch auf den Tag, da Zaragoza neuerdings die „Stadt des Herrschers" werde, so wie es der maurische Stadtname besagt.

Durch diese einfältige Katholikin, die von ihm, dem Feinde Christi, Hilfe erwartete, hoffte er einer hl. Hostie habhaft werden zu können, an welcher er seinen Gotteshass auslassen wollte. So dachte der Wahrsager, während er die Klagen des Weibes anhörte.

Wahrlich schlau wusste es der fanatische Moslem anzustellen, um sein Ziel zu erreichen. Zuerst bedauerte er, dass er keinen Rat wisse. Auf ihr Drängen erst schien er willens zu sein, ihr zu helfen.

„Wohl gäbe es ein Mittel, um dir zu helfen, doch ich kann es leider nicht herstellen", sagte er.

„O, sagen Sie mir doch, was Sie dazu brauchen. Ich werde es beschaffen und wäre es auch noch so schwierig."

„Wirklich, kann ich mich auf dich verlassen?"

„Mein Ehrenwort!"

Da flüsterte der Gotteshasser:

„Ich benötige dazu eine Hostie ... eine Hostie!"

Die Christin erschrak. Der Afrikaner sah ihr scharf ins Auge. Dann ging sie in die Nacht hinaus wie einst Judas, der Verräter.

Am folgenden Morgen in aller Frühe betrat das abergläubische Weib die St.-Michaels-Kirche. In teuflischer Verwegenheit kommunizierte sie unwürdig, nahm nachher in einer dunklen Nische die hl. Hostie aus dem Munde und legte sie in ein mitgebrachtes Köfferchen.

Nach dem entsetzlichen Gottesraub eilte sie hinweg, um ihren göttlichen Herrn und Meister dem gemeinen Feinde auszuliefern. Doch, kaum im Hause des Wahrsagers angekommen, wurde sie durch ein unerhörtes Wunder bekehrt.

Hören wir, was das geschichtliche Dokument im Archiv der Kathedrale von Zaragoza weiter berichtet:

„Als das Weib ihr Köfferchen öffnete, erblickte sie – zu ihrem ungeheuren Schrecken – statt der hl. Hostie ein kleines, überaus schönes, leuchtendes Knäblein.

Ob dieses wunderbaren Anblickes ganz bestürzt, wusste die Frau erst nicht was tun. Sollte sie das Wunder offenbaren oder in ihrer frevlerischen Tat beharren?

Der Mohammedaner riet ihr, das Knäblein im Köfferchen nach Hause zu tragen und dort beides im geheimen zu verbrennen.

Die ruchlose Frau tat so. Doch bald bemerkte sie, dass das Köfferchen bereits verbrannt und zu Asche geworden war, das Knäblein jedoch unversehrt blieb und wunderbares Licht verbreitete.

Verwirrt und ganz ausser sich über das neue Wunder, kehrte die Frau abermals in das Haus des verbrecherischen Ratgebers zurück.

Als der Mohammedaner ihren Bericht vernahm, begann auch er zu zittern. Beide fürchteten sich vor einer Strafe des Himmels, wenn sie sich nicht endlich der Macht dieses Wunders beugen und ihr Verbrechen eingestehen würden.

Sie beschlossen nun, gemeinsam zur Kathedrale zu gehen. Sie, die Christin, wollte dort reumütig beichten. Der Wahrsager aber war gewillt, dem hochwürdigen Generalvikar Bericht über das Vorgefallene zu geben und für das eucharistische Verbrechen um Verzeihung zu bitten.

Nachdem der hochwürdigste Herr Erzbischof von Zaragoza, Don Alonso Arbuello, von der Begebenheit unterrichtet worden war, verordnete er, dass man den Fall genau untersuche und mit gelehrten und strengen Personen berate, was zu tun sei.

Nachdem die zu Rate gezogenen Herren sich von der Wahrheit des Vorkommnisses überzeugt hatten, beschlossen sie, das im hochheiligen Sakramente gegenwärtige Jesuskindlein aus dem Hause jener Frau in die Kathedrale zu übertragen.

Daher wurde noch an demselben Tage – es war ein Samstag – eine Prozession gehalten, an welcher das Domkapitel vom göttlichen Erlöser, sowie das Priesterkapitel der Marienkirche del Pilar, ferner der Ordens- und Weltklerus, die Behörden der Stadt Zaragoza, der Adel und das Volk teilnahmen, gefolgt vom Herrn Erzbischof, welcher unter dem Baldachin mit grosser Ehrfurcht das göttliche Kindlein auf einer goldenen Patene feierlich zur Kathedrale trug. Alle betrachteten, zu Tränen gerührt, das wunderbare Kindlein.

Als die Prozession endlich im „Seo" angekommen war, legte der Erzbischof das Jesuskindlein auf den Altar des hl. Valero, um dem Wunsche der Menge nachzukommen, welche verlangte, es zu sehen. Mit einer Ansprache des Gnädigen Herrn, welcher über dieses grosse Wunder tief ergriffen war, wurde die Feier beendet. Man liess das Jesuskind die noch übrigen Tagesstunden und die ganze Nacht hindurch auf dem Altare, damit das katholische Volk von Zaragoza dasselbe nach Wunsch betrachten und verehren konnte.

Am folgenden Sonntagmorgen feierte der Erzbischof an jenem Altare die hl. Messe vom „Allerheiligsten Altarssakrament".

Da ereignete sich ein neues Wunder. Als nämlich der Gnädige Herr Don Alonso Arbuello die Opferungsgebete begann, verschwand das wunderbare Kindlein, das auf der Patene gewesen, und an seiner Stelle lag eine hl. Hostie, welche dann bei der hl. Kommunion durch den Herrn Erzbischof genossen wurde.

Im Archiv des Metropolitankapitels wird der Bericht des Wunders, das durch unzählige Augenzeugen bestätigt ist, aufbewahrt. Die Kunst hat dasselbe in grossen Ölgemälden, welche die Kapelle des hl. Dominguito del Val zieren, verewigt."

Soweit der Bericht des HH. Domherrn Dormer, den jedermann nachprüfen kann. In Zaragoza aber ist jahraus, jahrein täglich in mehreren Kirchen gleichzeitig, von morgens bis abends das Allerheiligste ausgesetzt und viele, viele Beter knien stets davor.

(Quelle: P. Mamiel Iraval y Roset S.J.: „Prodigios eucaristicos".)

Wunderbare Erstkommunion der Fatimakinder

Portugal 1916

Luzias schönster Tag!

„Schau Luzia, du bist noch zu klein, um schon zur heiligen Erstkommunion zugelassen zu werden! Die anderen Kinder sind ja bereits 10, 11 oder 12 Jahre alt und du erst sechs! Ich will keine Ausnahmen machen. Du musst noch warten, obwohl du den Katechismus sehr gut weisst!" sagte der Herr Pfarrer in der Katechismusstunde.

Enttäuschten Blickes sah die Kleine den Seelsorger an. Dann setzte sie sich wieder an ihren Platz, liess das Köpfchen hängen und begann bitterlich zu weinen.

Sie konnte es nicht fassen, dass sie nicht mit zur Erstkommunion durfte, denn der Herr Pfarrer hatte sie doch in den letzten Wochen oft gelobt, weil sie immer richtig zu antworten wusste, wenn die älteren Kinder, die sie in den Unterricht begleitete, stecken blieben. Sie sehnte sich ja so sehr nach dem lieben Heiland in der hl. Hostie!

Umsonst versuchte die grosse Schwester sie zu trösten. In diesem Moment betrat der heiligmässige Volksmissionär Pater Cruz, der mit den Erstkommunikanten dreitägige Vorbereitungsexerzitien hielt, die Kirche von Fatima.

„Warum weinst du denn, liebes Kind?"

„Ich darf nicht zur hl. Kommunion gehen, weil ich – weil ich – zu klein bin!" antwortete Luzia und vergrub neuerdings weinend das Köpfchen in ihren Armen.

Pater Cruz hatte Mitleid und sprach mit dem Herrn Pfarrer. Dieser gab gerne zu, dass die Kleine genügend vorbereitet sei und lediglich ihres Alters wegen zurückgestellt werden müsse. Es gelang dem Missionär, die Bedenken des Seelsorgers mit dem Hinweis auf das Kinderkommuniondekret Papst Pius X. zu zerstreuen. Auf die Bitte des Pfarrherrn prüfte Pater Cruz nun auch seinerseits Luzia und erhielt so treffliche Antworten, dass er versicherte: „Dieses Kind weiss alles über die hl. Kommunion, und zwar sehr gut!"

Nun erteilte der Herr Pfarrer Luzia die Erlaubnis, obwohl kaum sechsjährig, mit den Zehnjährigen zur ersten hl. Kommunion zu gehen.

Selig hüpfte die Kleine heim, um der Mutter die frohe Botschaft zu melden. Maria, die ältere Schwester Luzias, erinnerte sich später noch gut daran, mit welcher Freude und Genugtuung die gute Mutter diese Nachricht vernahm und wie festlich der Weisse Sonntag Luzias im Jahre 1913 in der bescheidenen Familie gefeiert wurde.

Mutter Maria-Rosa dos Santos durfte sich in der Tat freuen, denn die Zulassung ihrer Jüngsten zur frühen, rechtzeitigen Kommunion war gewissermassen eine Gutheissung ihres mütterlichen Religionsunterrichtes.

Ihre Tochter Maria weiss von ihr zu erzählen:

„Unsere Mutter las uns jeden Abend, namentlich im Winter, ein Stück aus dem Alten Testament oder aus dem Evangelium, zuweilen auch von U. Lb. Frau im Hause zu Nazareth oder über Lourdes vor. Sie lehrte uns den Katechismus und liess uns nicht eher spielen gehen, bevor wir nicht die Antworten auswendig wussten. Selbst dann war sie noch nicht zufrieden, wenn wir alles aufzusagen vermochten, sondern verlangte, dass wir das Gelernte auch richtig verstanden und selber erklären konnten. Oft sagte die Mutter zu uns Kindern, sie wolle sich nicht schämen, wenn der Herr Pfarrer uns abfrage. Und sie musste sich wirklich nie schämen, denn der Herr Pfarrer war immer zufrieden mit uns!"

Die göttliche Vorsehung sorgte dafür, dass Pater Cruz beim Religionsexamen die Kirche betrat und erreichte, dass das jüngste ihrer sieben Kinder zur Frühkommunion gehen durfte. So konnte der liebe Heiland von diesem Herzen Besitz nehmen, noch ehe der böse Feind Unkraut in diesen reinen Acker zu säen vermochte.

Diese kleine Erstkommunikantin durfte drei Jahre später den Engel Portugals, den Engel des Friedens, und nach vier Jahren in Fatima die Himmelskönigin schauen und sprechen.

Luzia musste nur noch zuwarten, bis ihre kleinen Vettern Franzisco und Jazinta etwas älter wurden, dann wollte sich der Himmel über diesen drei Hirtenkindern auf den steinigen, einsamen Weideplätzen Fatimas öffnen.

Erstkommunion durch Engelshand

Im Frühjahr 1916 erlangten Jazinta und Franzisco die Erlaubnis ihrer Eltern, gemeinsam mit Luzia die Schäfchen auf die Weide treiben zu dürfen.

Eines Tages liess ein plötzlicher, heftiger Windstoss mitten im Spiel die Hirten aufschauen. Sie erblickten ein weisses Licht, das in Gestalt eines Jünglings von Sonnenaufgang her in den Lüften näherschwebte. Er war durchsichtiger und glänzender als ein von der Sonne durchleuchteter Kristall.

„Fürchtet euch nicht!" sprach die Lichtgestalt. „Ich bin der Engel des Friedens. Betet mit mir!"

Auf die Erde niederkniend, mit der Stirne den Boden berührend, erweckte der Engel mit den Kindern Akte des Glaubens, der Hoffnung, der Liebe, der Anbetung und der Sühne.

So wurden diese Kleinen, die ja bald auf wunderbare Weise kommunizieren sollten, zuerst vor allem zum Beten angehalten.

Nach einigen Wochen erschien der Engel zum zweitenmal den spielenden Hirtenkindern.

„Was tut ihr? Betet! Betet viel! . . . Bringt bei jeder Gelegenheit, so oft es euch möglich ist, dem Herrn ein Opfer zur Sühne für die Sünden, mit welchen Er beleidigt wird und als Bitte für die Bekehrung der Sünder. So werdet ihr den Frieden auf euer Vaterland herabziehen. Ich bin dessen Schutzengel, der Engel Portugals! Nehmt vor allem an und ertraget mit Ergebung alle Leiden, welche der Herr euch senden wird!"

Seit dieser zweiten Unterrichtsstunde des Engels über die Notwendigkeit und den Wert des Leidens und der Busse wetteiferten die Kinder in rührender, heldenhafter Weise miteinander, wer Gott am meisten Öpferchen darbringe.

Als der Engel zum drittenmal erschien, trug er einen Kelch und darüber eine hl. Hostie, aus welcher einige Blutstropfen in den Kelch hinabträufelten. Dann liess er Kelch und Hostie frei in der Luft schweben, während er sich niederkniete, mit der Stirne den Boden berührte und dreimal den kleinen Hirten vorbetete:

> *„Allerheiligste Dreifaltigkeit, Vater, Sohn und heiliger Geist, ich bete Dich an und opfere Dir auf den kostbaren Leib, Blut, Seele und Gottheit Jesu Christi, welcher in allen Tabernakeln auf Erden gegenwärtig ist, zur Sühne für die Beleidigungen, Sakrilegien und die Gleichgültigkeit, mit welcher Er beleidigt wird. – Durch die unendlichen Verdienste seines heiligen Herzens und des Unbefleckten Herzens Mariä bitte ich Dich um die Bekehrung der Sünder."*

Dann – so erzählte Luzia – stand der Engel auf, ergriff den Kelch und die hl. Hostie und reichte die hl. Hostie mir. Das, was im Kelche war, gab er Jazinta und Franzisco zu trinken, indem er sagte:

> *„Esset und trinket den Leib und das Blut Jesu Christi, der von den undankbaren Menschen entsetzlich beleidigt wird. Sühnet für die Verbrechen der Sünder und tröstet euren Gott!"*

Nun warf sich der Engel wiederum zur Erde nieder und wiederholte mit uns das gleiche Gebet wie vor der hl. Kommunion: „Allerheiligste Dreifaltigkeit . . ." Darnach verschwand er.

Wie nach den beiden ersten Engels-Erscheinungen war es auch diesmal den drei Begnadigten kaum möglich, zu sprechen. Nur Franzisco, der den Engel wohl gesehen, aber nicht sprechen gehört hatte, wagte leise zu fragen:

„O Luzia, der Engel hat dir die heilige Hostie gegeben, aber was war das, was er mir und Jazinta gab?"

Da rief die sechsjährige Jazinta ausser sich vor Seligkeit:

„Es war das gleiche, nämlich die heilige Kommunion! Hast du denn nicht gesehen, dass es Blut war, das aus der hl. Hostie floss?"

Wie aus einer Ekstase erwachend, antwortete Franzisco:

„Ich fühlte, dass Gott in mir war, aber ich wusste nicht wie!"

Mit Jazinta warf er sich nun auf die Erde nieder, wie es der Engel getan, und beide wiederholten immer wieder das Gebet „Allerheiligste Dreifaltigkeit . . ."

Es war die Danksagung der beiden Geschwister für ihre erste hl. Kommunion durch Engelshand. Franzisco war damals acht, Jazinta erst sechsjährig.

Eucharistische Sehnsucht

Der erstmalige, wunderbare Genuss der Himmelsspeise weckte in den Seelen der Hirtenkinder die Sehnsucht nach der öfteren Kommunion. Luzia durfte bereits ihren eucharistischen Hunger an der Kommunionbank der Pfarrkirche stillen. Die beiden Kleinen hingegen mussten noch lange warten, bis der Ortspfarrer auch ihnen den Tabernakel öffnete.

Im Jahre 1917 hofften Franzisco und Jacinta, mit den andern Kindern zur hl. Kommunion zugelassen zu werden. Der Vater brachte sie zur Kirche. Der Herr Pfarrer hörte sie beichten und hielt mit ihnen ein kleines Kommunionexamen, worauf er aber leider entschied, es sei besser, man warte noch ein weiteres Jahr mit der Erstkommunion. Von nun an gingen die Geschwister regelmässig zur heiligen Beichte, aber trotz ihrer

Sehnsucht durften sie die hl. Kommunion noch nicht empfangen.

Die beiden gottliebenden Kleinen litten sehr unter diesem Verbote und der unnötig langen Wartezeit.

Als die Marienerscheinungen 1917 bereits begonnen hatten, rief Jazinta eines Tages wehmütig auf der Weide aus:

„Arme Muttergottes! Sie tut mir so leid. Sie bat um Sühnekommunionen wegen der Sünden, die gegen ihr Unbeflecktes Herz begangen werden, aber wie soll ich dies tun, da ich noch nicht kommunizieren darf? . . . Ach, wie weh tut es mir, dass ich nicht kommunizieren kann!"

„Und mir erst!" fügte Franzisco traurig hinzu. „Der Herr Pfarrer will leider den Kindern den lieben Gott nicht geben!"

Ihre Kommunion durch Engelshand aber verschwiegen Franzisco und Jazinta bis zu ihrem Tode. Gott wollte und fügte es so.

Erst einige Jahre später berichtete Luzia darüber. Im Jahre 1917 erschien den drei Hirtenkindern vom 13. Mai bis 13. Oktober sechsmal U. Lb. Frau von Fatima.

Im folgenden Mai 1918 besuchten die Kleinen voller Hoffnung neuerdings den Kommunionunterricht.

Beim Examen war auch Vater Marto zugegen. Ihm verdanken wir die folgenden kurzen, aber vielsagenden Angaben:

„Jazinta wusste ziemlich gut zu antworten, aber Franzisco stockte ein wenig beim Aufsagen des Glaubensbekenntnisses. Ich weiss nicht mehr genau, bei welcher Stelle. Jazinta wurde nun zur hl. Erstkommunion zugelassen, aber Franzisco nicht! Der Bub kehrte weinend nach Hause zurück. Die Prüfung war vorbei; es gab keinen Ausweg mehr!"

Im Dezember 1918 erkrankte der fromme Hirtenbub. Am 2. April 1919 fühlte er sich durch das ständige Fieber so geschwächt, dass er daheim innig bat:

„Ach, Vater, ich möchte so gerne das Brot des Himmels empfangen bevor ich sterbe!"

„Ich werde dafür sorgen!" tröstete ihn Vater Marto.

„Sein Vaterherz war tiefbetrübt", schreibt Pater Marchi, „einerseits, weil er erkannte, dass er bald seinen jüngsten Buben verlieren werde und anderseits aus Furcht, der Herr Pfarrer könnte demselben wiederum die heilige Kommunion verweigern. Niedergeschlagen machte sich Herr Marto auf den Weg."

Ganz unerwartet traf er jedoch im Pfarrhause nicht den Herrn Pfarrer, sondern einen Stellvertreter an, der sich sogleich bereit erklärte, Franzisco die Sterbesakramente zu spenden. Der Knabe beichtete und wurde dann über seine eucharistischen Kenntnisse examiniert.

Vater Marto erzählt:

„Ich stand wiederum grosse Angst aus, dass der geistliche Herr ihm die hl. Kommunion verweigern werde, da ich fürchtete, Franzisco könnte wegen seiner Fieberschwäche bei den Antworten versagen. Doch er strengte sich an. Der geistliche Herr war sehr zufrieden und versprach, ihm am nächsten Morgen die hl. Wegzehrung zu bringen."

So durfte endlich das arme Hirtenbüblein von Fatima, als es bereits elf Jahre alt war, auf dem Sterbebette zum erstenmal aus Priesterhand die hl. Kommunion empfangen. Der Engel Gottes hingegen hatte ihn bereits zwei Jahre früher der hl. Kommunion würdig befunden und wunderbar gespeist!

Gewiss freut sich Franzisco im Himmel darüber, dass jetzt die Kinder rechtzeitig, d. h. frühzeitig, kommunizieren dürfen. Möge es immer so bleiben!

(Quelle: P. J. Marchi, I. M. C., Era uma Senhora mais brilhante que o Sol . . .)

Das Geheimnis des Judenknaben von Krakau

Polen 1918

Es war im Jahre 1918.

Der Erste Weltkrieg hatte meine Eltern, wie so viele andere Polen, um ihr ganzes Vermögen gebracht. Ich war deshalb als Student gezwungen, irgendeine bezahlte Beschäftigung zu suchen. Ich hätte sonst nicht weiterstudieren können.

Jemand riet mir, mich einer jüdischen Dame vorzustellen, die einen Privatlehrer für ihren zwölfjährigen Sohn Daniel suche, der sich auf das zweite Gymnasium vorbereiten müsse.

Ich war indes kein Judenfreund. Ich sollte erst später erfahren, dass es viele gute, anständige und sogar wahrhaft fromme Juden gibt.

Die Geschichte des Propheten Jonas

Die jüdische Dame vertraute mir ihren Knaben an, und ich nahm mir vor, meine Pflicht so treu wie möglich zu erfüllen, denn ich hatte von meinem Vater gelernt, alles, was ich tun musste, gut zu tun. Manchmal kam Daniel zu mir, manchmal fand der Unterricht in seinem Hause statt.

Eines Tages traf ich meinen Schüler in seinem Zimmer mit einem jüdischen Gebetbuche in der Hand.

Ich durchblätterte das Buch. Es war hebräisch geschrieben. Unter jedem Satze aber stand die deutsche Übersetzung. Aus dieser erkannte ich, dass es sich um die biblische Erzählung des Propheten Jonas handle, doch war dieselbe, meiner Ansicht nach, ganz falsch ausgelegt. Etwas unwillig darüber, gab ich Daniel das Buch zurück, indem ich murmelte:

„Das ist ja Betrug!"

Der Junge war sehr erstaunt über meine Bemerkung und frug sogleich:

„Warum ist das Betrug? Ist etwa der jüdische Gottesdienst nicht gut? Und wie steht es denn mit dem katholischen Gottesdienst?"

Er überschüttete mich förmlich mit Fragen über die katholische Religion. Vor allem interessierte ihn die Person Jesu Christi.

Durch seine vielen Fragen ermüdet, antwortete ich schliesslich beinahe ärgerlich:

„Was kümmert dich denn alles das? Du wirst doch nie ein Christ werden. Studiere lieber, denn dazu komme ich hierher. Du wirst sonst dein Examen nicht bestehen und deine Mutter wird böse auf mich sein!"

Betroffen schwieg der Knabe einige Minuten. Doch es dauerte nicht lange, so bestürmte er mich mit neuen Fragen und ruhte nicht, bis ich ihm das Versprechen gab, ihn einmal in unsere Kathedrale mitzunehmen.

Ich bestimmte für diesen Kirchenbesuch den 7. Mai 1918, den Festtag unseres polnischen Bischofes St. Stanislaus.

Ein Wunder der Gnade

Der Knabe holte mich am abgemachten Tage in meiner Wohnung ab.

Fröhlich plaudernd spazierten wir zum Warvelhügel, auf welchem sich die Kathedrale erhebt. Während des Aufstieges zur Anhöhe machte ich meinen Schüler auf verschiedene Denkmäler aufmerksam und erklärte sie ihm. Im selben Augenblick, als wir die Kathedrale betraten, erklang ein silberhelles Glöcklein. Wahrscheinlich – so dachte ich – wird auf einem der vielen Altäre soeben die heilige Wandlung gefeiert. Ich achtete aber nicht weiter darauf und blieb nach einigen Schritten stehen, überlegend, was ich meinem Schüler zuerst zeigen wolle.

Als ich mich dann nach ihm umwandte, sah ich etwas Merkwürdiges: Daniel, der Judenknabe, kniete auf dem Boden! Sein Gesicht war blass, seine Augen waren unverwandt auf einen einzigen Punkt gerichtet.

Erschrocken fasste ich ihn an der Schulter und frug: „Daniel, bist du krank?"

Er gab mir aber keine Antwort. Er schien der Welt vollkommen entrückt zu sein.

Sein Antlitz leuchtete in überirdischer Schönheit und seine Lippen flüsterten etwas, als ob er mit einem Unsichtbaren spräche.

Ich näherte mein Ohr seinem Munde, um einige Sätze aufzufangen, aber ich konnte nichts verstehen und weiss heute noch nicht, welche Sprache er damals redete.

Man kann sich meine Verlegenheit vorstellen! Umso mehr, da das eigenartige Benehmen des Buben mehreren Frauen auffiel und eine derselben halblaut bemerkte: „Er ist ein Jude!"

So vergingen einige Minuten. Währenddessen schritt ein Priester an uns vorbei, der in seinen Händen feierlich die hl. Wegzehrung zu einem Kranken trug. Daniel verfolgte, noch immer kniend, den Priester unverwandt mit entzückten Blicken.

Nachdem der Geistliche die Kirche mit dem hochwürdigsten Gute verlassen hatte, stand Daniel ruhig auf und ging, ohne sich um mich zu kümmern, geradewegs zur Seitenkapelle des Stephan Bathory, wo das Allerheiligste aufbewahrt wird. Dabei strahlte sein Antlitz, so dass er mich unwillkürlich an ein Bild des hl. Stanislaus Koska erinnerte. Dort kniete er beim Gitter erneut nieder und betete länger als eine Viertelstunde, die Augen unausgesetzt, wie verklärt, auf den Tabernakel gerichtet.

Ich wagte nicht, ihn zu stören, sondern wartete, bis er zu sich kommen würde. Zuerst beunruhigte mich der Gedanke, ob Daniel vielleicht plötzlich das Opfer einer Sinnesverwirrung sei. Dann aber gewann ich allmählich die feste Überzeugung, Gott der Herr wirke hier ein Wunder der Gnade.

Auf dem Heimweg

Endlich erhob sich Daniel, gab mir ein Zeichen, dass er heimgehen wolle und verliess die Kathedrale sehr gesammelt. Er hatte von allen Kunstwerken und Schönheiten des Domes nichts gesehen, schien aber dennoch voll und ganz befriedigt zu sein.

Auf dem Heimwege suchte ich durch vorsichtiges Fragen zu erfahren, was denn geschehen sei.

Daniel antwortete jedoch ausweichend, begann aber immer wieder aufs neue vom lieben Heiland zu sprechen. Unaufhörlich und mit ungeheurem Nachdruck versicherte er:

„Der Herr Jesus ist sehr schön und gut!"

Sooft er dies sagte, flog eine leichte Röte über sein Antlitz – ein Wiederschein inniger Liebe zum göttlichen Erlöser, die in seinem Herzen glühte.

Ich gestehe, dass dieses Erlebnis mich gewaltig packte und meinen damals ziemlich schwachen katholischen Glauben mächtig aufrüttelte. Trotzdem vergass ich das Vorgefallene bald wieder und dachte, vielleicht sei alles lediglich eine Einbildung Daniels oder meinerseits gewesen.

Daniel sagt seinen Tod voraus

Ich fuhr fort, wie früher, meinen Schüler zu unterrichten, ohne mein Verhalten ihm gegenüber irgendwie zu ändern. Da erklärte mir Daniel eines Tages offen, dass er katholisch werden möchte.

Eindringlicher als je suchte er die katholischen Glaubenswahrheiten kennenzulernen und stellte mir eine ganze Reihe von Fragen. Zuletzt bat er mich, ich solle ihn taufen.

Da wurde ich ernstlich böse, spottete über sein „kindisches" Verlangen und ermahnte ihn, zu studieren, denn die Zeit der Prüfung nähere sich, und seine Kenntnisse seien noch sehr mangelhaft.

Daniel blieb ruhig und entgegnete mit grosser Bestimmtheit, dass er gar keine Prüfungen mehr zu machen habe, da er am 8. September sterben werde. Vorher müsse er aber noch unbedingt die hl. Taufe empfangen.

Spöttisch lachend gab ich zur Antwort:

„Lieber Junge, du wirst länger leben als ich. Und was die Taufe anbelangt, so kannst du ja deine Mutter fragen, was sie dazu meint!"

Ich liess nicht mehr mit mir reden. Doch alle meine Bemühungen, Daniel im Latein und in andern Fächern rascher voranzubringen, waren vergeblich.

Gegen Ende des Schuljahres erklärte ich daher seiner Mutter ohne Umschweife, dass ich ihn nicht ins Examen schicken werde, dass er auf alle Fälle erst nach den Ferien zur Prüfung fähig sei.

Dann begannen die Sommerferien, in denen ich Daniel nicht mehr sah.

Am 7. September aber, als ich an alles andere als an meinen früheren Schüler dachte, suchte mich dessen jüdische Mutter auf.

Ich meinte, sie wollte mich bitten, den Privatunterricht mit Daniel wieder zu beginnen. Ich empfing sie wenig freundlich. Ja, ich rückte gleich heraus, ich sei nicht geneigt, mich mit ihrem Jungen neuerdings abzuplagen.

Da sagte sie mir, sie komme wegen etwas ganz anderem. Daniel sei krank und habe inniges Verlangen geäussert, mich unbedingt heute noch zu sehen.

In diesem Augenblick fielen mir die Worte des Knaben wieder ein:

„Ich werde am 8. September sterben!"

Sogleich versprach ich der Mutter, seinem Wunsche noch an diesem Abend zu entsprechen.

Ich traf Daniel zwar im Bette an, fand aber nichts Beunruhigendes in seinem Zustande. Daher glaubte ich nicht an seinen baldigen Tod, zumal seine Mutter mir erklärte, der Arzt messe dieser momentanen Übelkeit keine Bedeutung bei.

Als wir allein waren, schaute mich Daniel mit ernsten Blicken an und sagte, dass ich ihnen jetzt unbedingt taufen müsse, weil sein Ende nahe sei. Gleichzeitig versprach er mir, wenn ich seinen Willen tue, werde er mir ein Geheimnis mitteilen.

Ich zögerte und überlegte, was ich machen solle. Daniel flehte mich an.

Ich war immer noch unentschieden. Aber die Kraft, mit welcher der Junge in mich drang, besiegte schliesslich meinen Widerstand. Ich erklärte mich bereit, ihm die Nottaufe zu spenden unter der Bedingung, dass er sich später in der Kirche zum Nachholen der feierlichen Zeremonien anmelde.

Auch fügte ich hinzu, dass ich mich vor dem Zorne seiner Mutter fürchte, denn sie hatte ja keine Ahnung von seiner katholischen Gesinnung. Daniel versuchte, mir meine Bedenken zu nehmen, indem er versicherte, er werde der Mutter nichts erzählen.

„Ausserdem", so meinte er lächelnd, *„werde ich ja morgen für immer zu reden aufhören!"*

Dann sprang er plötzlich aus dem Bette, ergriff eine volle Wasserflasche und drückte sie mir in die Hand.

Dabei wiederholte er die Bitte, die wie ein von Gott eingegebener Befehl klang:

„Taufen Sie mich! Taufen Sie mich!"

Da goss ich zitternd das Wasser über Daniels Haupt mit den Worten:

„Daniel, ich taufe dich im Namen des Vaters und des Sohnes und des Heiligen Geistes!"

Jetzt war Daniel überglücklich und begann nun, ohne eine diesbezügliche Frage abzuwarten, mir zu erzählen, dass ihm damals in der Kathedrale Jesus erschienen sei. Der liebe Heiland sei überaus schön, freundlich und unbeschreiblich gütig gewesen und habe ihm den Tag seines Todes vorausgesagt mit der Aufforderung, sich vorher taufen zu lassen.

Ich hörte Daniel aufmerksam zu, konnte aber noch immer nicht glauben, dass er am nächsten Tage sterben werde, denn er hatte gar nichts von einem Sterbenden an sich, weder in seinen Bewegungen, noch in seiner Stimme. Beim Abschied versprach ich anderntags wiederzukommen.

Am 8. September 1918 – Fest Mariä Geburt – abends 5 Uhr starb Daniel

Als ich am 8. September gegen 5 Uhr abends wiederum das jüdische Haus betrat, traf ich die Mutter in heller Verzweiflung.

Der Arzt war soeben bei ihrem einzigen Kinde gewesen. Er vermochte zwar keine Krankheit festzustellen, aber dessen Puls ging so schwach, dass keine Hoffnung auf Genesung mehr vorhanden war.

Daniel lag friedlich da. Sein Angesicht verriet sein inneres Glück. Er freute sich über mein Kommen und sagte fröhlich: *„Sehen Sie, ich werde jetzt sogleich sterben!"*

„Wenn du stirbst", antwortete ich, *„wird dich der Heiland unverzüglich zu sich in den Himmel nehmen!"*

Bei diesen Worten neigte Daniel sein Haupt zur Seite und hauchte lächelnd seine Seele aus . . . Auf dem Totenbette glich er wahrhaft einem Heiligen.

(Der Privatlehrer, der so ergreifend dieses wunderbare eucharistische Erlebnis seines Schülers schildert, änderte sofort nach dessen Tode sein gottloses Leben, wurde ein eifriger Katholik und später sogar ein ausgezeichneter Priester. O unerforschliche Allmacht, Größe und Güte Gottes!)

(Quelle: Jugend-Sendbote des göttlichen Herzens Jesu, November 1929, Feldkirch.)

Der Bäckerknabe von Almolda

Spanien 1936

Der spanische Bürgerkrieg 1936–1939 war nichts anderes als eine kommunistische Kirchenverfolgung.

Wie in den ersten Jahrhunderten wurden gute Katholiken eingekerkert, gemartert und getötet, einzig, weil sie sonntags zur heiligen Messe gingen, einem verfolgten Priester Obdach gewährten oder einem religiösen Vereine angehörten.

Auf geheimen, lange vorbereiteten Befehl wurden in den Abendstunden des 18. Juli 1936 alle Pfarrkirchen der Stadt Barcelona angezündet. Die guten Katholiken betrachteten von ihren Wohnungen aus weinend die Flammen, die auf den verschiedensten Kirchenplätzen gleichzeitig aufzüngelten. Wer sich einem brennenden Gotteshause zu nähern versuchte, wurde einfach niedergeschossen.

Die Zeitung „Diario de Barcelona" vom 29. Oktober 1943 berichtet, dass während der Revolution gegen 7000 spanische Priester, Ordensleute und Seminaristen und die folgenden zwölf Bischöfe, sowie ein Apostolischer Administrator getötet wurden:

1) Don Diego Ventaja Milan, Bischof von Almeria, wurde unter Hohn und Spott durch die Strassen gezerrt, dann als Gefangener auf einem Schiffe barbarisch behandelt und zuletzt in einem Hofe erschossen.

2) Don Florentino Asensio Barroso, Bischof und Apostolischer Administrator von Barbastro, wurde unter unmenschlichen Quälereien ermordet.

3) Don Manuel Irurita Almandoz, Bischof von Barcelona, wegen seiner nie versagenden Güte gegen die Armen weit und breit bekannt, wurde verfolgt, eingekerkert und unter geheimnisvollen Umständen erschossen.

4) Don Narciso La Plana y Laguna, Bischof von Cuenca, wurde zusammen mit zwei verwandten Geistlichen ermordet.

5) Don Narciso Estenaga y Echevarria, Bischof von Ciudad Real, wurde ermordet.

6) Don Manuel Medina Olmos, Bischof von Guadix, wurde ermordet.

7) Don Emanuel Basuto Jiménez, Bischof von Jaén, ein für den sogenannten „Todeszug" ausersehenes Opfer, wurde ermordet.

8) Über Pater Salvio Huix y Miralpeix aus der Kongregation des hl. Philipp Neri, Bischof von Lérida, werden aussergewöhnliche, übernatürliche Ereignisse während seiner Gefangenschaft und seines Martyriums berichtet.

9) Don Juan de Dios Ponce y Pozo, Apostolischer Administrator von Orihuela, wurde auf dem Friedhof von Elche bei Alicante zusammen mit mehreren Priestern erschossen.

10) Don Miguel Serra y Sucarrats, Bischof von Segorbe, hatte erst wenige Monate vor seiner Gefangennahme die Diözese übernommen. Die Mörder liessen seine Leiche am Strassenrande liegen.

11) Don Eustachius Nieto Martan, Bischof von Sigüenza, erlitt am 27. Juli 1936, als erster der genannten Bischöfe, den Martertod.

12) Don Manuel Borras Ferrer, Weihbischof von Tarragona, wurde unmenschlich gemartert.

13) Don Anselmo Poser, der heiligmässige Bischof von Teruel, erlitt ein langes Martyrium, da ihn die vor den siegreichen Franco-Truppen fliehenden Kommunisten gewaltsam mit sich führten und in der Nähe der französischen Grenze lebendig verbrannten, ehe sie nach Frankreich entkamen. Eines Tages gab die damalige gottlose Regierung von Barcelona durch das Radio dem Volke bekannt, die Priester habe man bereits erledigt, man werde jetzt daran gehen, mit den Überbleibseln der Religion, Statuen, Bildern, Gebetbüchern usw. aufzuräumen.

Voller Angst, das Auffinden eines religiösen Zeichens im Hause könnte sie bei einer Untersuchung das Leben kosten, verbrannten die meisten Leute ihre Kruzifixe, Heiligenbilder, Kommunionandenken, religiösen Schriften u. dgl.

Bei Tag und Nacht wurden Hausdurchsuchungen vorgenommen und dabei nicht nur nach verborgenen Priestern und Katholiken gefahndet, sondern zugleich Kästen, Kommoden, Küchen und Zimmer durchstöbert. Die pistolenbewaffneten Burschen zögerten nicht, Katholiken nach Lust und Laune niederzuknallen. Viele Kommunisten gingen vor allem darauf aus, bei Hausdurchsuchungen möglichst viel Geld und Schmuck in die eigene Tasche zu stecken.

Kruzifixe und Heiligenbilder, die sie da und dort noch vorfanden, rissen sie von den Wänden und warfen sie, samt Rosenkränzen und Gebetbüchern, auf die Strasse hinaus, um nach erfolgter Hausdurchsuchung draussen alles anzuzünden. Solche gewalttätige kommunistische Hausrevisionen fanden in armen Arbeiterwohnungen, wie in reichen Villen statt.

Drei Jahre lang litt das Volk unter dieser furchtbaren Tyrannei.

Auch die Leute von Almolda zitterten, als die roten, gottlosen Horden in ihr Dörfchen einzogen. Todesangst verbreitete sich in den Gassen, denn niemand wusste, wen sie sich als Opfer aussuchen würden.

Mitten im Dorfe hielten die Roten an und spähten nach einer Unterkunft. Plötzlich brachen sie in ein Freudengeheul aus, denn da stand ja noch die Kirche! Sie hatten auf ihrem Feldzuge keine einzige verschont . . .

„Wird wohl auch unsere Kirche ein Raub der Flammen werden?" frugen sich zitternd die Dorfbewohner.

Unter Gotteslästerungen stürmten die Kommunisten in den heiligen Raum und rissen Altäre, Statuen und Bilder nieder. Als ein grosser Haufen beisammen war, trugen sie die hölzernen Trümmer zum Dorfbäcker hinüber.

Einer der Hauptleute betrat die Backstube und befahl dem Bäcker, all dieses „Kirchengerümpel" sofort zu verheizen.

Doch der brave Mann tat keinen Wank, sondern knetete am Backtrog schweigend weiter.

Da ergriff der Kommunistenführer selber eine Axt und zertrümmerte den prächtigen Tabernakel und kunstvolle Statuen in tausend Stücke. Er wollte sicher sein, dass den gutkatholischen Ortsbewohnern kein heiliges Andenken aus ihrer Kirche mehr erhalten blieb.

Antonio, das Söhnchen des Bäckers, schaute erschrocken dem vandalischen Treiben des Gottlosen zu. Er fürchtete, der Kommunist könnte zuletzt mit dem Revolver seinen lieben Vater niederknallen. Wie war der Kleine froh, als der Wütende endlich fortging.

Voll kindlicher Neugier näherte sich jetzt Antonio dem Trümmerhaufen. Wie tat ihm doch die schöne Muttergottes leid, welcher dieser Unhold die Hände abgeschlagen hatte!

Doch, was war das? Antonio entdeckte, dass etwas unter den Trümmern hervorleuchtete. Während der Vater immer noch wie versteinert am Backtrog stand, zog der Kleine das glänzende Ding hervor. Es war eine runde, durchsichtige, goldeingefasste Glaskapsel, die eine heilige Hostie enthielt.

Antonio staunte ehrfürchtig. Obwohl er erst fünf Jahre alt war, hatte er bei der hl. Messe doch schon oft eine heilige Hostie gesehen und wusste, wer darin zugegen ist.

Manchmal hatte er auch bei der Vesper zugeschaut, wie der Priester bei der feierlichen Aussetzung des Allerheiligsten eine heilige Hostie in eine solche Glaskapsel einschloss und in der Monstranz auf den Altar stellte.

„Vater, Vater, schau! Der liebe Heiland ist da!" rief der Kleine freudig überrascht.

Der Bäcker, der vor wenigen Augenblicken dem Tode entronnen war, liess sich von seinem Büblein zum Trümmerhaufen führen.

Zutiefst ergriffen kniete der brave Handwerker nieder und sagte:

„Nur du, mein Kind, darfst dies berühren, weil du noch klein und brav bist. Du weisst ja, es ist der liebe Heiland in der hl. Hostie! Das Brot, das ich backe, nährt den Leib. Dies aber ist das wahre Himmelsbrot, welches die Seele zum ewigen Leben speist. Da ich nicht weiss, ob die Gottlosen unsern Herrn Pfarrer ermordet haben oder ob er fliehen konnte, dürfen wir die hl. Hostie behalten und vor den Frevlern schützen. Geh und verbirg sie rasch in deiner Schlafkammer!"

Voller Freude erfüllte Antonio den Befehl des Vaters. Von jetzt an sah man ihn nur noch selten auf der Strasse. Er lernte seine Schulaufgaben und spielte in seinem Kämmerchen in der Gegenwart des lieben Heilandes. Ja, sogar schlafen durfte er neben der hl. Hostie, und zwar zwei ganze Jahre hindurch, denn so lange hielten die Kommunisten sein Heimatdorf Almolda besetzt.

Endlich brachten die siegreichen Truppen des tüchtigen Generals Franco die Befreiung aus der Tyrannei des Kommunismus. Am selben Tage noch kam der HH. Pfarrer, um die hl. Hostie feierlich in der Bäckerei abzuholen und vom ganzen Volke begleitet freudig zurückzutragen in die ausgeplünderte Kirche.

„Zu seinem grossen Erstaunen" – so berichtet das Pfarrblatt „Bolletin Parroquial, Supplement del Bolletin Oficial del Arzobispado, Valencia" vom 29. Oktober 1940 – konnte der Priester feststellen, dass die hl. Hostie während der zwei Jahre, da sie vom kleinen Bäckerssohn Antonio gehütet wurde, total unversehrt geblieben war. In der ersten hl. Messe, die der Pfarrherr von Almolda nach der Befreiung las, genoss er diese berühmt gewordene hl. Hostie bei der hl. Kommunion.

Einst flüchtete das Jesuskind vor Herodes nach Ägypten. In Almolda floh der eucharistische Heiland in eine Backstube. Gott bleibt immer Sieger! Die Kirche geht nie unter!

(Quelle: Bolletin Parroquial de Almolda, Arzobispado Valencia, 29. Oktober 1940.)

Das Allerheiligste auf Irischer See

Irland um 540

Die hl. Brigitta von Schottland verbrachte viele Jahre betend und büssend auf einer einsamen Insel. Da weit und breit keine Kirche war, hatte sie die Erlaubnis, das Allerheiligste in ihrer Zelle aufbewahren zu dürfen.

Wenn hin und wieder ein Priester die Insel besuchte, dann las er in ihrer Einsiedelei die hl. Messe und konsekrierte mehrere hl. Hostien, damit sie täglich kommunizieren konnte. Eines Tages aber gingen die hl. Hostien zu Ende und kein Geistlicher kam. Voll Sehnsucht nach der Himmelsspeise schaute St. Brigitta übers Meer hinaus, ob noch kein Schiff nahe, denn sie hatte dem hl. Senan Botschaft gesandt.

Abt Senan aber war es zu jener stürmischen Zeit unmöglich, jemanden mit dem hochheiligen Gute auf die ferne Insel zu senden.

Da er jedoch die hl. Brigitta nicht länger ohne die Kommunion lassen wollte, verfertigte er voll Gottvertrauen aus Ästen und Zweigen eine kleine Barke, schmückte sie mit Blumen und stellte ein Kästchen mit dem allerheiligsten Sakramente hinein. Dann segnete er das Fahrzeug und überliess es Wind und Wellen.

Und siehe, wie von Engelshand geleitet, glitt das führerlose Boot sicher an gefährlichen Felsen vorbei hinaus aufs offene Meer und gelangte glücklich ans Ufer des fernen Eilandes, wo die hl. Brigitta ihren Herrn und Gott in Brotsgestalt voller Freude empfing.

Der hl. Senan starb im Jahre 544 in Irland. Die Kirche feiert sein Fest am 8. März.

(Quelle: P. Manuel Traval y Roset S. J. Prodigios Eucaristicos.)

Die hl. Hostie und der Waldbrand von St. Georgenberg

Im Laufe der Jahrhunderte wurde das Benediktinerkloster St. Georgenberg bei Schwaz in Tirol viermal von gewaltiger Feuersbrunst zerstört.

Am 5. April 1819 drohte die gleiche Heimsuchung. Mittags brach im Torhaus an der Hohen Brücke vor dem Kloster Feuer aus, das auch den umliegenden Wald ergriff. Acht Tage später fachte um 5 Uhr abends ein heftiger Wind das im Waldboden noch fortglimmende Feuer von neuem an. Ein wahrer Glutregen ging auf Kirche und Kloster nieder und man machte sich bereits daran, das altehrwürdige Gnadenbild der „Schmerzhaften Mutter", sowie die Heilig-Blut-Reliquie und andere Kostbarkeiten in Sicherheit zu bringen. Da nahm um Mitternacht ein Benediktinerpater vertrauensvoll das Allerheiligste aus dem Tabernakel und trug es aus der Kirche dem drohenden Feuer entgegen. Kaum hatte er voll tiefen Glaubens das feindliche Element mit der hl. Hostie gesegnet, da legte sich plötzlich der Wind. Die Abtei blieb verschont und in kurzer Zeit konnte der Waldbrand total gelöscht werden.

Auch an anderen Orten sanken ausgebrochene Grossfeuer durch den Segen mit dem Allerheiligsten oft plötzlich in sich zusammen, denn das Feuer erkennt seinen Herrn!

(Quelle: Geschichte der Benediktinerabtei St. Georgenberg-Fiecht. 1954. Selbstverlag.)

Der Stumme von La Rochelle

Frankreich 1461

Am Osterfeste des Jahres 1461 besuchte eine Frau mit ihrem taubstummen Knaben den Gottesdienst in der Kathedrale von La Rochelle.

Der arme Junge war sehr fromm und liebte Gott aus ganzem Herzen. Andächtig folgte er der hl. Messe.

Als er sah, dass der Priester den andern Gläubigen die hl. Kommunion austeilte, wünschte auch er den lieben Heiland zu empfangen.

Mit flehenden Blicken bat er seine Mutter, auch ihn zum Tische des Herrn zu führen.

Die Mutter willfahrte seinem Wunsche. Der Priester aber weigerte sich, dem Taubstummen die hl. Kommunion zu reichen, weil er fürchtete, derselbe verstehe zu wenig davon.

Die arme Mutter weinte. Der Knabe aber gab seine Hoffnung nicht auf. Auf den Knien rutschte er zum Priester hin und flehte mit erhobenen Händen und engelgleichem Blicke um die Himmelsspeise.

Ergriffen von solcher Sehnsucht, reichte ihm nun der Geistliche die hl. Erstkommunion.

Kaum aber hatte die hl. Hostie die Zunge des Stummen berührt, rief er laut:

„Unsere Hilfe ist im Namen des Herrn!"

Da staunten alle Anwesenden. Die Mutter aber frug ihn ganz bestürzt:

„Hast du etwas gesagt, mein Sohn? Kannst du wirklich sprechen?"

„Ja Mutter, Gott sei Dank!" antwortete der Geheilte und umarmte sie weinend vor Freude. Alle Leute umringten staunend die beiden und beglückwünschten sie. Der Geistliche aber stimmte zum Danke ein feierliches „Te Deum" an.

Alljährlich am 13. April wird in der Kathedrale von La Rochelle das Gedächtnis dieser wunderbaren Heilung des Taubstummen gefeiert.

(Quelle: P. Manuel Traval y Roset S. J.: „Prodigios eucaristicos".)

Turin — die Stadt des allerheiligsten Sakramentes

Italien 1453

Turin wird mit dem einzigartigen Ehrentitel „Stadt des allerheiligsten Sakramentes" bezeichnet.

Diese Benennung verdankt die Stadt einem eucharistischen Wunder, welches am 6. Juni 1453 geschah.

An jenem Tage schritten zwei finstere Gesellen mit einem schwerbeladenen Maulesel durch das Stadttor.

Sie kamen von der Festung Exilles, wo sie in Kriegsdienst gestanden. René von Anjou hatte seinem Bundesgenossen Herzog Franz Sforza von Mailand gegen die feindliche Herrschaft Venedigs zu Hilfe eilen wollen. Aber Ludwig von Savoyen versperrte ihm bei Exilles den Weg nach Mailand.

Wütend darüber plünderten und brandschatzten die Kriegsleute des Herzogs René von Anjou die Festung Exilles. Nicht einmal die Kirche blieb verschont.

Ein Söldner, der noch gottloser war als die andern, brach sogar den Tabernakel der Kirche auf und stahl daraus die Monstranz samt der hl. Hostie. Rasch verbarg er sie zwischen anderer Beute in einem Sacke, den er fest zuschnürte und auf seinen gestohlenen Lastesel lud.

Danach wanderte der Kriegsknecht mit einem Kameraden der südlichen Heimat zu.

Als die beiden an der St.-Silvester-Kirche in Turin vorbeikamen, stand der Esel plötzlich mitten auf dem Platze still und liess sich auf die Knie nieder. Wütend hieb der Dieb auf ihn ein. Doch das Tier rührte sich nicht.

Infolge der heftigen Schläge fiel aber der Sack vom Rücken des Esels zu Boden und öffnete sich.

Vor den entsetzten Augen der Diebe schwebte die Monstranz mit der hl. Hostie in strahlendem Glanze hoch in die Luft empor. Keiner der Diebe vermochte sie zu erlangen.

Immer mehr Leute eilten staunend und betend herbei. Zwölftausend Einwohner zählte damals die Stadt Turin und alle wurden Zeugen des herrlichen eucharistischen Wunders auf dem Silvesterplatz.

Als der Bischof von Turin, Msgr. Ludwig Romagnano, in feierlichem Ornate, begleitet von vielen Priestern, ankam, öffnete sich die Monstranz von selber und sank zu Boden, während die hl. Hostie noch in der Höhe verblieb.

Von heiligem Schauer ergriffen, flehte die kniende Menge:

„Bleibe bei uns, o Herr! Bleibe bei uns!"

Da geschah ein neues Wunder. Die hl. Hostie schwebte langsam aus der Luft herab in den Kelch hinein, den der Bischof ihr entgegenhielt.

Weinend vor Ergriffenheit begleitete das Volk den Bischof mit der wunderbaren hl. Hostie in die Kathedrale.

Am Platze selber erbaute man zuerst eine Gedächtniskapelle und später eine prachtvolle Kirche mit dem Titel „Corpus Christi" – „Leib des Herrn".

Im Jahre 1953 wurde in Turin die 500-Jahr-Feier dieses einzigartigen Wunders, in Anwesenheit des heiligmässigen Kardinals Schuster von Mailand und vieler tausend Pilger festlich begangen.

(Quelle: P. Johann Mayor S. J., Magnum speculum exemplorum. P. Manuel Traval, S. J., Prodigios eucaristicos.)

Das Jesuskind in der Missionspredigt von Manzaneda

(Nordspanien 1903)

Am 20. April 1903 wurde durch eine Erscheinung des Jesuskindes in der hl. Hostie eine ganze Pfarrei, die nicht mehr praktizierte, bekehrt. Das Dorf Manzaneda, wo dieses Hostienwunder stattfand, gehört zum nordspanischen Bistum Astorga.

Der Redemptoristenpater Mariscal, welcher zusammen mit Pater Romero im Auftrage des Bischofs eine Volksmissionswoche in Manzaneda hielt, berichtete über seine dortigen Erlebnisse:

„Bei unserer Ankunft zur heiligen Mission befanden sich die Bewohner der Ortschaft im beklagenswertesten geistigen Zustande. Zwischen ihnen und dem Herrn Pfarrer bestand nämlich ein heftiger Streit. Der Geistliche hatte seine Gemeinde verlassen, um sich in das kleine benachbarte Filialdorf San Martino zurückzuziehen. Wer die Schuld an diesen traurigen Verhältnissen trug, weiss ich nicht. Auf jeden Fall stand es schlimm in Manzaneda. Die Ehrfurcht vor dem Priesterstande war vollständig geschwunden. Liess sich der Pfarrer oder ein anderer Priester auf der Strasse sehen, so wurden sie beschimpft und oft sogar mit Seinen beworfen.

Der Bischof von Astorga glaubte, eine Mission könnte am besten die erregten Gemüter besänftigen. Daher schickte er uns Redemptoristen nach Manzaneda, um Volkspredigten zu halten. Jedermann kann sich vorstellen, mit welch gemischten Gefühlen wir hinreisten.

Als wir in Manzaneda ankamen, wurden wir nicht, wie das sonst gebräuchlich ist, feierlich vom Volke empfangen. Im Gegenteil, die Leute kümmerten sich nicht um uns und hatten beschlossen, unseren Predigten fernzubleiben. Was tun? Im Vertrauen auf Gottes Hilfe begannen wir die Mission zunächst nicht im Pfarrorte selbst, sondern in der Filiale San Martino. Nur wenige Gläubige aus den umliegenden Weilern begleiteten ihre Kinder zur Mission; von Manzaneda aber nahm kein einziger Erwachsener daran teil. Erst am fünften Exerzitientage kamen auch einige Personen von Manzaneda, jedoch mehr aus Neugier als aus Andacht. Wir Patres verloren den Mut. Ich schrieb daher unserem hochwürdigsten Rektor des Redemptoristenklosters von Astorga, dass wir Prediger heimgehen möchten, denn es sei zwecklos, die Arbeit fortzusetzen. Doch siehe! Am folgenden Tage kam der liebe Gott selbst uns wunderbar zu Hilfe. In der kurzen Zeit von zwanzig Minuten brachte Er durch ein Wunder das zustande, wofür wir uns die ganze Woche lang vergebens abgemüht hatten.

Es war am 20. April 1903, am Feste des Diözesanpatrons, des hl. Bischofs Toribius von Astorga. Die Kinder hatten am Morgen ihre feierliche Generalkommunion mit grosser Andacht gehalten. Ich hatte sie dabei ermahnt, doch den lieben Heiland recht innig um die Bekehrung ihrer Eltern und Verwandten zu bitten. Sie taten es, und der göttliche Kinderfreund erhörte voll unendlicher Güte ihr Gebet.

Auf jenen Abend des 20. April 1903 war die feierliche Abbitte vor dem ausgesetzten Hochwürdigsten Gute angekündigt. Ich sollte die Predigt halten. Allein, es schien, als habe sich alles gegen uns verschworen, denn ich war ganz heiser und hatte meine Stimme fast total verloren. Darum beauftragte ich meinen Gefährten HH. Pater Romero, an meiner Stelle zu predigen. Er bat mich jedoch, ihn dieses Auftrages zu entheben, da er noch nie die feierliche Abbitte gehalten habe und nicht darauf vorbereitet sei, zumal für solch schwierige Ortsverhältnisse. Was tun? – Ich liess ihn nun, statt der Abbitte, eine Predigt über die Hölle halten. Wider Erwarten waren diesmal viele Erwachsene gekommen, doch nicht so sehr,

um das Wort Gottes zu hören, sondern um die prachtvolle Beleuchtung zu sehen, die nach Programm stattfinden sollte. Widerwillig und oft sogar spottend hörten die meisten die

Predigt an. Als Pater Romero geendet hatte, wurden die vielen Kerzen am Altare angezündet. Unterdessen bestieg ich die Kanzel, um die Abbitte vorzubeten. Meine Stimme war so schwach, dass man mich kaum verstehen konnte. Da erfüllte die Kirche plötzlich strahlender Glanz, so dass das Licht sämtlicher Kerzen, gegen 200 an der Zahl, die wir angezündet hatten, dagegen verblich. Es war, als sei die Sonne in der Kirche aufgegangen! Mit einem Ruck erhob sich das Volk. Aufrechtstehend blickten alle unverwandt zum Altare hin, um das Wunder zu sehen, das sich plötzlich ereignete. Mitten in die gespannte Stille hinein rief ein sechsjähriges Mädchen mit heller Stimme von der Türe her: „Ich will das Kindlein auch sehen!" Ich befahl der Kleinen zu schweigen und bat alle Anwesenden, sich niederzuknien. Man gehorchte. Alles sank lautlos, wie in Ekstase, auf die Knie.

Was war denn eigentlich geschehen? Was erblickten die Leute? Ich kann es kaum beschreiben. Als ich nämlich auf der Kanzel zu reden begonnen hatte, war mir plötzlich, als flüstere mir eine Stimme die Worte des Propheten Isaias ins Ohr: „Den ganzen Tag halte ich meine Hände ausgebreitet gegen mein Volk, aber mein Volk glaubt mir nicht und gibt mir Widerrede." Im gleichen Augenblick verschwand meine starke Heiserkeit. Meine vorher so schwache Stimme bekam eine solche Gewalt, wie ich sie nie in meinem Leben besessen hatte. Was ich redete, weiss ich nicht mehr. Ich fühlte, dass nicht ich, sondern ein anderer aus mir sprach. Und wer war es? Es war der göttliche Heiland selbst! Denn als ich jene Worte des Propheten Isaias anführte, sah man in der Glaskapsel der feierlich ausgesetzten Monstranz, welche die heilige Hostie enthielt, plötzlich das Antlitz eines Knäbleins erscheinen. Es hatte blonde Haare und zuerst dieselbe Grösse wie die heilige Hostie. Bald kamen auch seine Arme zum Vorschein und endlich der ganze Körper. Nun aber trat das Jesulein aus der heiligen Hostie hervor. Es stellte sich mit ausgebreiteten Armen vor die Monstranz auf dem Altar, so als wolle es sämtliche Kinder der Pfarrei umarmen, die vor dem Altare knieten. Die Brust des leuchtenden Jesusknaben war geöffnet, so dass man durch dieselbe sein Herz erblikken konnte. An Händen und Füssen hatte er Wundmale, aus denen Blut hervorfloss. Er trug ein schneeweisses, mit violetten Blumen besätes Kleid. Der Glanz, den die Erscheinung verursachte, übertraf das Licht aller Kerzen. Sie blieb volle zwanzig Minuten sichtbar, während ich dem Volke predigte. Man kann sich kaum vorstellen, welch heiliger Schauer alle Anwesenden ergriff. Als der hochw. Herr Pfarrer, der vor dem Altare stand, plötzlich das Jesuskind mit blutendem Herzen erblickte und sich seinem Herrn und Gott Aug in Auge gegenübersah, da wankten seine Knie. Er konnte sich nicht mehr aufrechthalten und warf sich vor den Stufen des Altares auf den Boden nieder, so wie er war, in den heiligen Gewändern, mit Albe und Chormantel bekleidet. Man musste ihn von der Erde aufheben. Er zitterte vor Furcht und innerer Erregung am ganzen Körper.

Ich forderte nun die Kinder auf, mit mir Jesus laut um Verzeihung für ihre Eltern und Verwandten anzuflehen. Da standen alle auf und breiteten ihre kleinen Arme aus. Doch konnten sie kein Wort von dem nachsprechen, was ich ihnen vorbetete, denn sie waren alle in Verzückung! Das Volk hingegen antwortete wie aus einem Munde auf meine Aufforderung hin und alle wiederholten gemeinsam, was ich ihnen vorbetete. Mit feierlichem Ernste, wie einst das Volk Israel in der Wüste, schlossen diese Leute aufs neue den Bund der Treue mit ihrem Gott. Schliesslich bat ich den Herrn Pfarrer, den Segen mit dem Allerheiligsten zu geben. Als er die heilige Hostie aus der Monstranz nehmen wollte, um sie in das Ziborium zurückzulegen, zitterte er so heftig, dass er nicht imstande war, sie anzufassen. Da geschah ein zweites Wunder. Es schien, als würde die hl. Hostie lebendig. In eigener Bewegung schwebte sie aus der Monstranz heraus, stieg mit majestätischer Ruhe in die Höhe und sank dann von selber in das Ziborium hinein. Der Herr Pfarrer verschloss sie in den Tabernakel und kehrte voll Staunen und Schrecken in die Sakristei zurück.

Das Volk aber wollte die Kirche noch nicht verlassen. Ich musste den Leuten schliesslich befehlen, sich zu entfernen. Alle gehorchten. Aber niemand wagte es, dem Altar den Rücken zuzukehren, sondern alle gingen, mit zum Altar gewandtem Antlitz, rückwärts zur Kirche hinaus.

Die Kinder aber, die vorher nicht imstande gewesen, mir die Abbitte nachzusprechen, wurden, sobald sie aus der Kirche traten, gleichsam zu Propheten. Jeder Knabe und jedes Mädchen predigte den Erwachsenen erschütternde Dinge über die schrecklichen Gerichte des lebendigen Gottes. Der Erfolg der Mission war jetzt gesichert!

Als spät am Abend die Glocke das übliche Zeichen zu den Versöhnungen gab und die in Feindschaft lebenden Erwachsenen ermahnte, ihre Streitigkeiten aufzugeben und sich gegenseitig auszusöhnen, da kam die ganze Einwohnerschaft von Manzaneda zu ihrem Pfarrer nach San Martino hinausgezogen. Auf den Knien liegend, flehten die Leute ihn an, ihnen ihre Beleidigungen zu verzeihen und wieder zurückzukehren ins Dorf, um wie früher, unter ihnen seine Wohnung zu nehmen.

Wie froh waren wir Missionäre, als wir die gänzliche Umwandlung dieser Pfarrei gewahrten!

Als ich am folgenden Morgen die heilige Messe lesen wollte, kostete es mich grosse Mühe, an den Altar zu gelangen, denn die Kinder standen dichtgedrängt um denselben herum und liessen sich auf keinerlei Weise wegschicken. Als man sie schliesslich doch entfernen musste, brachen sie in Tränen aus. Ein Jüngling von 19 Jahren stand da und weinte bitterlich. Warum? Er hatte gestern zwar auch, gleich allen übrigen, das göttliche Kind gesehen, aber nicht ganz. Es war ihm, trotz vieler Bemühungen, nicht möglich gewesen, das Antlitz des Jesusknaben zu schauen. Dies veranlasste ihn zu ernster Gewissenserforschung und aufrichtigen Reuetränen.

Ein alter Mann, der den Glauben vollständig verloren hatte, wollte seit jenem Tage die Kirche kaum mehr verlassen. Er blieb den ganzen Tag darin und beweinte bitterlich seinen früheren Unglauben. Mit einem Wort: alle Pfarrkinder, ohne eine einzige Ausnahme, beichteten mit ausserordentlich guter Seelenverfassung. Die Generalkommunion am Schlusstage der Mission dauerte ohne Unterbrechung drei volle Stunden lang, von halb 6 bis halb 9 Uhr früh, denn aus der ganzen Umgegend waren Leute herbeigeeilt, um am Altar der Erscheinung die heilige Kommunion zu empfangen.

An jenem letzten Tage der Mission, am 27. April 1903, liess ich zur Danksagung für die vollständige Bekehrung der Gemeinde ein feierliches Tedeum singen. Und o Wunder! In demselben Augenblicke, als ich „Grosser Gott, wir loben Dich" anstimmte, erschien plötzlich das Jesuskind wieder in der hl. Hostie, genauso wie zuvor, in der Gestalt eines sechsjährigen Knaben. Der einzige Unterschied war der, dass es jetzt keine Wunden mehr hatte und dass die violetten Blumen der Betrübnis an seinem Gewande verschwunden waren. Sein Antlitz leuchtete voll himmlischer Freude.

Es lässt sich nicht schildern, wie sehr wir alle ergriffen waren. Beim Singen des letzten Verses des Ambrosianischen Lobgesanges verschwand die Erscheinung. Zum bleibenden Andenken an diese wunderbare Begebenheit wurde auf dem Missionskreuz von Manzaneda das Jesuskind in derselben Haltung abgebildet, in welcher es erschienen war. Das Kreuz wurde in der Kirche aufgestellt.

Der hochwürdigste Bischof von Astorga ordnete sogleich eine genaue Untersuchung an. Er sandte zu diesem Zwecke den Erzpriester Don Antonio Fato und den bischöflichen

Notar Herrn Thomas de Barrio als Untersuchungsrichter nach Manzaneda mit dem Auftrage und der Vollmacht, die Aussagen der Zeugen unter Eid aufzunehmen. Nach kurzer Zeit konnte der Bischof im Kirchlichen Amtsblatt seiner Diözese das Ergebnis der Untersuchung veröffentlichen. „Die Erscheinung des Jesuskindes zu Manzaneda", schrieb er, „ist eine Tatsache, die nicht den geringsten Zweifel zulässt".

Es besteht demnach nicht der geringste Zweifel betreffs der himmlischen Erscheinung. Die Bewohner von Manzaneda sind sosehr davon überzeugt, dass sämtliche Männer zu einer eucharistischen Bruderschaft zusammentraten, um abwechselnd Tag und Nacht unsern Herrn im allerheiligsten Sakramente anzubeten. Der grösste Beweis für die Echtheit der Erscheinung ist wohl der, dass die ganze Gemeinde, die vorher voller Hass gegen Religion und Priester war, mit einem Schlage in ein frommes, eifriges, für Gott und den Glauben begeistertes Volk umgewandelt wurde.

(Quelle: „La Luz de Astorga" und die kathol. Tagespresse Spaniens vom April 1903; P. Manuel Traval y Roset S. J., Prodigios Eucaristicos, Barcelona.)

Fest soll mein Taufbund immer stehn,
ich will die Kirche hören!
Sie soll mich allzeit gläubig sehn
und folgsam ihren Lehren!

Dank sei dem Herrn,
der mich aus Gnad'
zur wahren Kirch' berufen hat;
nie will ich von ihr weichen!

Der grosse Schrecken eines kleinen Ministranten

Spanien, im 16. Jh.

Der hl. Peter von Alcantara feierte die hl. Messe stets mit ausserordentlicher Andacht. Eines Tages kam der kleine Ministrant, der ihm am Altare gedient hatte, nach der hl. Messe erschrocken nach Hause gelaufen. Zitternd vor Angst erzählte er seiner Mutter, er wolle nicht mehr diesem Franziskaner bei der hl. Messe dienen, denn er habe gesehen, dass er bei der hl. Kommunion ein allerliebstes Büblein aufgegessen habe.

„Ich will nicht mehr Messdiener des Paters Peter von Alcantara sein, sonst könnte er auch mich einmal vertilgen!"

Die Mutter, die den hl. Franziskaner kannte, begriff sofort, dass ihr Knabe hatte ein Wunder erleben dürfen. Sie erklärte dem Kleinen, dass in jeder hl. Hostie das Jesuskind mit Fleisch und Blut wirklich zugegen sei und die Speise der Menschen sein wolle. Er solle Jesus danken dafür, dass er ihn in der hl. Hostie habe schauen dürfen.

Der Knabe hatte nun keine Angst mehr vor dem grossen Heiligen, sondern diente ihm mit noch grösserem Eifer als Messdiener und freute sich jedesmal, wenn er das Jesuskind nach der hl. Wandlung in dessen Händen erblickte.

Zur 700-Jahr-Feier des hohen Fronleichnamsfestes 1264–1964

Am 11. August 1964 begab sich der Hl. Vater Papst Paul VI. nach Orvieto (130 km von Rom entfernt), um dort an den eucharistischen Festlichkeiten zur Erinnerung an die Einführung des hochheiligen Fronleichnamsfestes teilzunehmen, denn Urban IV. lud vor siebenhundert Jahren durch die Bulle „Transiturus", von Orvieto aus, wohin er vorübergehend vor fanatischen Religionsfeinden geflüchtet war, die ganze Weltkirche zur alljährlichen Begehung des Fronleichnamsfestes, am Donnerstag nach der Oktav des Pfingstfestes, ein.

Der 11. August 1964 wurde dadurch zum Jahrtag grosser Freude für die ganze katholische Welt, denn vor siebenhundert Jahren begann der alljährliche Triumphzug der weissen Hostie durch Städte und Dörfer, durch heisse Sandwüsten und ewige Schneefelder, durch hohe Grassteppen und blumige Auen, über Berge und Hügel und schimmernde Seen und Flüsse hin. Öffentlicher Siegeszug des Gottmenschen, verborgen unter armer Brotsgestalt, begleitet von Priestern und Volksscharen, von Lobeshymnen und Instrumentenjubel. Kommet, lobet ohne End' das hochheilige Sakrament, welches Christus eingesetzet uns zum Testament!

Solche liturgische Feste werden nicht einfach improvisiert, sondern jahrelang überdacht, ehe sie eingeführt werden. Der Hl. Geist, welcher der Kirche immerdar beisteht, führt dieselbe – wenn nötig sogar durch Wunder – zur gottgewollten Entscheidung.

Eine bescheidene Klosterfrau, die hl. Juliana von Lüttich, ward vom Herrn erkoren, Wegbereiterin des Fronleichnamsfestes zu sein. Nach strenger Tagesarbeit durchwachte sie ganze Nächte vor dem Tabernakel. Da wurde ihr, in einer

Vision, ein leuchtender Kreis gezeigt, der ganz von Licht erfüllt war, ausser an einer Stelle. Da der dunkle Flecken das wundervolle Ganze erheblich störte, fragte die fromme Augustinerin den Herrn verwundert, was dies zu bedeuten habe. Die Erklärung lautete, es fehle im leuchtenden Kreis des Kirchenjahres ein Fest zu Ehren des hochheiligsten Altarsakramentes. Sie müsse dies der kirchlichen Obrigkeit zu wissen tun.

In einem späteren Gesichte durfte Sr. Juliana schauen, welcher Art das neue Fest sein sollte. Sie sah die Strassen einer Stadt mit Blumen bestreut und die Häuser froh mit Lichtern, bunten Fahnen und Girlanden geziert. Durch all die freudvolle Pracht aber trug ein Priester, in goldstrahlendem Gefäss, die hl. Hostie. Unzählige Scharen begleiteten den eucharistischen Heiland hinaus vor die Stadt, durch duftende Wiesen und wogende Ährenfelder. Und die sprossende Natur sang samt dem säuselnden Winde und den bewegten Menschenherzen dem in Brotgestalt verborgenen Gott Ruhm und Preis und Lob und Dank.

Sr. Juliana suchte dem Wunsche des Herrn Erfüllung zu verschaffen. Doch ihre Offenbarungen ernteten zuerst nur Spott und Hohn und brachten ihr arge Verfolgung. Sie durfte zwar noch erleben, dass Lüttich schon im Jahre 1246 eine Art Fronleichnamsfest feierte. Doch sie starb 1258, ehe die Weltkirche den diesbezüglichen Wunsch des Herrn verwirklichte.

Ein belgischer Domherr aber, der die Augustinerin als junger Priester in Lüttich kennengelernt hatte, vergass deren prophetische Worte nicht. Als er, als Urban IV., Petri Thron bestieg, bemühte er sich, das fehlende Fest dem leuchtenden Kreis des Kirchenjahres einzufügen.

In diesem heiligen Vorhaben bestärkten ihn besonders zwei grosse eucharistische Wunder jener Zeit. Das eine Wunder geschah in Daroca (Spanien) anno 1239; das andere in

Bolsena-Orvieto (Italien), anno 1263. In beiden Fällen handelte es sich um heilige Hostien, die nach der Wandlung bluteten und blutbenetzte Corporale hinterliessen, die heute noch, nach siebenhundert Jahren, erhalten sind und untersucht werden können. Über beide Wunder sind ausserdem einwandfreie historische Dokumente, sowohl in Spanien als auch in Italien vorhanden.

Das eucharistische Wunder von Santarem

Portugal 1266

Santarém, der „wunderbare" Ort, wie ihn P. Antonio Vieira in einer seiner schönsten Predigten nannte, feierte in diesem herrlichen Jahr der Hundertjährigen Gedächtnisfeier 1966 seinen Eucharistischen Kongress.

Es ist daher angebracht, dass wir in einfacher Sprache, die allen verständlich ist, die Geschichte des Heiligen Wunders von Santarém, das Wunder der Wunder, als solches von der ganzen christlichen Welt in Erinnerung bringen.

Im Jahre 1266, also vor 674 Jahren ereignete sich dieses Wunder. Damals herrschte in Portugal D. Afonso III und Clemens IV. war Papst von Rom.

In der Ruà das Esteiras (Strohmattenstrasse) lebte eine arme Frau niederer Herkunft, jedoch ehrlich, tugendhaft und gottesfürchtig, welche oft die Stefanskirche besuchte, die heute mehr unter dem Namen „Die Kirche des Wunders" bekannt ist. Dorthin ging sie oft zu bitten, dass Gott sie erhöre und ihr die Gnade der Bekehrung ihres Mannes schenke; denn er war ihr nicht treu. Deswegen weinte und jammerte sie oft. Sie vertraute ihr Geheimnis einer Jüdin aus dem Judenviertel an, die eine höllische Kraft für Beschwörungen und Hexereien besass.

Diese gab der betrübten Frau folgenden teuflischen Rat. Sie riet ihr, sich krank zu stellen, damit man ihr leichter den Leib des Herrn zur Kommunion gäbe, und dass sie dann die hl. Hostie sofort aus dem Mund nehmen und in einem Tuch verbergen soll, denn die hl. Kommunion wurde damals selten ausgeteilt. Hernach müsse sie dieselbe in ihrem Kopftuch ins Haus der Jüdin bringen, damit diese die unvermeidlichen Beschwörungen zur Herstellung der Eintracht ihrer Ehe vornehmen könne. Sie bat um totale Verschwiegenheit.

Die unglückliche Frau ging in die Stefanskirche und da

sie sich krank erklärte, gab man ihr den Leib des Herrn, mit welchem sie verfuhr, wie ihr angeraten worden war. Niemand bemerkte es. Rasch verliess sie die Kirche mit dem Allerheiligsten, das sie in einem Zipfel ihres Kopftuches eingebunden hatte. Sie begab sich damit zur Jüdin.

Gott jedoch, der solch grosse Bosheit und Verunehrung zu seiner grösseren Ehre und zu unserem Nutzen verwenden wollte, liess zu, dass aus dem Knoten des Schleiers, wo sich die Hl. Partikel befand, frisches Blut herausfloss.

Die Leute, welche an der Kirchentüre standen, sahen das seltsame Ereignis und fragten natürlicherweise die Frau, was sie in ihrem Kopftuch verborgen trage und welches die Ursache des heraussickernden Blutes sei. Erst jetzt bemerkte sie das Vorkommnis und wurde gleich beängstigt und aufgeregt. Sie fürchtete sich, zitterte und lief wortlos nach Hause. Ihre Angst steigerte sich aufs höchste.

Heimgelangt, warf sie das Kopftuch mit dem Allerheiligsten in eine Truhe, in der sie ihre saubere Wäsche bewahrte. Sorgfältig schloss sie die Truhe, damit ihr Mann nicht die blutige Partikel fände. Später wollte sie über die Art und Weise nachdenken, wie sie sich ihrer entledigen könnte.

Spät in der Nacht kam ihr Mann nach Hause. Sie gingen zu Bette und schliefen ein. Jedoch nach dem ersten Schlaf, als sie die Augen öffneten, erblickten sie im bescheidenen Zimmer einen aussergewöhnlichen Glanz. Aus der Truhe brachen helle Strahlen hervor, die denen der Mittagssonne glichen. Zum Glanz gesellte sich ein süsser Duft und himmlische Musik.

Jetzt sah sich die Frau verpflichtet, ihrem Mann alles zu erklären und da nun beide etwas Übernatürliches in dem Vorgang ahnten, standen sie auf und knieten sich in demütiger Verwirrung zerknirscht nieder.

Sobald der Morgen anbrach, ging der Mann zum Prior der Stefanskirche, um ihm alles, was sich nachts in seinem

Haus zugetragen hatte, zu gestehen. Der Priester begleitete den Mann und erkannte an den sonderbaren Umständen, dass Gott hier ein wahres Wunder gewirkt hatte.

Er rief die Gläubigen zusammen, befahl die Glocken zu läuten, um das Wunder öffentlich anzukündigen.

Alles stürmte zur besagten Strasse. Die Priester des Ortes zogen mit erhobenem Kreuz und brennenden Fackeln zum Hause, wo sich das Wunder abspielte. Man öffnete die Truhe und alle sahen die Hl. Hostie mit einigen Tropfen frischen Blutes, jedoch ganz unversehrt. Das Volk beobachtete gleichfalls das wunderbare Geschehen. Die Priester legten alsdann die blutige Hostie in eine Monstranz und nun zogen sie in feierlicher Prozession durch die Strassen von Santarém unter den lebhaftesten Bezeugungen des Glaubens und der Freude.

Das war der erste Tag der öffentlichen Verehrung des Heiligen Wunders von Santarém

Die Frau, das arme Opfer der Wahrsagerin jedoch, tat Busse und erlangte den so sehr gewünschten Frieden ihres Hauses und sowohl sie, als ihr Mann, wurden grosse Verehrer des heiligsten Sakramentes.

Alle Kirchen und Kapellen des Ortes und der Umgebung wünschten jetzt die grosse Ehre zu haben, das „heilige Wunder" zu besitzen. Jedoch die Pfarrkinder der Stefanskirche batten so sehr, bis ihnen dieses Recht für ihre kleine Kirche bewilligt wurde.

Der blutige Leib des Herrn wurde in Wachs gefasst, um rein bewahrt zu bleiben und nicht Gefahr zu laufen, dass die hl. Partikel sowie das daraus geflossene Blut verderbe.

Einige Tropfen des frischen Blutes hefteten sich ans Wachs, wie man es heute noch sehen kann.

Zwei der Reliquien des Hl. Wunders wurden dem Konvent des Hl. Dominikus übergeben, d. h. ein Teil des Tuches wurde in einer Kapsel aus Kristall aufbewahrt, sowie zwei Fragmente des Wachses in der Grösse von Körnern, in denen sich das kostbare Blut aufgesaugt hatte.

Jahre waren vergangen. Die Hl. Partikel wurde in der Stefanskirche weiter aufbewahrt und stets vom Volke sehr verehrt.

Eines Tages jedoch, als der Priester den Tabernakel öffnete, um das Hl. Wunder auszusetzen, bemerkte er, dass ein wunderbarer göttlicher Vorgang sich zugetragen hatte. Die Hl. Hostie erschien im kleinen Halbmond der Monstranz in Form einer Pyramide oder Birne mit dem Stiel nach oben.

Man sah darin die Hl. Hostie ganz, mit fast schwarzen Flecken, als wäre es getrocknetes Blut und mit rötlichen Teilen, als wäre es frisches Blut. Der Rest der Hostie zeigte die weisse Farbe frischer Hostien.

Nur die Engel hätten Künstler eines solch wunderbaren Werkes sein können. Menschlichem Kunstwerk wäre es nie gelungen, die ganze Hostie durch die sehr enge Öffnung des Behälters einzufügen.

Sofort erkannte man ein erneutes Wunder, das damals von unsern Vorfahren beglaubigt wurde. Im kleinen Schrein erblickten einige nur die Hl. Partikel in ihrer wirklichen Form. Andere sahen verschiedene Bilder: den Ewigen Vater auf seinem Thron, das segenspendende Jesuskind auf der Weltkugel, den Gekreuzigten Heiland, oder den Herrn an der Geiselsäule, die Figur des Lammes, des Guten Hiten und andere.

Das blutige Corporale von Bolsena

Italien 1263

Im Jahre 1263 pilgerte ein deutscher Priester von Prag nach Rom. Auf der Durchreise durch Bolsena feierte er in der Kirche der hl. Christina die hl. Messe. Er war ein frommer Priester. Doch wurde er oft, zu seinem Leidwesen, von Zweifeln und Skrupeln geplagt betreff der Macht der Wandlungsworte und die wirkliche Gegenwart Christi mit Gottheit und Menschheit, mit Leib und Seele, mit Fleisch und Blut in den Gestalten von Brot und Wein im allerheiligsten Altarssakrament. Gerade deshalb hatte er die mühsame Pilgerfahrt nach Rom unternommen, um am Grabe der Apostelfürsten Petrus und Paulus Befreiung von seinen lästigen Zweifeln zu erbitten.

Als nun Petrus von Prag in Bolsena nach der hl. Wandlung, wie gewohnt, zögernd und zweifelnd die hl. Hostie über dem Kelch entzweibrach, floss plötzlich Blut, wirkliches Blut, daraus hervor. Zu seinem unsäglichen Schrecken sah der Priester, wie sich der obere Teil der Hostie in ein blutendes Stücklein Fleisch verwandelte, während der Teil, den er in den Fingern hielt, das gewöhnliche Aussehen einer Hostie bewahrte. Das hochheilige Blut rann nieder auf das Corporale und bildete dort 25 Flecken, aus welchen ihm 25mal das dornengekrönte Haupt Christi entgegenstrahlte.

Unfähig vor lauter Aufregung, die hl. Messe fertig zu lesen, wickelte der Geistliche rasch die blutende Hostie in das Corporale ein und raffte alles samt dem Kelche zusammen. Ohne Aufsehen zu erregen, versuchte er, die Sakristei zu erreichen. Doch auf dem Wege dorthin fielen einige Tropfen des heiligen Blutes trotz aller Sorgfalt auf den Steinboden der Kirche nieder und bildeten auch dort das dornengekrönte Haupt Christi. Rasch versteckte der aufgeregte Geistliche das

blutige Corporale samt dem Kelch in einem Kasten der Sakristei und eilte davon.

Als er sich einigermassen beruhigt hatte, beschloss er, sogleich den Hl. Vater, Papst Urban IV., aufzusuchen, der sich gerade im nahen Orvieto aufhielt, ihm aufrichtig alles zu berichten und seine Absolution zu erbitten.

Urban IV. hörte tief bewegt den Bericht des deutschen Priesters an und sandte sogleich den Bischof von Orvieto zur Untersuchung nach Bolsena mit dem Befehl, ihm die fleischgewordene hl. Hostie, sowie das mit dem wunderbaren Blute des Erlösers benetzte Corporale zu überbringen.

Als der Bischof nach Orvieto zurückkehrte, zog ihm Papst Urban IV. persönlich mit grossem Gefolge und viel Volk entgegen und nahm Hostie und Corporale kniend in Empfang. Feierlich zeigte er dieselben dem Volke und segnete es damit. Ein herrliches Gemälde von Raffael, das sich im Vatikan befindet, erinnert an jene Begebenheit.

Das wohlbefestigte Orvieto wurde zum Aufbewahrungsort der kostbaren Reliquie auserkoren. Die Stadt machte sich dieser Auszeichnung würdig, indem sie, zur steten Aufbewahrung des blutigen Corporale, eine prächtige Kathedrale errichten liess, deren kunstreiche Hauptfassade weltberühmt ist.

Im darauffolgenden Jahre 1264 bereicherte Papst Urban IV. den Kreis des Kirchenjahres mit dem hochheiligen Fronleichnamsfest, dem freudigen Ehrentag des allerheiligsten Altarssakramentes.

Der hl. Thomas von Aquin schrieb im Auftrage des Papstes den jubelnden Festtext mit der liebeglühenden Sequenz Lauda Sion, Salvatorem ... Deinem Heiland, deinem Lehrer, deinem Hirten und Ernährer, Sion, stimm ein Loblied an!

Stimmen auch wir in unserem kurzen Erdenleben, so oft wir können, in dieses Loblied ein. Fronleichnam ist ja das einzige Fest des Kirchenjahres, zu welchem eine feierliche Prozession gehört; der einzige Tag, da wir öffentlich unsere Liebe und unseren Glauben an das hochheiligste Sakrament des Altares bekennen können. Verteidigen wir das Recht Gottes auf diesen öffentlichen religiösen Kult gegen solche, die da meinen, jede Äusserung der Religion von den Strassen verbannen und in Kirchenmauern einschliessen zu müssen! Wieviele weltliche Umzüge und Veranstaltungen werden doch im Laufe eines Jahres auf Strassen und Plätzen gehalten; ja sogar anstössige Umzüge, schamlose Kleidung und störendes Lärmen wird geduldet. Gebt dem Kaiser, was des Kaisers ist, aber auch Gott, was Gottes ist! Verwandeln wir wenigstens einmal jährlich unsere Strassen und Plätze, unsere Fenster und Balkone in eine öffentliche Huldigung gegenüber Gott dem Herrn, dem wir sowohl persönlich, wie auch als kollektive Gemeinschaft, für so viele Wohltaten zu danken haben.

700 Jahre alt ist das Fronleichnamsfest. Erhalten und verschönern wir es und nehmen wir daran teil solang uns Gott das Leben schenkt, bis wir einst in himmlischer Prozession Ihn loben und preisen dürfen in alle Ewigkeit.

(Quellen: Francesco Pieri, Vescovo die Orvieto, „Orvieto e Bolsena in relazioni al Corpus Domini", Cenni storici e critici Orvieto 1956.)

Die sechs blutigen Hostien von Daroca

(„Los santos corporales" oder „El misterio de Daroca")

Spanien, 23. Februar 1939

Jahrelang kämpfte der tapfere spanische König Jakob I., der ‚Eroberer', um die Balearen des Mittelmeeres vom grausamen Joche der widerrechtlich eingedrungenen Mohammedaner zu befreien. Nachdem er die paradiesischen Inseln Mallorca und Menorca dem Halbmond entrissen, führte er seine Truppen gegen die Stadt Valencia. Auf dem Wege dorthin errichtete er auf dem Berge Codol bei Burriana eine solide Festung für die christlichen Krieger, die sich ihm aus den umliegenden Gebieten von Teruel, Calatayud und Daroca zur Verfügung stellten.

Zornentbrannt beschloss der Maurenkönig Ben-Zayan (Zaen), dieses christliche Heer von nur 4000 Mann rasch zu vernichten. Er zog ihm mit einer Übermacht von ca. 40.000 Mann entgegen. Dennoch wagte König Jakob, einzig auf die Hilfe Gottes vertrauend, die ungleiche Schlacht. Er siegte und vermochte anschliessend die wohlbefestigte Stadt Valencia zu erobern. Soldaten von Daroca waren es, denen es gelang, die Kreuzesfahne auf dem Stadttor Serranes von Valencia zu hissen.

Im weiten Lande verstreut aber verblieben noch manche gewaltige Zwingburgen des Islams, die hofften, den Christen bei nächster Gelegenheit den Sieg wieder zu entreissen. Besondere Gefahr drohte den christlichen Truppen auf dem Berge Codol aus dem feindlichen Schlosse Chio, drei Meilen von Jativa entfernt.

Fray Luis de Granada, der berühmte Dominikaner-Schriftsteller des goldenen spanischen Zeitalters, berichtet:

„Im Königreiche Valencia, im Jahre des Herrn 1239, überfiel ein grosses maurisches Heer eine kleine christliche Mann-

schaft von nur 1000 Mann, die sich in einer Burg befanden. Überlegend, dass sie nur so wenige seien und zu weit von Valencia entfernt, als dass ihnen durch König Jakob von dort hätte Hilfe werden können, sahen sie ein, dass sie einem so zahlreichen Feinde gegenüber unterliegen müssten, wenn ihnen Gott nicht durch ein besonderes Wunder und aussergewöhnliche Gnade beistehe. Diese spezielle Hilfe Gottes suchten die sechs Hauptleute durch den Empfang des Busssakramentes und der hl. Eucharistie zu erlangen. Da aber nur wenige Priester anwesend und der Feind bereits im Anzug war, fehlte es an Zeit zum Sakramentenempfang aller Krieger. Nachdem die sechs Befehlshaber, gleichsam als Stellvertreter ihrer Soldaten, gebeichtet hatten, wohnten sie der hl. Messe bei, in welcher der Priester sechs Hostien verwandelte, um ihnen die hl. Kommunion spenden zu können. Doch plötzlich wurden sie von der Botschaft überrascht, der Feind greife an. Die sechs Anführer sahen sich daher genötigt, den Empfang der hl. Kommunion aufzuschieben und sogleich nach den Waffen zu greifen. Doch Unser Herr schaute wohlgefällig auf die Mühe und den guten Willen, mit welchen sich diese Vorgesetzten auf seinen Empfang vorbereitet hatten. Ihr Vertrauen auf Ihn und ihr Flehen zu Ihm belohnend, stärkte Er sie dermassen, dass sie in kurzer Zeit die Mauren zu schlagen vermochten. Nur wenige Feinde entkamen dem Schlachtgetümmel. Jene sechs Hauptleute aber wollten, als sie siegreich zurückkehrten, die hl. Kommunion empfangen.

Der Priester eilte mit dem Corporale, in welchem er während der Schlacht die sechs hl. Hostien unter einem Steinhaufen verborgen hatte, herbei. Da er das Linnen auf dem Altare ausbreitete, fand er die sechs Hostien blutig am Corporale klebend, so wie man sie heute noch in Daroca sehen kann. Als er der ganzen Heerschar verkündete, was geschehen, wurden alle von grosser Verwunderung und Andacht ergriffen. Unter Tränen priesen alle Gott und sagten Ihm Dank für dieses ausserordentliche Wunder."

Doch nur eine kurze Weile vermochten sich die braven Krieger des Anblicks der wunderbaren, blutigen Hostien zu erfreuen, denn die Sarazenen kehrten mit neuen Scharen zum

Angriff zurück. Gestärkt durch das erlebte Wunder, in welchem sie ein Unterpfand des Sieges erblickten, warfen sich die Christen v. Teruel, Calatayud und Daroca den Mauren entgegen. Wahrer Heldenmut aber ergriff die kleine katholische Schar, als der Feldgeistliche Matheo Martinez, der von Daroca stammte, das geheimnisvolle Corporale, an einem Stecken befestigt, gleich einer Siegesfahne, von den Zinnen der eroberten Burg Chio aus, über das Schlachtfeld schwang.

Vom roten Erlöserblut auf dem weissen Linnen schienen leuchtende Strahlen auszugehen, welche die feindlichen Reiter und ihre wilden Araberpferde blendeten und verwirrten, die christlichen Scharen aber ermutigten. Trotz siebenfacher Übermacht erlagen die Söhne Mohammeds. Ihre Gefallenen bedeckten das Schlachtfeld, während nur wenige Christen ihr Leben eingebüsst hatten. Die Niederlage war so vollkommen, dass die Mauren für immer aus dem Reiche Valencia weichen und es den Spaniern, den rechtmässigen Besitzern, überlassen mussten, welche schon im ersten christlichen Jahrhundert durch den Völkerapostel Paulus und den hl. Apostel Jakobus den wahren Glauben erhalten hatten. So änderte jene siegreiche Schlacht vom 23. Februar 1239, dank eines eucharistischen Wunders, die Geschichte Spaniens.

Wir können uns vorstellen, mit welcher Verehrung jene Krieger zum Corporale mit den sechs blutgeröteten Hostien aufschauten. Eifrig wurde beraten, wo dieser kostbare Schatz fürderhin aufbewahrt werden solle. Der oberste Hauptmann, Don Berenguer, hätte das Corporale am liebsten nach Valencia mitgenommen, weil das Wunder im dortigen Gebiete geschehen war. Doch das Kriegsvolk verlangte, dass das Los entscheide. Da ging zum Staunen aller dreimal die Stadt Daroca siegreich aus der Losung hervor. Doch da andere Gemeinden erklärten, sie hätten mehr Mannschaft und mehr Beiträge geleistet, einigte man sich zu einem Vorgehen, das in früheren Zeiten oft als Ausweg bei Meinungsverschiedenheiten angewendet wurde.

Man beschloss nämlich, das Corporale mit den blutenden Hostien in einer rasch angefertigten kostbaren Truhe auf eine junge Eselin, die noch nie christliches Gebiet betreten hatte, zu laden und sie frei laufen zu lassen. Dort, wo das Tier halten werde, dort soll der kostbare Schatz verbleiben!

Gesagt, getan. Das Tier lief mit dem hochheiligen Fronleichnam des Herrn gemütlich voran, bergauf, bergab, durch Wiesen und Äcker. Die Geistlichkeit folgte mit brennenden Kerzen, die Feldherrn mit ihren Soldaten, und immer mehr Volk schloss sich auf dem Wege singend und betend an.

Erinnert dies nicht unwillkürlich an die erste Fronleichnamsprozession, da der göttliche Heiland persönlich, demütig auf einer Eselin reitend, nach Jerusalem zog und dankbar lächelnd die Hosannarufe des Volkes entgegennahm?

Sanft schritt die maurische Eselin weiter und weiter an Städten, Burgen und Weilern vorbei. Und schon fürchtete Daroca, sie werde mit ihrem hochheiligen Geheimnis vorüberziehen gegen Calatayud. Doch plötzlich schritt das Tier durch das offene Tor eines Spitals in den Stadtmauern Darocas, liess sich vor der Kapelle auf die Knie nieder und tat den letzten Schnauf. Es war, als ob das Tier, nachdem es den Herrn des Himmels getragen, keinem irdischen Herrn mehr dienen wollte!

Tiefbewegt trug die Geistlichkeit das wunderbare Corporale mit den sechs hl. Hostien in die Kathedrale Santa Maria. Dort wird es bis heute in einem kunstvollen Reliquienschrein, auf dem Altar einer herrlichen Seitenkapelle, ehrfürchtig aufbewahrt und alljährlich in der Fronleichnamsprozession mitgetragen und das Volk damit gesegnet. Fast alle spanischen Könige wallfahrteten im Laufe der letzten sieben Jahrhunderte nach Daroca, um dem „hochheiligen Geheimnis“ den Tribut ihrer Anbetung zu zollen.

Im Jahre 1263 begab sich eine Gesandtschaft von Daroca nach Rom, um dem Hl. Vater über das Wunder Bericht zu erstatten und Ablässe zu erbitten. In jenen Tagen, da die Abgeordneten in Orvieto Papst Urban IV. trafen, geschah in der nahen Stadt Bolsena das Wunder einer blutenden Hostie. Tief beeindruckt von den blutenden Hostien in Daroca und Bolsena führte der Hl. Vater im Jahre 1264 das hohe Fronleichnamsfest zu Ehren der hl. Eucharistie in die Liturgie der ganzen Weltkirche ein.

Im Juni 1964 hatte ich das Glück, auf einer Spanienreise die erste Marienkirche der Welt „El Pilar" in Zaragoza zu besuchen und von dort aus, nach dreistündiger Fahrt in einem Überland-Bus, nach Daroca zu gelangen. Abends 8 Uhr kamen wir an. Da das Nachtessen erst um 22 Uhr serviert wurde, eilte ich rasch in die Kathedrale.

Der HH. Pfarrer hielt gerade eine Predigt und darnach auch der HH. Vikar. Es war nämlich monatlicher Einkehrtag der Pfarrgemeinde. Nachher knieten sich viele vereinzelte Beter in die herrliche Seitenkapelle, wo das berühmte Corporale mit den sechs blutigen Hostien aufbewahrt wird. Der kostbare Reliquienschrein steht auf einem prächtigen, gotischen Altare. Man erklärte mir, dass der Schrein immer geöffnet werde, wenn eine Gruppe von Pilgern das Corporale zu sehen wünsche. Dies werde sicher anderntags der Fall sein, da Sonntag sei.

Im Hotel wurde das Nachtessen erst um 22 Uhr serviert, da man einen Pilgercar von Madrid abwartete. Endlich gegen 23 Uhr konnten wir das Speisezimmer verlassen. Da es sehr heiss war, wagte ich noch einen kleinen Trip durchs Städtchen. Dabei bemerkte ich, dass die Kathedrale immer noch offenstand. Ich trat ein und sah, wie sich eine Gruppe Männer in der Sakristei versammelte, während die Frauen in den Kirchenbänken beteten. Um 23.30 Uhr trat der HH. Pfarrer an den Hochaltar und setzte feierlich das Allerheiligste aus. Nach kurzem Gebete ergriff er die Monstranz und schritt im Chormantel damit zur Kirchentüre. Männer und Frauen folgten ihm mit brennenden Kerzen. Ich dachte, die Prozession werde wohl um die Kirche herumgehen, doch staunend sah ich, wie der Priester mit dem Allerheiligsten über den Kirchplatz in die städtische Hauptstrasse einbog.

Auf meine Frage erklärte mir eine junge Frau, dass die Sakramentsprozession zu einer Muttergotteskapelle auf einem kleinen Hügel ausserhalb der Stadt pilgere, zur allmonatlichen nächtlichen Anbetung. Dann bot sie mir freundlich ihren Arm, damit ich, des Weges als Fremde unkundig, im Dunkeln nicht über einen Stein stolpere.

Der Pfarrherr schritt mit frommem Eifer rasch bergan, gefolgt von einigen Priestern und etwa hundert Männern, Frauen und Jugendlichen. Der Nachtwind blies hin und wieder unsere Kerzen aus, doch hilfreich bemühte man sich gegenseitig, neues Licht anzuzünden. Zwei junge Bauern trugen einen Korb Kerzen mit, um jenen davon austeilen zu können, die sich unterwegs anschlossen. Doch trotz des Kerzenscheins sah man kaum, wohin man den Fuss setzte.

Wir schwitzten ob des raschen Aufstieges, obwohl Mitternacht vorüber war. Nach etwa dreiviertelstündigem Weg hatten wir die Hügelkuppe erreicht. Der Geistliche stellte die Monstranz in einer altehrwürdigen, prächtigen Kapelle auf den Hochaltar. Unter Gesängen begann die gemeinsame Anbetung. Um 1 Uhr kehrten die Geistlichen mit einem Teil des Volkes in die Stadt zurück. Die junge Frau erklärte mir, dass sie leider, ihrer kleinen Kinder wegen, mit ihrem Manne heimkehren müsse. Zur Frühmesse um 6 Uhr werde sie wieder zurück sein.

Jede Stunde wechselten sich nun einige Männer vor dem Allerheiligsten ab. Sie stellten eine Kniebank direkt vor den Tabernakel. Dort beteten nun diese opferbereiten Jungbauern, Angestellten und Akademiker auf lateinisch die Tagzeiten vom allerheiligsten Altarssakrament.

Hin und wieder sank dem einen oder anderen vor Müdigkeit der Kopf auf die Brust hinab, wie weiland den treuen Jüngern am Ölberge. Aber es war ergreifend, diese Männer in vertrautem vis-à-vis mit ihrem göttlichen Meister zu sehen. Die Liebe zum allerheiligsten Altarssakrament machte sie trotz aller Unterschiede an Alter, Bildung und Besitz zu innigen Freunden. Jede Gruppe ging nach ihrer Anbetungsstunde ins alte Sigristenhaus. Dort gab es Bänke zum Ausruhen und vor allem kühles Quellwasser in der glühendheissen Nacht!

Vor 6 Uhr kehrte der HH. Vikar zurück und bot den Anbetern Beichtgelegenheit, die eifrig benützt wurde. Dann trug er das Allerheiligste prozessionsweise zur Kapelle hinaus und segnete im Frührot all die Äcker und Fluren, die sich unendlich weit bis zum Horizont erstrecken.

Die Kapelle hatte sich inzwischen wieder mit Betern gefüllt. Die hl. Messe begann und keiner blieb dem Tische des Herrn fern.

Auf dem Heimweg bergab plauderten alle fröhlich miteinander. Mir war, als sei ich mitten unter die ersten Christen geraten, so glücklich schritten diese Männer und Frauen heim von der nächtlichen Eucharistiefeier. Und dieses Schauspiel wiederholt sich jeden Monat. Da verwunderte ich mich nicht mehr darüber, dass es die göttliche Vorsehung anno 1239 gelenkt hatte, dass das blutige Corporale mit den sechs wunderbaren Hostien nach Daroca kam und seither dort verblieb! Denn dort wird nicht nur einmal im Jahre, sondern monatlich, bei Sturm wie Stille, bei Kälte wie Hitze, inmitten der Nacht, bei Lobliedern und Kerzenschein, Fronleichnamsprozession gehalten!

(Quelle: P. Manuel Artigas, S. J., Monumento de los Santos Corporales de Daroca.)

Plötzliche Heilung während einer Fronleichnamsprozession

Spanien 1880

In St. Luis, bei Mahon, auf der spanischen Insel Menorca, lebte im letzten Jahrhundert eine arme Witwe, namens Johanna Cardona Vinent.

Sie verdiente sich ihren Lebensunterhalt durch eine bescheidene Schenke, die gerne von den Bauern und Fischern

jener Gegend besucht wurde. Aber auch manch armer Schlukker wusste, dass er dort unentgeltlich Hunger und Durst stillen durfte.

Frau Cardona führte ihre Wirtschaft in echt christlicher Gesinnung. Nie duldete sie, dass sich ihre Gäste berauschten, ungeziemende Gespräche führten oder an Fasttagen Fleisch assen. Eher ersuchte sie solche Ärgernisgeber energisch, das Lokal zu verlassen.

Im Alter von 59 Jahren wurde die unermüdliche Wirtin von einem schmerzenden Magenleiden befallen, so dass sie nichts anderes mehr als Fischsuppe ertrug. Zwanzig Jahre später prüfte sie Gott zudem mit einer schweren Lähmung. Sie wurde nach und nach dermassen gebückt, dass sie nicht mehr zum Himmel aufzuschauen vermochte. Geduldig trug sie ihr Kreuz und bedauerte nur, nicht mehr zur heiligen Messe und zur heiligen Kommunion gehen zu können. Bereits lag sie seit acht Monaten unbeweglich auf dem Krankenlager, als sich das Fronleichnamsfest 1880 näherte.

Voller Sehnsucht, ihren Gott und Herrn in der heiligen Hostie wieder einmal sehen zu dürfen, bat sie ihre Nachbarn, sie an jenem Tage vor das Haus hinunterzutragen. Gleichzeitig liess sie den Pfarrherrn bitten, er möge doch mit dem Allerheiligsten möglichst nahe an ihrem Hause vorbeiziehen.

Der gute Seelsorger Pedro Pons Banza erfüllte ihren Wunsch. Als die Prozession vor ihrem Hause stillestand, betrachtete alles Volk voll Mitleid die unheilbare Greisin, die elend in einem Lehnstuhl vor ihrer Türe sass und voll stiller Hoffnung den göttlichen Arzt und Tröster im hochheiligsten Sakrament erwartete.

Ihr Glaube wurde nicht enttäuscht. Kaum hatte sie den Segen mit der hl. Hostie erhalten, entfuhr ihren Lippen ein Freudenschrei. Sie vermochte sich augenblicklich vollkommen geheilt aufzurichten und folgte mit danküberströmtem Herzen der Prozession.

Die ganze Gemeinde, samt dem Seelsorger, war Augenzeuge dieses grossen eucharistischen Wunders.

Frau Cardona lebte noch zehn Jahre in vollkommener Gesundheit. Behende wie früher ging sie einher und ertrug alle Speisen ohne Beschwerden. Sie starb, 90 Jahre alt, anno 1890.

Auch wir wollen freudig das Fronleichnamsfest feiern und dankbar für allen Segen, den uns Gott durch das allerheiligste Altarsakrament ständig austeilt, singen:

Preise, Sion, deinen Lehrer,
deinen Hirten und Ernährer;
stimme Ihm ein Loblied an!

Wahrlich, wahrlich sage Ich euch, wenn ihr das Fleisch des Menschensohnes nicht essen und sein Blut nicht trinken werdet, werdet ihr das Leben nicht in euch haben. Wer Mein Fleisch isst und Mein Blut trinkt, der hat das ewige Leben, und ich werde ihn auferwecken am jüngsten Tage. Denn Mein Fleisch ist wahrhaft eine Speise, und Mein Blut ist wahrhaft ein Trank. Wer Mein Fleisch isst und Mein Blut trinkt, bleibt in Mir und Ich in ihm. (Jo 6, 53–57)

Wie Ich durch den Vater lebe, so wird der, der Mich isst, durch Mich leben (Joh 6, 58).

Am Erstkommuniontag durch den eucharistischen Segen plötzlich geheilt

Schweiz 1923

Auf einem Hügel der westschweizerischen Stadt Fribourg erhebt sich die heimelige Wallfahrtskapelle von Bourguillon-Bürglen. Das liebliche Gnadenbild unserer lieben Frau schnitzte, wahrscheinlich im 13. Jahrhundert, ein kunstfertiger Insasse des dortigen Aussätzigenasyls. In allen grossen Sorgen und Nöten pilgerten die Leute von fern und nah gerne hier hinauf zur allzeit hilfsbereiten Trösterin der Betrübten.

Im 16. Jahrhundert wurde die friedliebende, katholische Stadt Fribourg von den Wirren der Reformation arg im Glauben bedrängt. Da befahl die verantwortungsbewusste Stadtregierung, die Bevölkerung solle alle 14 Tage gemeinsam zur Gnadenmutter von Bürglen wallfahren, damit die Mittlerin aller Gnaden Stadt und Land den katholischen Glauben erhalte und vor dem Abfall bewahre. Ein besonders inniger Beter und täglicher Wallfahrer zu unserer Lb. Frau von Bürglen war der hl. Petrus Kanisius S. J. Er wirkte jahrelang in Fribourg und liegt in der dortigen Kollegiumskirche St. Michael begraben. Die liebe Gottesmutter Maria, „die Bewahrerin des Glaubens", erhörte die flehenden Bitten von Priester und Volk. Fribourg blieb katholisch bis auf den heutigen Tag. Zum Danke für diese und andere unzählige Erhörungen liessen die Freiburger das Gnadenbild U. Lb. Frau von Bürglen am 8. Oktober 1923 feierlich krönen. Und als ob sich die Himmelskönigin für diese öffentliche Ehre, die mit feierlicher Novene und grosser Krankenprozession verbunden wurde, gleichsam bedanken wolle, geschahen in jenen Tagen mehrere plötzliche Heilungen.

Die fünfjährige Amalie Jonin, wohnhaft Neustadt 15, Fribourg, gehörte zu den plötzlich Geheilten. Die Kleine litt seit zwei Jahren an einem Pottschen Rückgratübel. Der behandelnde Arzt hatte sich schon bei Beginn der Krankheit sehr bedenklich geäussert. Nach längerer Röntgenbehandlung musste Amalie ein Gipskorsett tragen. Als man dasselbe nach zwei Monaten wegnahm, vermochte sie den Kopf nicht mehr aufrecht zu halten. Auch ihre Beine waren gelähmt. Ihr Zustand verschlechterte sich immer mehr. Rückgrat und Genick taten ihr furchtbar weh. Jede Nacht schrie sie so laut vor Schmerzen, dass Hausbewohner und Nachbarn oft darob erwachten. Der Rücken verbog sich immer ärger, und das Gehen wurde immer schwieriger. Stellte man die Fünfjährige auf ihre Beinchen, begann sie zu weinen und sank haltlos zu Boden.

Da baten Amaliens Eltern in ihrem grossen Kummer U. Lb. Frau von Bürglen um Hilfe. Im September 1923 wurde die Schwerkranke in einem Kinderwagen zum erstenmal in die Gnadenkapelle geführt und dort vor dem Marienaltar in die Skapulier-Bruderschaft vom Berge Karmel aufgenommen.

Nach dieser ersten Wallfahrt konnte das Kind bereits viel ruhiger schlafen. Durch diesen Erfolg ermutigt, führte die gütige Pflegerin, Fräulein Marie Andrey, die arme Kleine nun öfters nach Bürglen zum Abend-Rosenkranz und zum eucharistischen Segen. Der fromme Rektor der Wallfahrtskapelle, HH. Alois Compte, nahm freiwillig die Mühe auf sich, die noch nicht sechsjährige Kleine auf die erste hl. Kommunion vorzubereiten.

Am Rosenkranzfest, 7. Oktober 1923, empfing Amalie Jonin mit fünf andern sechs- bis siebenjährigen Kindern die erste hl. Kommunion am Gnadenaltar U. Lb. Frau von Bürglen. Es war rührend zu sehen, mit welcher Andacht die gelähmte Kleine, in ihrem Kinderwagen liegend, zum erstenmal den göttlichen Heiland empfing. Nachmittags wohnte Amalie der grossen Wallfahrt und eucharistischen Krankensegnung bei. Als der Bischof von Freiburg/Genf sie mit der Monstranz segnete, setzte sich Amalie plötzlich im Kinderwagen auf und

lächelte, denn sie fühlte sich ganz wohl und geheilt. Zu Hause angekommen und aus dem Kinderwagen gehoben, lief die Kleine jubelnd treppauf-treppab und hüpfte so glückselig herum, als ob ihr nie etwas gefehlt habe. Alle Schwerzen waren verschwunden. Mühelos vermochte sie ihren Kopf zu bewegen und aufrecht zu halten. Ausser sich vor Freude, beeilte sich das durch den lieben Heiland in der hl. Hostie geheilte arme Kind, selber den Kinderwagen, den gute Leute ihr vor zwei Jahren aus Mitleid geliehen hatten, zurückzubringen. Sie brauchte ihn nimmermehr, denn nun konnte sie hüpfen, laufen und springen wie alle andern Kinder. Sogar längere Spaziergänge ermüdeten die geweckte Kleine nicht im geringsten. Mit einer neuntägigen Andacht dankte die ganze Familie dem lieben Gott und der lieben Gnadenmutter von Bürglen für dieses Wunder.

Fribourg, den 8. November 1923: Als Zeugen unterzeichneten: Alfons Jonin, Vater des Kindes Amalia Jonin, sowie Marie Andrey, deren Krankenpflegerin.

„Dr. med. Ryncki, welcher Amalie Jonin behandelt hatte, gab voller Verwunderung über deren plötzliche Heilung den weisen Rat, das Kind neuerdings röntgen zu lassen. Dank dieses Arztes besitzen wir im Röntgenbild ein unbestreitbares, wissenschaftliches Zeugnis dieser wunderbaren Heilung. Wir nennen sie absichtlich ‚wunderbar', denn plötzlich vermag die Wissenschaft das Pottsche Übel nicht zu heilen." So schrieb Wallfahrtspriester Alois Compte von Bürglen als Augenzeuge dieses eucharistischen Wunders. (Quelle: Gebetbuch „Der Bürgler Pilger", Fribourg).

Das Feuer erkennt seinen Herrn

Frankreich 1643

Am Hohen Donnerstage 1643 konsekrierte der Pfarrherr von Pressac (Südfrankreich) vorschriftsgemäss zwei grosse Hostien. Eine derselben wollte er für den Karfreitag aufbewahren. Er legte sie daher in einen zinnenen Kelch, bedeckte denselben mit dem Velum und stellte ihn, zwischen brennenden Kerzen, auf einem Seitenaltare zur Anbetung aus.

Wenige Stunden darnach, um 2 Uhr nachmittags, brach auf jenem Altare plötzlich Feuer aus. Das Altarbild, die Altarlinnen, das Velum des Kelches und alles ringsum verbrannte. Sogar die Kuppe des Kelches (der obere gewölbte Teil desselben) war vollständig geschmolzen. Die heilige Hostie jedoch wurde nach dem heftigen Brand auf dem Fusse des Kelches *ganz weiss und unversehrt aufgefunden.*

Bischof Chastaigner ordnete an Ort und Stelle eine genaue Untersuchung an, die das Wunder bestätigte. Alljährlich feiert die Gemeinde Pressac festlich dieses eucharistische Ereignis.

(Quelle: „Pelikan", Feldkirch, 1893.)

ADORO TE DEVOTE

Tiefgebeugt verehr' ich Dich, verborg'ner Gott,
Wahrhaft hier zugegen in Gestalt von Brot;
Unterwerf' mich gänzlich Dir mit Herz und Sinn,
Dich betrachtend fühl ich, dass ich Staub nur bin.
Sehen, Tasten, Schmecken täuschet sich in Dir,
Nur das gläub'ge Hören leitet uns nicht irr.
Was der Heiland sagte, glaub' ich immerfort,
Nichts ist ja gewisser, als der Wahrheit Wort.

Thomas von Aquin

Ein verstorbener Vater bat um die hl. Erstkommunion für sein anormales Kind

Im Kreise Mosbach des Landes Baden (Deutschland) liegt ein kleines, liebliches Dorf. Im alten Pfarrhaus ereignete sich vor mehreren Jahrzehnten folgende Begebenheit, welche der spätere Pfarrer Metz von Allfeld (Baden) selbst erlebt und eidlich bekräftigt hat. Er berichtet:

„Ich bewohnte im Pfarrhaus ein Eckzimmer links neben dem Hauseingang. Zwei Fenster meines Zimmers gingen gegen die Strasse und lagen neben der Eingangstür. Diese zwei Fenster waren nachts stets durch Fensterläden geschlossen. Zwei andere Fenster schauten gegen die Talseite. Diese beiden Fenster schloss ich nachts niemals durch Läden, so dass durch sie das Mondlicht ins Zimmer eindringen konnte. Neben der Zimmertür, der Wand entlang, bei den zwei Fenstern mit der weiten Talaussicht, stand mein Bett, so dass ich von meinem Lager aus ungehindert auf die Tür und den Bücherstand sehen konnte.

Ich hatte damals gerade mit jenen Kindern, die an Ostern zum erstenmal zum Tische des Herrn gehen sollten, den Kommunionunterricht begonnen. Alle Kinder folgten dem Unterricht gut. Nur ein einziger Schüler konnte dies nicht. Es war Veltin Müller, der Sohn des Bauern Johann Müller, ein zwar gut gesitteter, aber sehr beschränkter Knabe. Ich liess daher den Vater zu mir rufen und teilte ihm mit, dass und warum es unmöglich sei, seinen Knaben mit den andern Kindern zur heiligen Kommunion zuzulassen. Der Vater, ein braver Mann, nahm sich das sehr zu Herzen und grämte sich arg darüber.

Eines Abends begab ich mich, da ich ermüdet war, etwas früher als sonst zur Ruhe. Es war eine ungemein kalte Nacht. Der Vollmond schien hell ins Zimmer. Als ich nachts erwachte, vernahm ich eilige Schritte vom Dorfe her auf dem gefrorenen Schnee. Dann hörte ich jemanden die Treppe des Pfarrhauses von der Strasse aus heraufkommen. Hörte, wie er sich vor dem Eingang den Schnee von den Stiefeln stampfte und hernach die Klingel zog. Ich war der Ansicht, dass ich zu einem Schwerkranken gerufen würde. In solchen Fällen pflegte meine alte Haushälterin, die auf der anderen, gegen die Kirche gelegenen Seite des Hauses schlief, aufzustehen und zum Haustor zu gehen. Doch heute blieb im Hause alles ruhig. Ich hörte kein Schieben des grossen Riegels, kein Umdrehen des Haustürschlüssels, und doch vernahm ich alsbald Tritte auf mein Zimmer zu. Dieses wurde geöffnet, ohne dass jemand angeklopft hätte. Bei meiner Zimmertür stand ein Mann. Ich rief ihn barsch an und erhob mich im Bette:

‚Was gibt's?'

Der Mann antwortete:

‚Herr Pfarrer, ich habe eine Bitte!'

Im Mondschein erkannte ich nun ganz genau, dass der im schlichten Arbeitsgewand dastehende Bauer der Vater des kleinen Knaben war, den ich nicht zur heiligen Kommunion zulassen wollte.

Ich entgegnete ihm:

‚Nun, welche Bitte habt Ihr denn und warum zu so ungelegener Zeit?'

Der Mann antwortete:

‚Herr Pfarrer, ich bitte Sie, lassen Sie meinen Sohn Veltin am Weissen Sonntag mit den andern Kindern zur ersten heiligen Kommunion gehen, denn er wird bald sterben!'

Nun fasste mich Entsetzen, denn ich gewahrte, dass die im hellen Mondschein stehende Gestalt keinen Schatten warf und dass ich durch die Gestalt des Bauern hindurch die Türe und das Büchergestell wahrnahm. Ich vermochte kein Wort mehr hervorzubringen, um ihm zu antworten.

Der Mann ging ohne Geräusch wieder zur Türe hinaus. Ich hörte, dass seine Tritte draussen auf den Steinen auf dem gefrorenen Schnee in der Richtung nach dem Dorfe hin verhallten. Ich konnte vor Aufregung nicht mehr einschlafen und dachte ständig an den Bauern Johann Müller.

Schliesslich hörte ich das Morgenläuten, und nach einer kleinen Pause ertönte das Sterbeglöcklein. Ich stand auf und untersuchte das Haustor, fand es aber ordnungsgemäss von innen mit Schlüssel und Nachtriegel versperrt. Als ich in die Sakristei kam, meldete mir der Küster, dass der Bauer Johann Müller nachts plötzlich gestorben sei.

Ich gab mir nun alle Mühe, den Schulknaben durch besonderen Unterricht auf die erste heilige Kommunion vorzubereiten. Mit freudiger Sehnsucht und inniger Seligkeit empfing der kleine Veltin Müller den Leib des Herrn und ist kurze Zeit darnach gestorben."

Bis hierher die eidliche Versicherung des Pfarrers Metz, der davon überzeugt war, dass Gott diesem Vater in seiner Todesstunde gestattet habe, seinen Herzenswunsch betreffs seines Kindes in ungewöhnlicher Weise kundzutun.

Obige erschütternde Bitte eines verstorbenen christlichen Familienvaters ist ein Beweis dafür, daß in der Ewigkeit dem Empfang der heiligen Sakramente, besonders der heiligen Eucharistie, große Bedeutung zugemessen wird.

Als dieser gute Vater in seiner Todesstunde inne wurde, daß sein anormales Söhnchen ihm bald ins Grab nachfolgen werde, bat er Got weder um Heilung noch um ein langes glückhaftes Leben für denselben, sondern einzig, daß ihm die Gnade der heiligen Erstkommunion zuteil werde. Möchten doch auch wir dieses heiligste Sakrament richtig werten und lieben und dafür sorgen, daß unsere Kinder und Schutzbefohlenen gern und oft kommunizieren.

(Quelle: „Oberrheinisches Pastoralblatt", Märzheft 1951, Badenia-Verlag, Karlsruhe.)

Der weisse Punkt

Deutschland, 19. Jahrhundert

Wieviele Gnaden der göttliche Heiland in der hl. Hostie während der Fronleichnamsprozession austeilt, werden wir erst in der Ewigkeit erfahren, wenn alle Geheimnisse gelüftet werden. Doch hin und wieder fühlt sich eine dankbare Seele schon hienieden gedrängt, dem eucharistischen Herrn öffentlich Dank zu sagen für dessen wunderbares Erbarmen.

Es war im letzten Jahrhundert. Ein zwanzigjähriger Student war soeben, nach glücklich abgeschlossenen Gymnasialstudien, in sein Heimatstädtchen bei Hannover zurückgekehrt. Als an einem der Ferientage das Fronleichnamsfest gehalten wurde, bemühte er sich, der Prozession auszuweichen, denn er war ein eifriger Protestant. Gerade bei diesem öffentlichen Vorübergang des Herrn aber traf ihn Gottes Ruf. Er selber schrieb sein erschütterndes Fronleichnamserlebnis nieder:

„Es war ein herrlicher Morgen. Die Stadt N. hatte ihr Festgewand angelegt, denn die Katholiken wollten Prozession halten. Soeben hatte ich meine Kameraden verlassen und stand auf der Treppe, die zum Wirtshaus führte, als ich in der Ferne viele Leute bemerkte. Auf das Treppengeländer gestützt, sah ich neugierig dem wachsenden Haufen zu. Schon drangen dumpfe Töne an mein Ohr. Der sich entfaltende Zug kam langsam näher. Um nicht zu grüssen, hatte ich mir vorgenommen, zeitig in die Wirtschaft zu treten.

Mittlerweile waren jedoch schon, ohne dass ich es recht inne wurde, die Ersten der Prozession an mir vorübergezogen. Ich behielt meinen Hut auf dem Kopfe und war nun fest entschlossen, in dieser Haltung dem ganzen Zuge zuzusehen und war froh, so meinen heldenmütigen Protestantismus an den Tag legen zu können. Meine Augen ruhten starr auf dem Traghimmel, unter welchem, wie ich früher einmal vernommen, das hochwürdigste Gut getragen wurde. Jetzt bemerkte ich die Monstranz, welche der Priester in den Händen hielt und in derselben einen w e i s s e n P u n k t. Fast war man mit ihr in meine Nähe gekommen. Ich erneuerte meinen Vorsatz, den Hut aufzubehalten und um keinen Preis niederzuknien. Ich war ja Protestant!

Da hielt die Prozession an. Der Traghimmel befand sich mir gegenüber. Meine neugierigen Augen ruhten auf dem weissen Punkte, den die Katholiken „Hostie" nennen. Es schien mir, als ob dieser weisse Punkt sich vergrössere. Jetzt stand er funkelnd vor meinen Augen. Ich fühlte mich tief erschüttert. Es bemächtigte sich meiner etwas, was ich nicht beschreiben kann. Gegen meinen Willen zog ich den Hut vom Kopfe und sank auf beide Knie nieder – ich war bekehrt. In Tränen gebadet, lag ich da und betete Denjenigen an, gegen den ich hatte protestieren wollen!

Die imposante Feier, die fromme Andacht der Gläubigen, der erhabene Ernst, welcher auf dem Mittelpunkte der Prozession und deren nächster Umgebung ruhte – die Gnade Gottes hatte sich meiner bemächtigt. In kniender Haltung sah ich der Prozession nach, dann schloss ich mich ihr an und begleitete sie bis zur Kirche. Darnach eilte ich sofort zu einem katholischen Priester und erzählte ihm alles."

Soweit der Bericht des jungen Mannes. Und welche Folgen hatte dieses Fronleichnamserlebnis? Er liess sich im katholischen Glauben unterrichten und trat zur katholischen Kirche über. Darauf studierte er Theologie, wurde Priester und trat in einen Orden ein, um als Missionär auch andere Seelen zur Erkenntnis der Liebe Jesu im heiligsten Sakramente zu führen und ihnen zum Himmel zu verhelfen. Nachdem er mehrere Jahre eifrig in seiner deutschen Heimat gewirkt, wurde er infolge des kirchenfeindlichen Kulturkampfes nach dem fernen China in die Verbannung geschickt. Zehn Jahre arbeitete er

dort an der Bekehrung der Heiden. Von Asien zurückgerufen, weilte er im Kreise deutscher Landsleute, jedoch immer noch aus der engeren Heimat verbannt.

Längst ist der seeleneifrige Apostel und Konvertit in die ewige Heimat eingegangen, um Jenen in seliger Freude unverhüllt zu schauen, der einst während der Fronleichnamsprozession als „weisser Punkt" seinen Blick und sein Herz für immer an sich zog.

(Quelle: „Der Pelikan", 1893, Feldkirch.)

Wenn Christus vom Brote versichert und ausgesprochen hat: *das ist mein Leib,* wer wird da noch wagen daran zu zweifeln? Und da Christus so nachdrücklich gesagt: *das ist mein Blut,* wer wird da noch zu zweifeln sich getrauen oder gar zu sagen, es sei nicht sein Blut? Zu Kanaa in Galiläa hat er einst Wasser in Wein verwandelt und nun sollte er nicht die Macht haben, den Wein in sein Blut zu verwandeln?

Hl. Cyrillus v. Jerusalem

Unversehrte Hostien in den Flammen von Faverney

Frankreich 1608

In der altehrwürdigen Benediktinerabtei Faverney im Bistum Besançon, nahe der Schweizer Grenze, wurde Pfingsten stets mit besonderer Festlichkeit gefeiert. Viele Wallfahrer von nah und fern strömten herbei, um die hl. Sakramente der Busse und des Altares zu empfangen und dabei einen vollkommenen Ablass zu gewinnen.

Am Pfingstsonntag, den 24. Mai 1608, wurde das Allerheiligste zur dreitägigen Andacht ausgesetzt, um Tag und Nacht davor Anbetungsstunden halten zu können.

Die Basilika war besonders prächtig geschmückt. Damit die Beter das hochwürdigste Gut von allen Seiten besser zu sehen vermöchten, hatte man die Monstranz nicht auf den Hochaltar an der Rückwand des langen Chores, sondern auf einen eigens hergerichteten, hölzernen Thronaltar ganz vorn am Chorgitter, wo das Kirchenschiff beginnt, gestellt. Man hatte aus dem gleichen Grunde nicht nur eine, sondern zwei geweihte Hostien in die Glas-Lunula der Monstranz hineingetan. Es war eine antike Monstranz, die unterhalb der Hostien mit einer querlaufenden, versilberten Röhre verziert war, die eine St.-Agatha-Reliquie barg. Kunstvolle Silberkandelaber mit flammenden Kerzen, echte Gobelins, kostbare Seidentücher und reiche Blumenpracht zierten den prächtigen Thronaltar.

Nachmittags fanden sich viele Pilger zur Anbetung ein, wurden aber bei vorrückender Nacht immer seltener. Als der vorbetende Benediktiner-Pater Garnier um 23 Uhr ganz allein gelassen wurde, entschloss er sich, müde vom anstrengenden Beichttag, auch seinerseits etwas Ruhe zu suchen. Er löschte alle Kerzen und liess nur zwei Lampen vor dem ausgesetzten Allerheiligsten brennen. Dann suchte er seine Zelle auf.

Als H. H. Garnier montags früh vor 3 Uhr in die Klosterkirche zurückkehrte, schlugen ihm beim Öffnen der Türe dicke Rauchschwaden entgegen. Entsetzt gewahrte er, wo der Aussetzungsaltar gestanden, das letzte Aufflackern eines erlöschenden Brandes. Eilig rief er seine sechs oder sieben Mitbrüder herbei, die sogleich mitten im dichten Rauch die Monstranz mit dem Allerheiligsten suchten. Doch ach, sie durchsuchten die Trümmer vergeblich. Der hölzerne Thronaltar war vollständig eingestürzt und verbrannt, der eine Kerzenleuchter geschmolzen, der andere hinuntergefallen und zerbrochen. Die Marmorplatte, auf welcher die Monstranz gestanden, lag unter Asche und Kohlenglut in drei Stücken auf dem Boden und war so heiss, dass man sie nicht anzurühren vermochte. Aber wo war denn die Monstranz mit den beiden hochheiligen Hostien? Waren auch sie ein Raub der Flammen geworden?

Inzwischen eilten die Bürger von Faverney mit Pilgern herbei, um zu retten, was noch zu retten war.

Wie tief bereute jetzt Pater Garnier, dass er das Allerheiligste allein gelassen hatte!

Da zitterte frühmorgens ein Freudenschrei durch die raucherfüllte Kirche. Ein Novize, namens Brenier, der mitgeholfen hatte, die Trümmer nach den hl. Hostien zu durchsuchen, erblickte aufblickend plötzlich die Monstranz mit den heiligen Hostien frei in der Luft, hoch über dem Chorgitter schwebend.

Pater Garnier streckte aufgeregt unwillkürlich seine Hand darnach aus. Ein Mitbruder aber hielt ihn zurück, indem er ihn darauf aufmerksam machte, dass sich vor ihren Augen ja ein authentisches eucharistisches Wunder abspiele, das Wunder einer frei im Raume schwebenden Monstranz!

Auch alle Anwesenden sahen das Wunder der unversehrten Hostien in der schwebenden Monstranz, die jeder Unterlage, jeden Haltes entbehrte, denn der Altar war total verbrannt. Das ganze Chorgitter stürzte sogar angesichts aller Pilger ein, ohne dass die freischwebende Monstranz in der Luft auch nur leise gezittert hätte!

Überwältigt von ehrfürchtigem Staunen warfen sich alle, die das Wunder schauten, vor dem Allerheiligsten, das inmitten der Flammen unversehrt geblieben war, auf die Knie nieder. Die Mönche, die im ersten Schrecken sich kaum fassen konnten, liessen rasch die Kapuziner von Vesoul, die im Rufe ausgezeichneter Theologen standen, herbeirufen, um mit ihnen zu beraten, was zu tun sei. Reiter sprengten in die umliegenden Dörfer hinaus, um alles zu melden. Indessen hielt das Wunder der schwebenden Monstranz weiterhin an. Nicht nur die 800 Einwohner von Faverney, sondern 9000 bis 10.000 Pilger konnten das Wunder, das 33 Stunden lang, vom Pfingstmontag früh bis Pfingstdienstag anhielt, beobachten und sich von dessen Echtheit persönlich überzeugen.

Dieses Ereignis war eine grosse Gnade für die ganze Gegend von Faverney. Damals nämlich versuchten Calviner und Lutheraner durch eifrige Propaganda in Hausbesuchen und öffentlichen Vorträgen die dortigen schlichten katholischen Bauern, die weder lesen noch schreiben konnten, vom alten Glauben abzubringen und der neuen Lehre zuzuführen. Besonders griffen die Gegner die Wahrheit der wirklichen Gegenwart Jesu Christi in der hl. Eucharistie an. Das Wunder von Faverney machte in der ganzen französischen Umgegend, ja bis in die Schweiz hinein, ungeheuren Eindruck, so dass viele bereits abgefallene Katholiken reumütig zu ihrer Mutterkirche zurückkehrten.

Manche Zweifler und heftige Leugner des Altarsakramentes eilten nach Faverney und stiegen sogar auf Leitern das

Chorgitter empor, um zu prüfen, ob die schwebende Monstranz irgendwo vielleicht doch einen Stützpunkt habe. Sie alle überzeugten sich jedoch nach genauem Augenschein von der Echtheit des Wunders.

Am Pfingstdienstag führte ein Nachbarpfarrer seine ganze Pfarrgemeinde in Prozession nach Faverney. Dort feierte er an einem Notaltar, den man an dieselbe Stelle gestellt, wo der verbrannte Altar gestanden hatte, mittags die heilige Messe. Da geschah ein neues Wunder. Nach der Wandlung konnten alle Anwesenden in der überfüllten Kirche sehen, wie sich die schwebende Monstranz langsam und sanft aus der Höhe auf das reine Korporale auf dem Notaltar niederliess. Dies geschah so ruhig, dass auch nicht ein einziges Stäubchen der Asche, welche die Monstranz vom Brande her noch bedeckte, den Altar beschmutzte. Genaueste kirchliche und weltliche Untersuchungen wurden während und nach dem wunderbaren Ereignisse vorgenommen. Viele hundert Personen erklärten sich bereit, mit einem Schwur ihre Beobachtungen zu bestätigen. Die Behörden wählten 52 der angesehensten Männer von Faverney zum amtlichen Eide aus. Das Dokument ihrer Angaben existiert heute noch, sowie ihre Namen und Unterschriften und bildet ein kostbares Beweisstück für das Wunder von Faverney. Die Ritenkongregation ordnete 1864 eine neue Untersuchung der Akten an, worauf Papst Pius IX. die eine, noch existierende wunderbare Hostie von Faverney der Verehrung der ganzen Welt empfahl. Die zweite Hostie wurde von Faverney der benachbarten Stadt Dole geschenkt und dort während der Französischen Revolution vernichtet. Papst Johannes XXIII. pilgerte als Nuntius von Paris eigens nach Faverney, um die in den Flammen unversehrt gebliebene heilige Hostie zu ehren.

Lassen wir uns nie vom Glauben an die wirkliche Gegenwart Christi im hochheiligen Altarssakrament abbringen! Die würdigste Huldigung, die wir in unserm kurzen Erdenleben diesem göttlichen Geheimnis darbringen können, besteht in der täglichen Mitfeier der hl. Messe und der hl. Kommunion.

Gebet von Faverney

O allmächtiger und barmherziger Gott, der Du, um die Wahrheit des katholischen Glaubens zu beweisen, die hochheilige Eucharistie wunderbar in den Flammen von Faverney erhalten und in die Lüfte erhoben hast, gewähre, wir bitten Dich, daß die Anbetung, die diesem erhabenen Sakramente gebührt, demselben von uns und allen und allezeit erwiesen werde! Durch unsern Herrn Jesus Christus. Amen.

„Allen, die neun Monate hintereinander am ersten Freitag kommunizieren, wird mein Herz im letzten Augenblicke ihres Lebens eine sichere Zufluchtsstätte sein!" (Jesus selbst gab dieses Versprechen der hl. Margareta Alacoque.)

Ohne Mich könnt ihr nichts tun! (Jo 15, 6).

Ich bin das lebendige Brot, das vom Himmel gekommen ist; wer von diesem Brot isst; wird ewig leben! (Jo 6, 51).

Wer Mein Fleisch isst und Mein Blut trinkt, der bleibt in Mir und Ich in ihm. (Jo 6, 57).

Das Brot, das Ich euch geben werde, ist Mein Fleisch für das Leben der Welt (6, 52).

Herr, Du weisst, dass ich Dich liebe (Jo 21, 15).

Das Jesulein von Alcoy

Spanien 1568

Ein Franzose, namens Jean Prats, Tuchfärber und Händler, hatte sich im spanischen Dorfe Alcoy bei Alicante niedergelassen. Am 29. Januar 1568 abends stahl er aus der Pfarrkirche ein kleines Silberköfferchen, in welchem sich mehrere Hostien befanden, sowie einen silbernen Kelch, in welchem die heilige Wegzehrung zu den Sterbenden getragen wurde. Auch andere Kostbarkeiten nahm der Gottesräuber mit.

Als am folgenden Morgen die beiden Geistlichen HH. Miguel Soler und HH. Josef Pastor den eucharistischen Raub bemerkten, liessen sie sofort die Sturmglocken läuten, verkündeten der zusammenlaufenden Menschenmenge, was geschehen war und forderten alle auf, das geraubte hochwürdigste Gut zu suchen, sowie zu beten und zu fasten, um dasselbe möglichst bald aus den sakrilegischen Händen befreien zu können.

Die redlichen Bewohner von Alcoy waren über das Verbrechen aufs tiefste bestürzt. Nach Anhörung der hl. Messe halfen Männer, Frauen und Kinder der Obrigkeit, die hl. Hostien zu suchen und nach den Dieben zu fahnden. Die alten Leute aber zogen barfuss in einer Bitt- und Bussprozession zu einer Muttergotteskapelle. Indessen wurde jeder Stall, jede Scheune, jedes Gestrüpp, jeder Heuschober und Misthaufen durchstöbert. Jedoch ohne Erfolg.

Man sandte sogar einen Meldereiter nach Madrid, um König Philipp II., den genialen Erbauer des Klosters Eskorial, vom Hostienraub zu unterrichten. Der fromme Monarch nahm sich die betrübende Nachricht so sehr zu Herzen, dass er in seiner Residenz offizielle Hoftrauer anordnete.

Alcoy aber gönnte sich Tag und Nacht keine Ruhe. Jede andere Arbeit wurde zurückgestellt. Handwerker und Bauern betrachteten es als ihre dringendste Christenpflicht, die entwendeten heiligen Hostien zu suchen. Sogar die umliegenden Weiler, Hügel und Wiesen wurden abgesucht und ununterbrochen überall gebetet.

Eine Witwe namens Maria Miralles, die über dem Stalle wohnte, worin Juan Prats seine Färberei und seine Zugtiere untergebracht hatte, warf sich betrübt vor einer lieblichen Statue des Jesuskindes nieder. Ein frommer Künstler hatte diese einst für ihre Vorfahren geschnitzt. Schon oft hatte dieses Jesulein nicht nur ihre eigenen Bitten, sondern auch die Bitten anderer Hausbewohner und Nachbarn erhört. Manchmal sogar, namentlich in Zeiten allgemeiner Trübsal, wie Hungersnot, Pest und Krieg, war diese Statue auf einem öffentlichen Platze aufgestellt worden, damit alle Dorfbewohner sich davor niederwerfen und um Gnade und Erbarmen flehen konnten. Und jedesmal gewährte das holde Kindlein Erhörung. Da der Hostienraub auch eine schwere Heimsuchung für das ganze Dorf Alcoy war, nahm Frau Miralles auch jetzt vertrauensvoll Zuflucht zum Gnadenbilde.

Weinend flehte sie: „O liebes Jesulein, umsonst haben wir bisher gesucht. Lass die hochheiligen Hostien nicht länger mehr in Diebsgewalt. Zeige uns doch, wir bitten Dich, den Ort, wo sie versteckt sind!"

Da bemerkte die Frau zu ihrem unsäglichen Staunen plötzlich, dass sich die Statue zu neigen begann und das rechte Händchen, das bisher zum Himmel emporgestreckt war, sich senkte und auf den Fussboden deutete. Ein Schrei entwich ihren Lippen. Die Hausgenossen liefen herbei und staunten ebensosehr wie Frau Miralles, als sie das Jesulein, welches sie seit vielen Jahren immer in aufrechter, gerader Haltung erblickt hatten, nun so auffallend verändert sahen, ohne dass der geringste Schaden am hölzernen Schnitzwerk zu bemerken war. Bald zweifelte niemand mehr daran, dass die gesenkten Fingerchen offenbar auf das Hostienversteck im Untergeschoss hinweisen wollten. Mehrere angesehene Männer eilten

zur Behörde und verlangten, dass man die Statue des Jesuleins amtlich in Augenschein nehme und die darunterliegenden Stallräume des Juan Prats, die bereits zweimal erfolglos durchstöbert worden waren, ein drittes Mal mit aller Sorgfalt prüfe.

Die Obrigkeit entsprach der Bitte. Während man Juan Prats, der als Spötter und Flucher bekannt und früher schon in zwei verschiedene Diebstähle verwickelt gewesen war, zur Untersuchungshaft abführte, fand man tatsächlich unter vergilbten Maisblättern den Silberkelch und die kleine Truhe mit drei heiligen Hostien. Dies geschah am 31. Januar 1568.

Als der Richter den Gefangenen frug, was er mit den heiligen Hostien gemacht habe, antwortete er: „Ich habe alle aufgegessen!"

„Wieso alle aufgegessen?" bemerkte kopfschüttelnd der Richter, „man hat ja drei Hostien bereits gefunden!"

Da rief Juan Prats erbleichend:

„Nun glaube auch ich an einen gerechten Gott! Denn ich war fest überzeugt, alle Hostien verspeist zu haben, damit dieselben nicht gegen mich zeugen und, ohne dass ich es bemerkte, sind dennoch drei Hostien übriggeblieben!"

Mit innigem Jubel feierte ganz Alcoy die Auffindung des hochwürdigsten Gutes. Aber auch das Jesulein, welches das Versteck gezeigt, wurde nicht vergessen. Die Behörden kauften schon nach zwei Monaten das Haus der Witwe Miralles und auch den Stall, worin die hl. Hostien versteckt gewesen waren und bauten daraus eine Kapelle zu Ehren des Jesuleins. Ich hatte die Freude, die Gnadenstätte anno 1965 besuchen zu dürfen. Sie wird heute von Klosterfrauen des „Santo Sepulcro" betreut. Mehrere amtliche Akten aus jener Zeit beglaubigen dies wunderbare Ereignis, das ausserdem in Kunstwerken verschiedenster Art verewigt ist. Rom hat die Andacht zum Jesuskinde von Alcoy, welches seither den Ehrennamen

„Santisimo Nino del Milagre" trägt, mit Ablässen gutgeheissen.

Alljährlich feiert Alcoy vom 29. bis 31. Januar das Wunderbare Jesulein von Alcoy mit dreitägigen Festlichkeiten. Das Allerheiligste wird in feierlicher Prozession, wie am hochheiligen Fronleichnamsfest, durch die Strassen getragen. Und zwischen Blumen zieht die lächelnde Statue des Jesuleins mit, die seit dem Wundertage des Jahres 1568 geneigt geblieben ist. So ist Alcoy wohl die einzige Stadt des Erdkreises, wo nicht nur im Sommer, sondern auch mitten im Winter „Fronleichnamsprozession" gehalten wird.

Fronleichnam

Das ist der Tag, an dem der Herr vorübergeht,
An dem Er an der Schwelle unserer Häuser steht
Und freundlich hebt die heil'ge Segenshand.
Der volle Frühling reicht ihm seine schönsten Blumen dar,
Des jungen Sommers erste Rosen kränzen den Altar,
Und Jubellieder strömen jauchzend durch das Land.
Dann schart das Volk ehrfürchtig fromm sich um den hohen Gast
Und Er hält segnend mild in ihrer Mitte Rast;
Verirrte Seelen finden wundersam zurück.
Und von dem gold'nen Strahlenschein der heiligen Monstranz
Strömt in die müden Menschenaugen weicher Glanz,
Denn in der Hostie lebt verborgen unser ganzes Glück.

Th. Frese

Bestrafter Gotteshass

China 1962

Die Oberin des chinesischen Karmelklosters von Bui-Chui (Tonking) berichtete 1962 folgendes Erlebnis.

Eines Tages kam ein kommunistischer Soldat in unser Kloster und verlangte barsch, sofort alle Räumlichkeiten zu sehen. Seinem Befehle gehorchend, führten wir ihn durchs ganze Haus. Als wir zur Kapelle gelangten, erklärte ihm eine Karmelitin:

„Das ist die Wohnstätte Gottes und daher grösster Ehrfurcht würdig!"

Höhnisch heischte er: „Zeige mir, wo sich Gott befindet!"

Da wies eine der Schwestern arglos auf den Tabernakel hin. Mit hasserfülltem Blick griff der Rotchinese nach seinem Gewehr und zielte. Die Kugel durchschlug den Tabernakel, und das Ziborium barst in zwei Teile, so dass die heiligen Hostien herausfielen.

Ein Schrei des Entsetzens entfuhr den Schwestern angesichts dieses sakrilegischen Frevels. Der Kommunist aber stand, nachdem er kaum geschossen, plötzlich von totaler Lähmung befallen, einige Augenblicke wie versteinert still. Dann sank er lautlos zu Boden. Umsonst versuchten die Karmelitinnen ihm zu helfen. Er war tot.

Gott hatte den verwegenen Frevler gegen das hochheiligste Altarssakrament mit plötzlichem Tode bestraft und dadurch die guten Klosterfrauen selber vor dessen hemmungsloser Mörderhand bewahrt.

(Quelle: Calendario 1963 del Carmelo y de Sta. Teresita, Barcelona)

Es ist das heisse Verlangen Jesu und der Kirche, dass die Gläubigen *täglich* zum heiligen Gastmahl hinzutreten. Aus dieser sakramentalen Gottverbundenheit sollen sie Kraft schöpfen, um ihr Triebleben in Zucht zu halten. Es sollen dadurch die *lässlichen Verfehlungen* des Alltags abgewaschen und ein Hindernis aufgerichtet werden gegen die schweren Sünden, denen menschliche Schwachheit so leicht zum Opfer fällt.

Hl. Papst Pius X., Dekret vom 20. Dezember 1905

Die Heiligsprechung Papst Pius X.

Ein Freudentag für die gesamte Christenheit 29. Mai 1954

Die Leute von Treviso prophezeiten richtig, als sie ihren damaligen jungen Pfarrer statt Giuseppe *Sarto* lächelnd Giuseppe *Santo* nannten. Er war tatsächlich ein Heiliger. Am 29. Mai 1954 hat dies die hl. Kirche feierlich bestätigt zur ungeheuren Freude aller eucharistisch gesinnten Seelen.

Er, der bescheidene, anspruchslose Nachfolger Petri nahm an dessen Schifflein mehrere Reparaturen vor, damit es den herannahenden Stürmen gewachsen sei.

Seine Einstellung zum Modernismus, zur Kirchenmusik usw., wurde ihm sehr verübelt. Doch gerne opferte er das persönliche Ansehen seinem Pflichtbewusstsein.

Vor allem aber öffnete dieser pastor bonus, der jahrelang in der praktischen Seelsorge von Stadt und Land gewirkt, den Tabernakel sperrangelweit und drängte die Gläubigen zum öfteren, zum täglichen Mahle. Er wollte sie stärken mit Gottes hochheiligem Fleisch und Blut, da sie nur so aller Trübsal, die er in der Zukunft schaute, standzuhalten vermochten. Es nahten ja Zeiten unmenschlicher Kriege, Zeiten des Hungers, der Verfolgung, der Gefängnisse, der Konzentrationslager, der Folter, des Abfalls. Selbst die unschuldigen Kinder sah er dem Gifthauch der Sünde, der Verführung mehr als früher ausgesetzt.

Daher teilte Pius X. den Schwachen das Brot der Starken aus.

Wie wurde er deswegen missverstanden, verlacht, kritisiert! Wie stellten sich ihm viele aus den eigenen Reihen kopfschüttelnd in den Weg! Wie wehrten sie sich trotzig, das Alter der Erstkommunion herunterzusetzen. Herr, verzeihe ihnen, sie wussten nicht, was sie taten . . .

Wir aber wissen nach zwei Vernichtungskriegen, nach allgemeiner Verarmung, härtester Knechtschaft und Brutalität, nach entsetzlicher Flucht und zielloser Auswanderung von Millionen, weshalb Pius X. den Tabernakel öffnete und weshalb er schon die Kleinen vom Vernunftgebrauche an zur Teilnahme am himmlischen Mahle berechtigte.

Gott selbst inspiriert die Piloten seiner Weltkirche. „Ich bin bei euch alle Tage bis ans Ende!" Seien wir daher einem jeden Papste von Herzen gehorsam und dankbar.

Heiliger Papst Pius X., bitte für uns, damit wir würdig seien, deinem Wunsche entsprechend, öfters, ja täglich am wunderbaren Tische des Herrn zu speisen. Dann braucht weder gross noch klein vor der Zukunft zu bangen.

Beim letzten Abendmahle

Beim letzten Abendmahle,
die Nacht vor seinem Tod,
nahm Jesus in dem Saale,
Gott dankend, Wein und Brot.
„Nehmt!" sprach er. „Trinket! Esset!
Das ist mein Fleisch und Blut;
damit ihr nie vergesset,
was meine Liebe tut!"
Ich folge deinem Worte
und knie demütiglich
an deinem Tische nieder:
O, Jesus, speise mich!
Speis' täglich meine Seele
in diesem Tränental,
bis ich zu dir darf kommen
zum ew'gen Abendmahl!

Weise Antwort eines Kommunionkindes

Ein Gelehrter, der den Glauben verloren hatte und alles Religiöse verachtete, frug einst spöttisch eine kleine Erstkommunikantin:

„Sag, glaubst du wirklich, dass Gott in der kleinen Hostie zugegen sei?"

„O ja, das glaube ich ganz fest."

„Aber höre, im Vaterunser heisst es, dass der liebe Gott im Himmel sei. Du betest doch selber stets, ‚der du bist im Himmel'."

„Ja, freilich, heisst es so im Vaterunser. Aber" – die Kleine dachte eine Weile angestrengt nach – „können Sie auch den Glauben beten?"

„Noch ziemlich: es ist zwar schon lange her, seit ich denselben im Unterricht lernte."

„Gut, dann beten Sie denselben!" bat die Kleine.

Der Ungläubige tat ihr den Gefallen und begann:

„Ich glaube an Gott Vater, den Allmächtigen . . ."

„Genug, genug!" unterbrach ihn die Erstkommunikantin. „Wenn der liebe Gott allmächtig ist, dann ist es für ihn doch gar nicht unmöglich, gleichzeitig im Himmel und in der heiligen Hostie zu sein!"

Da wusste der Spötter keine Antwort mehr. Beschämt erkannte er, dass ein unschuldiges Kind oft mehr vom hochheiligsten Sakrament „versteht", als ein hochmütiger Sünder, der das grösste aller Wunder leugnet.

Nur zwei Bedingungen müssen diejenigen erfüllen, die täglich zur heiligen Kommunion gehen wollen.

1. Sie müssen im Stande der heiligmachenden Gnade sein.
2. Sie müssen aus guter Absicht zum Tisch des Herrn hintreten.

Während der Faschingstage in Dubno

Polen 1866

Dubno ist ein Städtchen in Russisch-Polen. Seit urdenklicher Zeit war es dort Sitte, an den letzten drei Fastnachtstagen das Allerheiligste zur Anbetung auszusetzen. Wer Zeit hatte, nahm an den Anbetungsstunden teil. – Am 18. Februar 1866 sahen die Leute, die vor dem Allerheiligsten knieten, plötzlich Ströme von Licht von der heiligen Hostie in der Monstranz ausgehen. Mitten in diesem Lichte erschien die Gestalt des göttlichen Heilandes. Diese Erscheinung blieb *während der ganzen Zeit des vierzigstündigen Gebetes hindurch sichtbar.* Nicht etwa nur einige wenige Personen, sondern alle Anwesenden ohne Ausnahme, Katholiken und Schismatiker, Reiche und Arme, Grosse und Kleine, die stundenweit herbeieilten, das Wunder zu erleben, sahen den lieben Heiland in Menschengestalt in der hl. Hostie.

Die russische Polizei bekam bald Kenntnis von der Sache. Der Pfarrer wurde vorgeladen und musste Auskunft geben. Darnach wurde der Statthalter Czortkow in Zitomir benachrichtigt. Dieser verbot, unter Androhung von Gefängnisstrafen, von diesem Wunder zu sprechen. Der Pfarrgeistliche sandte einen genauen Bericht über alles an seinen Bischof. Er bat aber alle Augenzeugen dringend, nicht weiter über die Angelegenheit zu reden.

Warum erschien der göttliche Heiland gerade während des Sühnegebetes der Faschingstage? Gewiss wollte er dadurch die guten Christen allüberall ermuntern, in dieser ausgelassenen Zeit für die Bekehrung so vieler gefährdeter Seelen zu beten und sein besonderes Wohlgefallen jenen kundtun, die, statt tanzen, beten!

(Quelle: „Der Pelikan", 1895, S. 103, Feldkirch.)

Abendmahlssaal und Abendmahlskelch

Der Abendmahlssaal, das sogenannte „Coenaculum", befindet sich bei der Sionskirche vom Hl. Geist, an der südlichen Stadtmauer Jerusalems. Er ist einer der heiligsten Orte der Christenheit. Hier, auf der Höhe des Berges Sion, gleichsam angesichts der ganzen Welt, feierte der Herr mit seinen Getreuen das letzte Abendmahl, das Fest seiner Liebe.

Hier, in diesem Hause, wusch der Welterlöser in göttlicher Demut seinen Aposteln die Füsse, um sie zu lehren, Diener aller Diener Christi zu sein. Hier stand der erste Altar des neuen Bundes, auf welchem Christus selber, Opferpriester und Opferlamm zugleich, zum ersten Male die hl. Messe feierte, seinen Aposteln sich selbst zur Speise anbot und ihnen dabei Macht und Auftrag gab, sein bevorstehendes Kreuzopfer künftig unblutig zu erneuern. Diesem Hause hatte Jesus die unvergleichliche Ehre zugedacht, Ihm bei der Einsetzung des allerheiligsten Altarsakramentes als erste Kirche des neuen Bundes zu dienen. Fromme Wirtsleute waren es – vermutlich Verwandte der allerseligsten Jungfrau oder des hl. Josef – deren Gaststube vom göttlichen Gastgeber selber zum weltberühmten, hochverehrten Abendmahlssaal bestimmt wurde.

Petrus und Johannes, zwei durch ihre Tatkraft und Liebe hervorragende Apostel, wurden von Christus beauftragt und ausführlich unterwiesen, um in Jerusalem dieses bestimmte Haus und diesen bestimmten Saal ausfindig zu machen. Es lag Christus sehr daran, dass alle seine Getreuen dieses Haus kennenlernten, denn es sollte ja in der kommenden Drangsal, in den Tagen seines Leidens und Sterbens ihre sichere Zufluchtstätte sein. St. Lukas (22, 7–14) überliefert genaue Details über diese liebevolle Vorsorge Christi:

„Als der Tag der ungesäuerten Brote kam, an dem man das Osterlamm schlachten musste, schickte er Petrus und

Johannes weg und sprach: ‚Gehet hin und bereitet uns das Ostermahl, damit wir es essen!'

Sie aber sagten zu Ihm: ‚Wo willst Du, dass wir es bereiten?'

Da sprach er zu ihnen: ‚Seht, wenn ihr in die Stadt kommt, wird euch einer begegnen, der einen Wasserkrug trägt; folgt ihm in das Haus, wo er hineingeht! Und sagt zum Herrn des Hauses: Der Meister lässt dir sagen: Wo ist der Raum, in dem ich mit meinen Jüngern das Ostermahl essen kann? Und er wird euch ein grosses Obergemach zeigen, das mit Polstern ausgestattet ist. Dort trefft die Vorbereitung!'

Sie gingen hin, fanden es, wie Er ihnen gesagt hatte und bereiteten das Ostermahl. – Als die Stunde kam, liess Er sich zu Tische nieder und die Apostel mit Ihm." –

Und erst nachdem sich seine wegmüden, hungrigen Begleiter an irdischer Nahrung und irdischem Trank körperlich gestärkt und gelabt hatten, suchte der Herr nunmehr ihre ganze Aufmerksamkeit auf die Seelenspeise des neuen Bundes, auf seinen hochheiligsten Leib und sein kostbares Blut, hinzulenken. Mit jenem Osterlamm beschloss Christus feierlich den Alten Bund. Und sogleich begann Er den Jüngern die Seelenspeise des Neuen Bundes auszuteilen.

Übereinstimmend berichten die ersten drei Evangelisten: Am Abend vor seinem Leiden nahm Jesus Brot, segnete es, dankte und sprach:

„Nehmet hin und esset, denn das ist mein Leib, der für euch dahingegeben wird."

Darnach nahm er den Kelch, segnete ihn, reichte ihn seinen Jüngern und sprach:

„Nehmet hin und trinket alle daraus, denn das ist mein Blut, das Blut des Neuen Bundes, welches für euch und für viele wird vergossen werden zur Vergebung der Sünden. Tut dies zu meinem Andenken!"

Doch kaum war die heilige Eucharistie eingesetzt, wagte schon die erste Frevlerhand sich nach ihr auszustrecken. Zutiefst betrübt darüber, klagt Christus (Lukas 22, 21–22):

„Doch seht, die Hand dessen, der mich verrät, ist mit mir auf dem Tische!"

Wie traurig! Schon unter den ersten Erstkommunikanten befand sich einer, der Gott verraten wird. Einer, der Leib und Blut des Herrn nicht von der gewöhnlichen Speise unterscheidet! Einer, der bereit ist, statt sich aufrichtig zu bekehren, Gottes Gericht und Gottes Strafe in sich hineinzuessen und hineinzutrinken!

Wer unwürdig kommuniziert, hält es nicht lange in der Kirche aus. Wie Judas wird er den Abendmahlssaal verlassen und hinauseilen in die Nacht der Sünde. Mehrmals betont die Hl. Schrift, wie Jesus während seiner Abschiedsrede im Abendmahlssaal innerlich erschüttert ward. Er sah im Geiste alle teuflischen Verunehrungen und Sakrilegien, die im Laufe der Jahrhunderte gegen Ihn im soeben eingesetzten hochheiligsten Altarssakrament verübt werden.

Zu später Stunde verliess der Herr den Abendmahlssaal, um seinen bitteren Leidensweg am Ölberg zu beginnen und am Kreuzesholz zu beschliessen aus Liebe zu dir und mir. Auch wir wollen von der Kommunionbank weg tapfer hinausgehen in unser tägliches Leben der Arbeit und des Kreuzes. Immer wieder wollen wir aber in unseren Nöten, wie die Jünger, in den Abendmahlssaal, d. h. in die Kirche flüchten, wo Gott selbst uns trösten und uns helfen wird.

Wie waren die Jünger doch froh über jene Zufluchtsstätte, in die der Meister sie eigens geführt, um sie mit dem Hausherrn und den Dienern vertraut zu machen! Nun konnten sie, als sie sich öffentlich nicht zu zeigen wagten, dort versammeln, dort miteinander beraten und sich gegenseitig ermutigen. Dort konnten sie sich zu jeder Stunde des Tages und der Nacht verstecken, wenn man sie verfolgte. Dort trafen sie die Mutter des Herrn, die Mutter der Kirche, die alle zu trösten und aufzurichten verstand.

Die Apostel hätten sich wohl nie mehr aus diesem Abendmahlssaal hinausgetraut, wenn sie der Auferstandene nicht selbst dort aufgesucht hätte mit der frohen Osterkunde. Im Strahlenglanz der Osterfreude lächelte Er die Mutlosen an: „Fürchtet euch nicht!" O herrliches Osterwort für alle Verfolgten, alle Furchtsamen und Schuldbewussten. Fürchtet euch nicht! Christus ist erstanden! – Und dort im Abendmahlssaale durfte, acht Tage später, Thomas, der Zweifler, seine Finger in die verklärten Hände und seine zitternde Hand in Jesu Seitenwunde legen und glaubensfroh ausrufen: „Mein Herr und mein Gott!"

Der Abendmahlssaal war auch der Treffpunkt Jesu mit seinen Jüngern vor seiner Himmelfahrt, um ihnen seine letzten Befehle zu erteilen. Hier waren die Apostel einmütig im Gebete mit der Gottesmutter versammelt, um den Hl. Geist herabzuflehen. Hier wurde der hl. Matthias zum Nachfolger des unglücklichen Judas gewählt. Hier kam am Pfingstfest der Hl. Geist über die Apostel und ersten Gläubigen herab, worauf sich 3000 Menschen aus den verschiedensten Gegenden der Erde bekehrten. Hier wurde der hl. Stefanus zum Diakon gewählt und geweiht. Hier leitete der hl. Jakobus als erster Bischof von Jerusalem die Gemeinde. Hier suchte der hl. Paulus nach seiner Bekehrung das Oberhaupt der Kirche auf. Hier im Abendmahlssaal teilten die Apostel unter sich die Welt. Hier trafen sie sich wieder bei ihrer Rückkehr von ihren apostolischen Reisen. Hier, oder doch in der Nähe verbrachte die allerseligste Jungfrau ihre Tage in Jerusalem, bis der heilige Apostel Johannes sie bei der 1. Christenverfolgung nach Ephesus (Türkei) in Sicherheit brachte.

Im Laufe der Geschichte wurde der Abendmahlssaal leider oft zum Ziel des Hasses. Verschiedene Eroberer entrissen ihn gewaltsam den christlichen Besitzern. Als Titus im

Jahre 70 fast ganz Jerusalem zerstörte, blieben die Häuser auf dem Berge Sion verschont. So wurde der Abendmahlssaal unversehrt in die Zeit Kaiser Konstantins hinübergerettet, der eine mächtige Basilika darüber erbauen liess. Doch später zerstörten Samariter, Mohammedaner und Perser dieses christliche Werk, so dass die Kreuzritter sich genötigt sahen, eine neue Kirche zu erbauen. Hinter dem rechten Seitenaltar liess man einen Zugang zum Abendmahlssaale frei. Als die Mohammedaner auch dieses Gotteshaus der Kreuzritter zerstörten, blieb jedoch glücklicherweise das zweistöckige Haus des Abendmahlssaales erhalten. Fanatische Anhänger des Halbmondes vergriffen sich aber immer wieder an diesen heiligen Mauern und geduldig bauten die Franziskaner das Zerstörte neuerdings auf, bis man sie im 16. Jahrhundert verjagte und das Coenaculum in eine Moschee verwandelte. Kein Christ durfte mehr hinein! Erst am Ende des letzten Jahrhunderts erlaubten die Mohammedaner den Christen wieder den Abendmahlssaal zu betreten. Sie durften hinein; es war ihnen aber verboten, dort niederzuknien, laut zu beten, das Kreuzzeichen zu machen oder durch ein anderes Zeichen ihren Glauben kundzutun. Und dies, obwohl schon König Robert von Anjou, auf Bitten der Franziskaner, dem Sultan für eine sehr hohe Summe das Eigentumsrecht über die heiligen Orte in Jerusalem, besonders auch des Coenaculums, abgekauft und der hl. Römischen Kirche geschenkt hatte, mit der Bedingung, dass Franziskaner für ewige Zeiten als Wächter diese heiligen Orte betreuen sollen. –

Es ist zum Weinen, wenn man sieht, wie dieser hochheilige Ort zum Gegenstand fortgesetzter Profanierung und Entweihung geworden ist.

Anno 1897 klagte die katholische Zeitung „Le Patriote de Bruxelles“: „Wenn der Pilger, Priester oder Laie Jerusalem besucht, bedrückt es sein Herz, dass er keine hl. Messe da lesen oder anhören darf, wo Christus einst das hl. Abendmahl einsetzte. Nur ein einziges Mal wurde im 19. Jahrhundert im Abendmahlssaale die hl. Messe gelesen, und zwar vom bekehrten Juden Pater Ratisbonne. Eine Dame hatte diese Vergünstigung für ihn um 8000 Mark von den Türken erkauft. Eine halbe Stunde später drangen aber auch schon die türkischen Wachen ein, um die Kerzen auszulöschen und die Besucher hinauszuweisen. (Tabernakelwacht, Dülmen i. W., Seite 157, 1897.)

Legende: Der Abendmahlskelch von Jerusalem, der sich seit dem 15. Jahrhundert in Valencia/Spanien befindet.

Der Abendmahlskelch, den der göttliche Erlöser in seine heiligen, ehrwürdigen Hände nahm, als er den Wein in sein kostbares Blut verwandelte, wurde vom hl. Petrus und dessen Schüler St. Markus von Jerusalem nach Rom gebracht. Der Familie des hl. Markus gehörte, gemäss uralter Tradition, das Haus mit dem Abendmahlssaal. In Rom wurde dieser Kelch von den Päpsten bei der hl. Messe benutzt bis zur Zeit des hl. Sixtus II. Während der Verfolgung des Kaisers Valerian, der es auf die Kirchenschätze abgesehen hatte, verteilte der hl. Laurentius, erster Diakon, alles Wertvolle unter die Armen. Um aber den unantastbaren Kelch des Herrn zu retten, sandte er denselben, drei Tage vor seinem eigenen Märtyrertod, durch Freunde mit einem Briefe an Verwandte in Huesca (Spanien), von wo er gebürtig war. Dort verblieb der Abendmahlskelch bis 713, worauf verschiedene Städte und Klöster denselben zeitweise beherbergen durften. Seit ungefähr 1424 bis heute wird der Abendmahlskelch in der Kathedrale der spanischen Stadt Valencia hochverehrt.

Der Abendmahlskelch ist 17 cm hoch bei 9 cm Durchmesser. Er ist aus einem dunkelroten, grossen Stück Achat gearbeitet. Der ellipsenförmige Fuss misst 14 mal 16 cm. Der Schaft mit seinem Knoten, die Henkel und die Montur des Fusses sind aus Gold ziseliert. Im Laufe der Jahrhunderte wurde der Fuss dieser verehrungswürdigen Reliquie mit Perlen und Edelsteinen verziert.

(Quelle: El Santo Grial v. J. A. Onate, Valencia.)

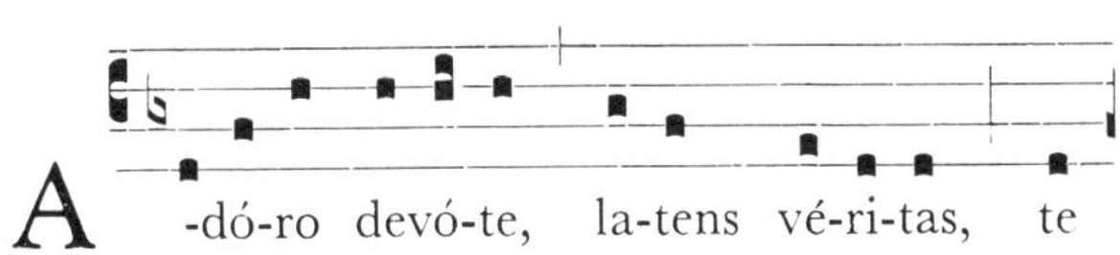

Die erste hl. Kommunion des franz. Schriftstellers Chateaubriand

Wisst Ihr, Kinder, welches die schönsten Geschichten sind? Keineswegs phantasiereiche Märchen oder tollkühne Indianerabenteuer. Nein, weitaus schöner sind wahre Erlebnisse guter Menschen. Euer Vater und eure Mutter haben seit ihrer eigenen Kindheit sehr viel gesehen und erfahren. Bittet sie, dass sie euch davon erzählen. Das ist alles wahr, alles wirklich erlebt. Viele Leute haben sogar ihre Lebens-Erinnerungen aufgeschrieben, damit wir aus ihren Erfahrungen lernen können. So hat René Chateaubriand, ein berühmter französischer Schriftsteller, mit großer Aufrichtigkeit und Demut aufgezeichnet, wie er sich auf seine erste hl. Kommunion vorbereitete, die er damals leider erst mit 14 oder 15 Jahren empfangen durfte. Er erzählte:

„Der Tag meiner ersten hl. Kommunion rückte näher. Die andern glaubten, mein Eifer und meine Frömmigkeit seien echt. Mein vorbildliches Betragen erbaute alle im Kolleg. Ja, meine vielen Opfer und Abtötungen beunruhigten beinahe meine Lehrer.

Mein Beichtvater war Oberer des Priesterseminars. Er mochte gegen 50 Jahre alt sein und hatte ein strenges, ernstes Aussehen. Immer, wenn ich beichten ging, stellte er viele Fragen. Und dies passte mir gar nicht. (Obwohl ich hätte dankbar dafür sein sollen.) Sein Einfühlungsvermögen als geistlicher Vater vermochte wahrscheinlich die kleinen Fehler, die ich beichtete, nicht in Einklang zu bringen mit meiner grossen Verwirrung, die ich zwar zu verbergen suchte, die aber doch aus meinem Benehmen zu erkennen war. Je näher der Festtag heranrückte, desto erboster wurde ich über sein Drängen:

„Sag, bist du unruhig wegen irgendeiner Sünde? Verschweigst du nichts?"

Auf alle seine Fragen antwortete ich immer:

„Nein, Hochwürden, nein!"

Jedesmal trat ich darnach aus dem Beichtstuhl, so bleich und verwirrt wie einer, der soeben ein Verbrechen verübt hat. Und ich bemerkte wohl, wie der Zweifel über meine Aufrichtigkeit meinen Beichtvater plagte. Ja, er vermutete richtig! Ich verschwieg tatsächlich aus falscher Scham meine grossen Sünden!

Am Mittwoch in der Karwoche sollte ich zur Generalbeichte gehen, denn es war der Vorabend meiner ersten heiligen Kommunion. Die Nacht vorher hatte ich in eifrigem Gebete durchwacht und dabei auch in einem frommen Buche Belehrungen über die unwürdige Beichte gelesen, die mich mit wahrem Schrecken erfüllten.

Es war 3 Uhr nachmittags, als wir Schüler, begleitet von unseren Eltern, uns auf den Weg zum Priesterseminar machten. In der Kirche angekommen, kniete ich mich vor den Tabernakel hin und blieb lange dort, ganz vertieft und wie ausser mir. Als dann die Reihe an mich kam, betrat ich die Sakristei, um endlich gut zu beichten und die hl. Lossprechung zu empfangen. Ich zitterte von Kopf bis Fuss und vermochte kaum ruhig zu knien. Dann begann ich:

„Ich armer, sündiger Mensch, bekenne vor Gott dem Allmächtigen und euch, Priester an Gottes Statt, meine Sünden . . ." Meine Stimme war so nervös und stockte immer wieder, dass ich das Gebet kaum zu beendigen vermochte. Als ich einige Sünden gesagt hatte, begann mein guter Beichtvater freundlich zu fragen:

„Sag, hast du nichts vergessen? Hast du vielleicht noch eine Sünde?" Und schon entschlüpfte mir wieder, diesmal eigentlich unabsichtlich, das gewohnte „Nein, Hochwürden"!

Da schwieg der Beichtvater einen Augenblick still und es schien mir, als ob er mit zum Himmel gewandtem Blick um Hilfe und Rat flehe. Dann sagte er:

„Ich gebe dir jetzt die Absolution!"

Als ich diese Worte hörte und die zur Lossprechung erhobene Hand erblickte, durchzuckte es mein Herz wie ein niederfahrender Blitz. Mein ganzes Sein fühlte sich plötzlich von ungeahnter Willenskraft und Entschlossenheit durchbebt, die mich ermutigte, rasch den Priester inmitten der Lossprechungsworte zu unterbrechen mit dem Geständnis:

„Hochwürden, ich habe noch nicht alles gesagt!"

Bei diesen vom Beichtvater schon so lange ersehnten Worten wandelten sich seine so ernsten Züge und unsagbare Güte und Milde verklärten sein Antlitz. Sich zu mir niederbeugend, flüsterte er:

„Mein Lieber, fürchte dich nicht! Komm, sag mir alles!"

Und alles, alles gestand ich ihm mit einem solchen Mute und einem solchen Vertrauen, dass ich selber darüber staunte. O, welche Last fiel da von meiner Seele! Welch grosse Freude zog ein in mein Herz! Ich versichere euch, dass ich nie, nie seliger gewesen bin, noch es wohl je sein werde, als in jenem Augenblicke! Ich weinte und schluchzte. Doch es waren Reue- und Freudentränen himmlischen Glücks. Ich wage sogar zu sagen, dass es das erstemal in meinem Leben war, dass ich mich als Mann, als aufrichtigen, ehrlichen Menschen fühlte. Nachdem ich den ersten Anlauf gemacht und gestanden hatte, dass ich noch nicht alles gesagt habe, war es ganz leicht und einfach, auch alles übrige noch zu bekennen.

Hernach erhob der Stellvertreter Gottes seine Hand und erteilte mir die Lossprechung. Diesmal war es nicht ein drohender Arm, der über meinem Haupte zu schweben schien, sondern der Arm eines Vaters, der mich segnete und mich umarmte.

Es kam mir die Geschichte vom verlorenen Sohne in den Sinn. Ich selber war der verlorene Sohn, der reuig heimkehrte, und der Beichtvater war der verzeihende Vater. Auch er weinte, weinte wie der gute Vater in der Parabel . . . Darnach erhob ich mich vom Beichtstuhl und trat aus der Sakristei in die Kirche zurück, wo meine Mutter auf mich wartete.

Nach jener aufrichtigen Beichte schien ich nicht mehr der gleiche Bub zu sein. Meine Professoren und sogar meine Mitschüler verwunderten sich über mich. Irgend etwas Ungewohntes fiel ihnen an mir auf. Frohsinn und Zufriedenheit strahlte aus meinem Gesicht und aus meinem ganzen Betragen.

Am folgenden Morgen, am Hohen Donnerstag, da die hl. Kirche die Einsetzung des allerheiligsten Altarssakramentes feiert, empfing ich die erste hl. Kommunion. Was mein Herz dabei empfand, wissen Gott und ich allein, denn keine menschliche Zunge vermöchte es auszusprechen.

Ich trug zwar den ärmsten Kommunionanzug von allen Kameraden, aber weit entfernt davon, mich deswegen zu betrüben, war ich im Gegenteil froh, diese öffentliche Verdemütigung dem lieben Gott aufopfern zu können, – Ihm, dem König des Himmels und der Erde, der sich in die schlichten Gestalten von Brot und Wein kleidet, um sich uns hinzugeben. Die wahre Gegenwart Christi in der hl. Eucharistie war für mich so fühlbar, wie die Gegenwart meiner Mutter an meiner Seite. Als ich den Mund öffnete und die hl. Hostie empfing, fühlte ich mich gleichsam selig verändert. Ich zitterte vor Ergriffenheit und Ehrfurcht. Die Liebe Gottes entzündete mein Herz so sehr, dass ich gerne und freudig wie ein Märtyrer mein Blut vergossen hätte, um Gott zu bekennen und Ihn zu verherrlichen."

(Quelle: „Mémoires" von Chateaubriand.)

Es genügt nicht, dieses Brot zu empfangen, man muss es auch anbeten, um dafür empfänglich zu werden. Man muss still werden vor der Hostie, damit Du uns mit diesem Geheimnis vertraut machen kannst.

Sr. Gertrudis Schinle, Trappistin

Vier Pferde vor dem allerheiligsten Sakrament

Deutschland 1453

Die Gemeinde Langenwiese in Schlesien feiert seit Jahrhunderten ein eucharistisches Sühnefest, zu welchem alljährlich viele tausend Pilger eintreffen. Die Chronik des Ortes und eine Marmortafel mit eingravierter Inschrift, ein altes Ölgemälde an der Nordseite der Kirche, sowie ein Schnitzwerk an der Kanzel bezeugen für die Nachwelt klar und deutlich Ursprung und Veranlassung dieser Wallfahrten.

Im Jahre 1453, zur Zeit, da der hl. Franziskanermönch Johann Capistranus Busse predigend deutsche u. slawische Länder durchzog und in Breslau weilte, wurden aus einer dortigen Kirche mehrere geweihte Hostien geraubt. Der Dieb, obwohl ein Christ, hatte sich von Juden bestechen lassen und übergab ihnen gegen geringen Judaslohn den Leib des Herrn zur Verspottung. Nachdem die Frevler ihren Christushass abgekühlt, hüllten sie die misshandelten, plötzlich blutenden Hostien in ein weisses Linnen und verbargen sie aus Angst vor der Entdeckung durch die weltliche Gerechtigkeit in einem Gehölz bei Langenwiese. Schon glaubten sie sich vor jeder Strafe sicher. Doch, ein auffallendes Wunder führte zur Auffindung der vergrabenen Hostien.

Als ein polnischer Edelmann zu jener Zeit in seiner vierspännigen Kutsche nach Langenwiese fuhr, blieben die Pferde auf dem Waldwege plötzlich stehen und knieten nieder. Trotz aller Hiebe weigerten sie sich weiterzulaufen. Der Edelmann schaute neugierig nach und entdeckte das vergrabene Linnenpäcklein mit den hochheiligen Gestalten.

Rasch verbreitete sich die Kunde in der ganzen Umgegend. Der Ortsgeistliche von Langenwiese zog in feierlicher Prozession mit Kreuz und Fahne hinaus ins Gehölz, hob das Tuch mit den hochheiligen Hostien aus der Erde und trug es unter

Glockengeläute ins Gotteshaus. Dies geschah zwischen Ostern und Pfingsten des Jahres 1453.

Seit jener Zeit haben die Prozessionen zu dem „wunderbaren Sakrament" in Langenwiese bis ins 20. Jahrhundert hinein nie aufgehört, namentlich seitdem der Apostolische Nuntius für Polen und Schlesien, Erzbischof von Kreta und Kämmerer des Papstes Pius II., durch Urkunde vom 4. Februar 1460 den Pilgern zahlreiche Ablässe verliehen hat.

Das Sühnefest wurde auf den 4. Sonntag nach Ostern festgesetzt. Der Zuzug der Wallfahrer war bis zum 16. Jahrhundert so gross, dass besonders während der Festoktav oft gegen 50.000 Gläubige zusammenkamen, um Gott für alle Entweihungen und Sakrilegien, die er im Altarssakrament mit göttlicher Geduld erduldet, Abbitte zu leisten. Alljährlich während der Festoktav vom 4. bis 5. Sonntage nach Ostern kamen Prozessionen von nah und fern nach Langenwiese, um liebend ihren Glauben an die hochheilige Eucharistie zu bekunden. Es entzieht sich leider unserer Kenntnis, ob diese Feierlichkeiten auch heute noch stattfinden dürfen, hat sich doch nach dem 2. Weltkrieg so manches geändert.

Die Meereswogen wichen vor der hl. Hostie in Tumaco zurück

Südamerika 1906

Tumaco liegt auf einer kleinen Insel Kolumbiens im Stillen Ozean. Am 31. Januar 1906 wurde jene Gegend durch ein eucharistisches Wunder vor drohenden Meeresfluten und Zerstörung bewahrt. Hunderte von Küstenbewohnern und deren Seelsorger, Pater Gerard Larrondo und Pater Julian Moreno aus dem Augustinerorden, waren Augenzeugen dieses geschichtlichen Ereignisses.

Es war vormittags gegen 10 Uhr, als ein heftiges Erdbeben die Bewohner von Tumaco zu erschrecken begann. Das Beben war so stark und anhaltend, dass viele Häuser einstürzten und in der Kirche alle Statuen zu Boden fielen. Voller Panik verliessen die Leute ihre Behausungen und eilten hilfesuchend zum Gotteshaus. Weinend flehten sie die Missionäre an, unverzüglich eine Bittprozession zu veranstalten und holten rasch ein grosses Tragkreuz, Fahnen und Heiligenbilder aus der Sakristei.

Pfarrer Larrondo versuchte jedoch vorerst, die auf dem Kirchplatz versammelte Menschenmenge etwas zu beruhigen. Als er aber auf das Meer hinausschaute, bemerkte er plötzlich, wie die Wellen, obwohl es nicht Zeit der Ebbe war, immer mehr von der Küste zurückwichen, was bisher noch nie geschehen war, und einen etwa 1,5 km breiten Landstreifen hinter sich zurückliessen. Weit draussen im Meere aber stauten sich die Wogen zu einer riesigen Wassermauer auf, die jeden Augenblick zurückbranden und die ganze Küste von Tumaco überschwemmen und vernichten konnte.

Angesichts dieser unheimlichen Gefahr verlor der Seelsorger kein Wort mehr, sondern rannte ins Gotteshaus. Dort nahm er den Speisekelch aus dem Tabernakel und genoss die darin befindlichen Hostien bis auf eine einzige. Dann eilte er mit dieser letzten heiligen Hostie in der Rechten und dem Kelch in der Linken, hinab an den Meeresstrand. Die turmhohe Wassermauer war inzwischen in ihrer ganzen Breite zusammengebrochen, und die Wogen wälzten sich, viele Meter hoch, der Küste zu. Frauen, Männer und Kinder schrieen entsetzt, denn sie glaubten sich und ihre Heimstätten unrettbar verloren.

Pater Larrondo aber schritt, fast bis zur Hüfte im Wasser, den herantosenden Fluten mit hocherhobener Hostie entgegen und segnete sie. Da hielten die Riesenwellen nur wenige Meter vor der kleinen hochheiligen Hostie plötzlich in ihrem gewaltigen Ansturme inne und standen einen Augenblick still, als wollten sie ihrem göttlichen Herrn und Gebieter anbetenden Gehorsam zollen. Dann strömten sie nicht mehr der Küste zu, sondern langsam wieder zurück und verliefen still, weit draussen im unendlichen Meere!

Wie gebannt hatte die vom Tode bedrohte Menschenmenge dem Wunder ihrer Rettung zugeschaut. Weinend und

jubelnd umringten jetzt alle die hl. Hostie und dankten ihrem göttlichen Retter.

Pater Larrondo aber liess aus der Kirche die goldene Monstranz holen, legte die hl. Hostie hinein, und singend und betend zog das Volk, wie in feierlicher Fronleichnamsprozession, glücklich durch die gerettete Stadt.

Dieses Wunder von Tumaco wurde weltbekannt und erregte überall grosses Aufsehen. Am selben Tage nämlich waren andere Küstengebiete Kolumbiens durch jenes Erdbeben und die dadurch verursachten Stauungen der Meeresfluten schwer heimgesucht und teilweise zerstört worden.

Nehmen wir bei Naturkatastrophen vertrauensvoll Zuflucht zur hochheiligen Hostie! In ihr ist ja Jesus Christus – mit Gottheit und Menschheit, mit Fleisch und Blut, mit Leib und Seele – wahrhaft gegenwärtig und vermag, wie einst in seinem Erdenleben, Wind und Wellen, Sturm und Hagel, Erdbeben und Feuerflammen zu meistern.

Quelle: Pedro Corro O.R.S.A., Agustinos amantes de la Sagrada Eucaristia, Monachil Granada – El suceso de Tumaco.)

Das hl. Blutwunder von Walldürn

Deutschland 1330

Das hl. Blutwunder von Walldürn, im heutigen Bistum Freiburg, ereignete sich im Jahre 1330, als Kaiser Ludwig, der Bayer, das Heilige Römische Reich regierte.

Ein Priester, namens Heinrich Otto, feierte in der Kirche des hl. Georgius in Walldürn die heilige Messe. Bereits hatte er die hl. Wandlung vollzogen. Es war also weder Wein noch Brot mehr auf dem Altare, sondern der wahre Leib und das kostbare Blut Jesu Christi . . . Gerade diese Wahrheit wollte Gott an jenem Tage durch ein ausserordentliches Wunder bestätigen. Es sollte viele Gläubige, Jahrhunderte hindurch, im Glauben an das hochheiligste Altarssakrament bestärken.

Es geschah nämlich, dass nach den Wandlungsworten, infolge einer ungeschickten Bewegung des Priesters, der Kelch umfiel und sich dessen Inhalt über das Korporaletüchlein ergoss.

Man kann sich vorstellen, welch grosser Schrecken den Geistlichen ergriff, da er den Kelch versehentlich umgestossen hatte. Doch sein Schrecken wuchs zum Entsetzen, als er sah, dass auf dem Korporale nicht Weinflecken, sondern blutige Flecken entstanden und inmitten dieser Blutflecken sich das Kreuzbild des Herrn, umgeben von elf dornengekrönten Häuptern zeigte.

Wer vermöchte zu beschreiben, was bei diesem Anblick in der Seele des Priesters vorging? Anbetung, Verwunderung, Schrecken und Furcht erschütterten ihn aufs tiefste. Da mehrere Leute seiner hl. Messe beiwohnten und den Kelch hatten umfallen sehen, suchte er in seiner Verwirrung vor allem das blutbefleckte Korporale ihren Blicken zu entziehen und das Vorgefallene zu verheimlichen. Er schob daher das Korporale rasch beiseite. Nachdem das Volk sich nach der hl. Messe entfernt, hob er den Altarstein, auf welchem er zelebriert hatte, weg und barg das blutbefleckte Kelchtuch mit aller Sorgfalt darunter.

So wäre dieses hl. Blutwunder wohl für immer verheimlicht geblieben, hätte Gott nicht für dessen Bekanntmachung gesorgt. Nach kurzer Zeit erkrankte nämlich jener Priester, der Augenzeuge des Blutwunders gewesen, und verlor seine Seelenruhe. Tag und Nacht musste er an die blutigen Eindrücke des Hauptes Christi auf dem versteckten Korporale denken. Gewissensbisse plagten ihn, das Wunder nicht zu verheimlichen, sondern zu Ehren des anbetungswürdigen Blutes Christi zu offenbaren. Je grösser seine Schmerzen wurden, und je näher er sich dem Tode fühlte, um so mehr steigerten sich seine Gewissensbisse.

Er liess daher seinen Beichtvater kommen und bekannte ihm alles, was sich mit dem konsekrierten, verschütteten kostbaren Blute zugetragen. Er bat reumütig, man möge nach seinem Tode das blutbefleckte Korporale aus dem Versteck hervorholen und öffentlich zur Verehrung ausstellen, damit durch dessen Anblick bestärkt, die Gläubigen inniger an die Erneuerung des Leidens Christi im hl. Messopfer denken und voll Andacht das konsekrierte Blut unseres Erlösers anbeten.

Nachdem der Priester dies angeordnet, fühlte er sich beruhigt und starb im Frieden Gottes.

Tatsächlich fand man das Korporale in seinem Versteck unter dem Altarstein. Es war noch blutig, und in dem Blute sah man den Gekreuzigten abgebildet, umringt von elf dornengekrönten Häuptern. Es war also kein Trug, sondern Wahrheit, was der Priester erlebt und berichtet hatte!

In feierlicher Prozession wurde das Korporale zur Verehrung der Gläubigen öffentlich ausgestellt. Von allen Seiten eilte das Volk herbei, um dem kostbaren Blute des leidenden Heilandes liebende Anbetung zu zollen. Gott vergalt diese

Liebe durch zahlreiche Wunder. Viele Kranke aller Art erhielten vor dem kostbaren Blute plötzliche Heilung.

Das Blutwunder von Walldürn wurde gerichtlich eingehend untersucht und die Prozessakten samt dem Korporale Papst Eugen IV. überbracht. Der Hl. Vater bestätigte nicht nur die Echtheit dieses Wunders, sondern gewährte den Gläubigen, die während der Fronleichnamsoktav die Kirche von Walldürn besuchen und dort reumütig die hl. Sakramente empfangen, einen vollkommenen Ablass.

Als das blutbefleckte Korporale von Rom zurückkehrte, wurde es mit grossem Jubel begrüsst. Eine herrliche Kirche wurde auf lieblicher Anhöhe eigens erbaut. Grosse Prozessionen ziehen heute noch hin nach Walldürn. Und es geschah im Laufe der Zeiten nicht selten, dass grosse Sünder, welche lange aus falscher Scham ihre Sünden verstockt verschwiegen hatten, dieselben dort unter Tränen und aufrichtiger Reue beichteten.

Freudig bekennen die Pilger vor dem dortigen Gnadenaltar, dass kraft der Wandlungsworte, welche der Priester über Brot und Wein spricht, das Brot wahrhaft in den Leib und der Wein wahrhaft in das kostbare Blut des Gottessohnes verwandelt wird.

Wunderbare Rettung eines Priesters während der hl. Messe

Schweiz 1893

Am 24. August 1893, am Fest des hl. Apostels Bartholomäus, feierte der hochwürdige Professor M. Kaelin aus Einsiedeln in der dortigen Klosterkirche die hl. Messe.

Dieser hochgebildete, seeleneifrige Jugenderzieher und Marienverehrer hatte viele Jahre lang im Kollegium in Schwyz gewirkt und verbrachte jeweils die Sommerferien gerne in seinem Heimatdorfe Einsiedeln. Unermüdlich arbeitete er auch in seinen freien Tagen für die Mission durch den Kindheit-Jesu-Verein.

Als dieser fromme Priester an jenem Augusttage andächtig die hl. Messe am Kreuzaltare, neben der Beichtkapelle feierte, stellte sich ein junger Bursche aus dem Badischen hinter ihn. Plötzlich zog er einen doppelt geladenen Revolver aus seinem Kittel und schoss nach der hl. Wandlung aus nächster Nähe auf den ahnungslosen Zelebranten am Altar, der die hl. Hostie emporhielt.

Die Kugel durchdrang augenblicklich das Messgewand, prallte aber wunderbarerweise an der dünnen Albe – dem langen, weissen Kleide unter dem Messgewande – ab und fiel zu Boden, ohne den Priester zu verletzen.

Der Mörder aber richtete nach diesem ersten Schusse die Mordwaffe sogleich gegen sich selber. Mit durchschossener Brust sank er leblos nieder.

HH. Prof. Kaelin aber konnte vollständig unverletzt sein hl. Messopfer beenden. Der eucharistische Heiland und die allerseligste Jungfrau Maria, deren Himmelfahrtsoktav gefeiert wurde, hatten ihn wunderbar beschützt.

Dieser Mordanschlag – so berichtete die Zeitschrift „Pelikan" 1893 – war ein Racheakt des wahrscheinlich anormalen Burschen, weil ihm seinerzeit die Aufnahme ins Noviziat der Benediktinerabtei verweigert worden war.

Das von jener Kugel durchlöcherte Messgewand ist heute noch im Benediktinerkloster in Einsiedeln erhalten.

(Quelle: Zeitschrift „Pelikan", Feldkirch, 1893.)

Sanctus

Das Hostienwunder von Moncada

Spanien 1392

Es war Heiliger Abend.

Die Turmuhr hatte soeben 11 geschlagen. Bald darauf gaben die Glocken das erste Zeichen. Der kalte Nachtwind trug ihre frohe Einladung zur Mitternachtsmesse durch die Gassen des Dorfes Moncada und weithin über die Reis- und Orangenfelder, bis zur Stadt Valencia.

Aus den Burgen der Reichen und den Hütten der Armen traten die sonnverwöhnten Spanier hinaus in die kalte Bise. Nichts in der Welt hätte sonst vermocht, sie hinauszutreiben aus ihrem warmen Heim. Jedoch dem Christkind zuliebe schritten sie, ohne zu zögern, zitternd durch das Dunkel.

Selbst kleine Kinder hatten ihren Willen durchgesetzt und wanderten warm eingehüllt in wollene Tücher neben den Eltern her, wohl ein wenig schlaftrunken, aber um so seliger, hin zur Kirche.

In der vordersten Bank kniete bereits ein munteres fünfjähriges Bauernkind mit seiner Mutter. Voller Begierde, das Jesuskind, Maria und Josef, die Engel, die Krippe, die Hirten und all die vielen Lichtlein zu sehen, hatte es zu Hause sehr zur Eile gedrängt.

Glücklich schauten die lebhaften schwarzen Äuglein von einem Hirten zum anderen; selig betrachteten sie Maria und Josef im armen Stall, der auf dem linken Seitenaltar aufgestellt war. Aber auf einmal stupfte die Kleine die Mutter und fragte:

„Das Kripplein ist leer. Wo ist denn das Christkind?"

„Nach dem Engelamt wird es der Herr Pfarrer hineinlegen. Wirst es dann schon sehen. Musst nur noch ein wenig warten und schön still sein!"

* *

In der Sakristei legte sich der Geistliche indes die heiligen Gewänder an und schaute dabei, wie hilfesuchend, auf das Kreuzbild an der Wand. Ihm, dem Seelenhirten, war es nicht so weihnachtlich zumute, wie seinem kleinen, unschuldigen Schäfchen da draussen in der Kirchenbank. Er war ein edler, überaus gewissenhafter Priester, doch zuweilen allzu ängstlich. Und der böse Feind, der die Priester ganz besonders hasst, weil sie ihm so viele Seelen entreissen und dem Himmel zuführen, benützte diese zarte Gewissenhaftigkeit, um den Geistlichen in seinem heiligen Berufe unsicher zu machen. Er quälte ihn mit Zweifeln über die Gültigkeit der Priesterweihe, da er in einer Zeit ganz besonders schwieriger kirchlicher Verhältnisse – nämlich unter dem Pontifikate eines Gegenpapstes – geweiht worden war.

Der gute Priester litt unsäglich. Er bat den lieben Gott innig, sich seiner zu erbarmen und ihn von diesen Zweifeln zu befreien. Zudem entschloss er sich, sich beim Bischofe auszusprechen und ihn zu bitten, falls nötig, ihn nochmals zu weihen, nur um dieser Gewissensqual ein Ende zu machen.

* *

Beim zwölften Glockenschlag betrat der Pfarrherr die feierlich beleuchtete Kirche.

Die heilige Messe begann. Demütig flehte er:

„Herr, erbarme Dich unser! Christus, erbarme Dich unser! Herr, erbarme Dich unser!"

Die heilige Kirche weiss wohl, wie sehr wir Sünder des göttlichen Erbarmens bedürfen, deshalb heisst sie uns, jede dieser Bitten dreimal wiederholen.

Dann aber sang der Priester die tröstenden Worte des Weihnachtsengels: Gloria in excelsis Deo – Ehre sei Gott in der Höhe und Friede den Menschen auf Erden, die guten Willens sind!

Dabei bat der Priester innig, das Christkind möge auch seiner verängstigten Seele den Frieden geben.

Froh und freudig erklang das Gloria in den weiten Hallen.

Hinten in der Kirche hoben die müden Greise und die armen, alten Mütterchen sachte ihre vom Leben niedergebeugten Stirnen. Die Jugend streckte sich hoffnungsvoll in den knorrigen Bänken. Und die Kinder lauschten in unbewusster Seligkeit den Engelsworten, denn niemand ist so voll guten Willens, wie sie, die Kleinen und Reinen; deshalb haben sie auch den grössten Anteil an der Weihnachtsfreude.

•

Die heilige Messe schritt voran.

Das Sanktus scharte Tausende von Engeln um den Altar.

In banger Ehrfurcht erzitternd, sprach der Priester die Wandlungsworte und hob die weisse, heilige Hostie zur Anbetung empor.

Tiefe Stille herrschte im geweihten Raume. Alle waren in die Knie gesunken und ihre Augen ruhten anbetend auf der heiligen Hostie.

Da, plötzlich hörte man freudig rufen: „Mutter, welch schönes Kindlein! Schau doch, Mutter, schau!"

Aber die Bäuerin sah nichts anderes, als die hl. Hostie, das geheimnisvolle Himmelsbrot.

Erschrocken über die Störung, bemühte sie sich, Ines zum Schweigen zu bringen. Gehorsam unterdrückte die Fünfjährige ihren äusseren Jubel. Doch ihr Blick blieb selig auf jenem Kindlein haften, das sie ganz deutlich in der Hand des Priesters sah, bis das Kommunionglöcklein läutete und er die heilige Hostie genoss. Da war auch das Jesulein verschwunden. Die schwarzen, lebhaften Kinderaugen suchten es umsonst auf dem Altare.

Leise wollte Ines immer wieder der Mutter mitteilen, was sie sah, doch die gute Frau befahl ihr zu schweigen, indem sie sagte:

„Sei still! Jetzt dann bald nach der heiligen Messe wird der Herr Pfarrer das Jesuskind in die Krippe legen. Dann wirst du es sehen!"

Und wirklich holte der Geistliche eine Statue des Christkindes und trug sie feierlich zum Seitenaltar. Dort legte er das Jesulein in die Krippe hinein, begleitet vom Jubelgesange der Gläubigen.

Noche feliz, noche de amor
Stille Nacht, heilige Nacht!

Während gross und klein das herzige Jesuskind voll Freud betrachteten, wandte sich Ines ganz enttäuscht zur Mutter:

„Mutter, das ist ja gar nicht das lebendige Christkind, das ich vorhin auf dem Altar gesehen habe."

Die Bäuerin schüttelte den Kopf. Was für sonderbare Einfälle hat doch heut nacht ihr Töchterchen! Sonst war sie doch in der Kirche immer so brav wie ein Engelein.

„Bet', Kind, und sei endlich still!"

Da faltete Ines gehorsam wieder die Händchen, denn soeben begann die zweite heilige Messe.

Aber nach den Wandlungsworten des Priesters schnellte das rechte Zeigefingerchen neuerdings in die Höhe:

„Mutter, schau! Dort, dort ist das Christkindlein wieder in der Hand des Priesters. O wie schön ist es! Es bewegt sich und lächelt mich an. Mutter, siehst du's denn nicht?"

In der Tat, die kleine Ines erlebte zum zweiten Male das gleiche Wunder, bis das Jesulein bei der Kommunion des Priesters neuerdings verschwand.

Und auch in der dritten heiligen Messe wurde ihr die gleiche grosse Gnade zuteil.

* *

Einzelne Gläubige waren auf das Bauernkind aufmerksam geworden, und nach dem Gottesdienste bestürmten sie die Kleine mit Fragen. Voller Freude erzählte Ines, wie das Jesuskind ausgesehen und wie es die Leute angeschaut und gesegnet habe.

Die Kunde von dem wundersamen Ereignis verbreitete sich bald im Dorfe und in der ganzen Umgebung.

Auch der Priester hörte davon und liess Ines rufen.

Kindlich einfach beantwortete sie alle seine Fragen und liess sich weder etwas ausreden, noch in Widersprüche verwickeln. Aus ihren grossen, unschuldigen Augen und ihren schlichten Antworten leuchtete die unverkennbare Wahrheit.

Wohl erkannte der Priester in dieser wunderbaren Erscheinung während seiner Messfeier einen liebevollen Fingerzeig Gottes hinsichtlich der Gültigkeit seiner Priesterweihe und somit auch seiner Wandlungsvollmacht. Dennoch wollte er nicht unklug und allzu leichtgläubig sein. In seiner grossen Ängstlichkeit sann er im stillen auf eine Probe.

* *

Nach einigen Tagen, als die Kleine, wie gewohnt, wieder gekommen war, um der heiligen Messe beizuwohnen, nahm der Priester drei gleich grosse Hostien mit an den Altar.

Bei der hl. Wandlung verwandelte er aber nur zwei derselben, während er die dritte Hostie von Anfang an beiseite liess, ohne sie zu konsekrieren. Bei der heiligen Kommunion genoss er dann eine der beiden konsekrierten Hostien und die andere legte er vor sich auf den Altar neben die nicht verwandelte Hostie.

Jetzt liess er Ines an die Stufen des Altares kommen und auf die beiden Hostien zeigend, fragte er:

„Siehst du jetzt noch das Jesuskind?"

Da deutete die Kleine mit dem Fingerchen sofort auf die verwandelte Hostie und rief strahlend vor Freude:

„O ja! In dieser Hostie sehe ich das Jesuskind, aber in der anderen nicht! O wie schön ist es! Wie schön!"

* *

Jetzt konnte und wollte der Priester nicht mehr länger zweifeln. Er dankte dem Christkind unter Tränen aus ganzem

Herzen dafür, dass es ihn durch ein offensichtliches Wunder von seiner Gewissensangst befreit hatte.

Ines trat später in ein armes Kloster ein und lebte fromm und heilig in strenger Busse, bis das liebe Christkind sie heimholte zur ewigen Weihnachtsfreude im Himmel.

Quelle: La beata Ines de Moncada.

Zur Erstkommunion

O gnadenreiche Morgenstunde!
Die Glocken läuten in der Runde
Und laden uns zum heil'gen Mahl.
Wir feiern unser Fest, wir Kleinen;
Heut' muss die liebe Sonne scheinen
Mit ihrem gold'nen Freudenstrahl.

Im Gotteshause brennen Kerzen,
Viel heller brennen unsere Herzen
In kindlich schlichter Liebesglut.
Nun geht uns auf die Gnadensonne,
Nun kommt zu uns die Seelenwonne,
Du, Jesus, unser höchstes Gut!

A. Wibbelt

Die hl. Hostie inmitten einer Überschwemmung

Frankreich 1226

Avignon, die berühmte südfranzösische Päpstestadt, wurde am 14. September 1226 von einer schweren Überschwemmung heimgesucht.

Die Rhone überbordete dermassen, dass die Stadt einem ungeheuren See glich. Mitten in der allgemeinen Panik erinnerten sich die frommen Einwohner, dass in einer Kapelle das Allerheiligste ausgesetzt sei und beschlossen, dasselbe vor der zerstörenden Naturgewalt zu retten.

Einige mutige Männer versuchten in einer Barke die kleine Kirche zu erreichen. Als sie ins Innere gelangten, verstummten sie vor Staunen, denn das eingedrungene Wasser, das höher als einen Meter gestiegen war, staute sich links und rechts vom Altar und liess den Zugang zum Tabernakel vollkommen frei, so dass derselbe, sowie das Hochwürdigste Gut, intakt geblieben waren. Unwillkürlich mussten sie an das Wunder des Roten Meeres denken, durch welches Gott den Israeliten einst trockenen Durchgang ermöglicht hatte.

Als sich die Kunde verbreitete, eilte alles Volk in verschiedenen Schifflein herbei. Auch König Ludwig VIII. von Frankreich, der Vater des hl. Ludwig IX., welcher an jenem Tage in Avignon weilte, wollte sich persönlich von diesem Wunder überzeugen und samt seinem Volke Gott dafür danken.

Zur Erinnerung an diese Begebenheit gestattete der Hl. Vater jener Kapelle für ewige Zeiten die tägliche Aussetzung des Allerheiligsten.

(Quelle: P. Pedro Laurenti S. J., Le Maraviglie del S. S. Sacramento.)

Heilige Hostien auf gefrorenem Teiche

Deutschland 1240

Am Vorabend des Festes Mariae Himmelfahrt, anno 1240, drangen zu nächtlicher Stunde zwei Diebe in die St.-Martins-Kirche zu Erfurt ein.

Habgierig suchten sie nach Geld und Kostbarkeiten. Dabei vergriffen sie sich mit gottesräuberischer Hand am Speisekelch im Tabernakel, in welchem sich neun heilige Hostien befanden.

Eilig rafften sie alles zusammen. Auf der Flucht leerten sie den Kelch, um ihn verkaufen zu können und warfen die heiligen Hostien, welche nach damaligem Brauche in ein feines, weisses Korporale-Tüchlein eingewickelt waren, in das Schilf eines Teiches.

Die Elenden wähnten, der Strafe entgehen zu können. Sie vergassen das Sprichwort:

Gottes Mühlen mahlen langsam,
aber trefflich fein!

Wenige Wochen später befiel einen der Diebe eine unheilbare Krankheit. Sein Gewissen hielt ihm ständig sein grauenvolles Verbrechen vor. Er erkannte die strafende Hand Gottes, bekehrte sich und empfing die hl. Sterbesakramente. Sterbend bat er den Priester inständig, die hochheiligen Hostien, die er einst mit frevler Hand in den Weiher bei Erfurt geworfen, suchen zu lassen.

Der Priester tröstete den armen Sünder und machte sich trotz eisiger Winterkälte, über verschneite Berge, auf den Weg dorthin. Niemandem verriet er den Zweck seiner Reise. In Erfurt angekommen, bat er einige sehr vertrauenswürdige Personen, ihm bei einer wichtigen Sucharbeit behilflich zu sein.

Am 13. Januar, am Sonntag in der Epiphanie-Oktav, führte er seine Freunde, trotz Schneesturm hinaus an die Stelle des Teiches, die ihm der Verstorbene genau bezeichnet hatte.

Als sie am hartgefrorenen Weiher ankamen, gewahrten seine Begleiter, die nicht wussten, was er suche, plötzlich ein Loch in der dicken Eisdecke. Auf dem Wasser aber schwamm ein weisses Tüchlein. Freudig zogen sie es heraus. Zu ihrem

Staunen bemerkten sie, dass das Tüchlein vollständig trocken war und neun unversehrte hl. Hostien barg. Jetzt erst verriet der Priester sein Geheimnis.

Nun wurde die Geistlichkeit und das Volk von Erfurt herbeigerufen und im Triumphzug das Hochwürdigste Gut in die Liebfrauenkirche übertragen. Ulrich Vierling, ein frommer Bürger, bestimmte einen grossen Teil seines Vermögens der Verehrung dieser wunderbar zurückerlangten Hostien. Gott wird es ihm in der Ewigkeit gelohnt haben!

Hochgelobt und angebetet sei ohne End'
das hochheiligste Sakrament!

Zum weissen Sonntag

Nun sei gegrüsst viel tausendmal
Du Gnadenmahl, du Freudenmahl,
Du wunderbares Sakrament;
Nun sei gegrüsset ohne End!
Sieh, meine Seele ist bereit,
Mein Herz steht Dir geöffnet weit.
Mein Herr und Heiland, komm zu mir,
Du aller Himmel Preis und Zier!
Mit heisser Lieb' verlang ich Dich,
Mit heil'ger Freud umfang' ich Dich,
Der Du mein ein und alles bist,
Mein Herr und Heiland Jesus Christ!
Ich will mein ganzes Herz Dir weih'n,
Dein will ich sein und bleiben Dein!

Augustin Wibbelt

Ich brauche keinen Segen

Österreich, 19. Jh.

Es mag ungefähr 60 Jahre her sein. In unserer elterlichen Schmiede war ein junger Gehilfe beschäftigt, bildsauber, riesenhaften Wuchses, strotzend vor Kraft und Gesundheit. Wenn die Mutter später jeweils uns Kindern von ihm erzählte, sagte sie, es sei ihr in ihrem langen Leben niemals ein kräftigerer, gesünderer junger Mann begegnet.

Leider aber war Karl, so hiess der tüchtige und fleissige Schmiedegeselle, kalt im Glauben und lebte so gleichgültig und unbekümmert um seine Pflichten gegen den Herrgott und die Kirche dahin, als gäbe es weder Tod, noch Gericht, noch Ewigkeit.

Ein sonniger Herbstabend war es und die „Schmiedbruck" hatte schon Feierabend gemacht, als von der ganz nahen Pfarrkirche zum hl. Vitus, eben erst vollendet und geweiht, die Versehglocke ertönte, daran gemahnend, dass soeben der Priester einem Schwerkranken die hl. Wegzehrung bringe.

Bei diesem Anlass herrschte in meiner Waldheimat eine schöne fromme Sitte. Wenn jene Glocke den ersten Ton hören liess, hiess es: „Es läutet speisen!"

Sofort eilten dann die nächsten Anwohner des Gotteshauses und auch weiter entfernte in die Kirche, um dort den Segen mit dem Allerheiligsten zu empfangen. Darauf begleiteten sie den Versehpriester unter gemeinsamem Gebet bis ans Ende des Marktplatzes. Dort wandte sich der Priester jeweils um und gab seinen Begleitern, die sich alle auf die Knie niederliessen, nochmals den Segen. Man schätzte solche Gnaden hoch und versäumte nicht leicht, ihrer teilhaftig zu werden.

Unsere liebe Mutter, kinderreich, überhäuft mit Arbeit und Sorgen, tiefreligiös und noch ganz vom guten alten Schlag, begab sich ebenfalls zur Kirche. Als sie herauskam, erblickte sie den blutjungen Karl, der spöttisch dastand, ohne einen Wink zu tun.

Die Mutter redete den Gesellen an:

„Aber Karl, warum sind Sie denn nicht auch in die Kirche gegangen? Sie könnten doch Gottes Segen auch brauchen! Sie erst recht!"

Da höhnte der baumstarke Bursche frevlerisch:

„Meisterin, ich brauche keinen Segen!"

Erschrocken und betrübt verwies unsere Mutter Karl diese gottlosen Worte. Dann schloss sie sich wieder den frommen Betern an, die ehrfürchtig dem Allerheiligsten das Geleit gaben.

Doch was geschah?

Am nächsten Vormittag drang plötzlich ein furchtbarer Schrei aus der Schmiede in unsere Wohnstube. Bestürzt eilte die Mutter zur Werkstatt hinüber.

Dort lag der blutjunge, bildsaubere, baumstarke Spötter tot auf dem Pflasterboden.

Unser Vater, der mit ihm zusammen geschafft hatte, berichtete, Karl sei mitten in der Arbeit plötzlich zusammengesunken, habe einen entsetzlichen Schrei ausgestossen und sei auf der Stelle verschieden.

Welch' schreckliches Ende für ihn, der gestern noch vermessen geprahlt, er brauche keinen Segen! Gott sei seiner armen Seele gnädig!

Eine blutige Hostie im Brevier

Italien 1330

Im St.-Rita-Kloster in Cascia wird seit Jahrhunderten eine blutige Hostie verehrt und alljährlich in feierlicher Prozession durch die Stadt getragen.

Diese wunderbare Hostie wurde einst von einem reumütigen Priester dem seligen Simone Fidati übergeben. Der eucharistische Heiland hatte sich einem lauen Geistlichen und dessen Zeitgenossen in der ergreifenden Form des Blutes kundgetan, um alle zu ermahnen, das Hochwürdigste Gut stets mit grösster Ehrfurcht zu behandeln.

Ein alter Kodex, der seit 1335 mehrere Begebenheiten des Augustinerkonvents von Perugia erzählt, gibt folgenden Aufschluss über die Herkunft dieser blutigen Hostie.

„Anno 1330 wurde ein Pfarrer zu einem Sterbenden in einem Dorfe bei Siena gerufen. Er holte eine hl. Hostie aus der Kirche und legte sie zwischen die Seiten seines Breviers. Dann begab er sich, mit dem Breviere unterm Arm, auf den Versehgang. Nachdem er des Kranken Beicht gehört und demselben die Lossprechung erteilt hatte, öffnete er das Brevier, um ihm die hl. Wegzehrung zu reichen. Doch da gewahrte er, zu seinem grössten Schrecken, dass aus der hl. Hostie reichlich frisches Blut floss und die Seiten des Brevieres befleckte.

Bestürzt schloss der Priester sein Brevier und kehrte eilig nach Siena zurück, um den berühmten Augustinerpater Simone Fidati aufzusuchen, der dort predigte und von allen als gelehrter und heiliger Mann geschätzt wurde. Nachdem er berichtet hatte, was geschehen war, zeigte und übergab er dem Gottesmanne das Brevier mit der wunderbaren Hostie darin und bat reumütig um Lossprechung vom begangenen Frevel.

Der sel. Simone Fidati betete in tiefster Ehrfurcht die blutige Hostie an und bei seinem nächsten Besuche in Cascia, seiner geliebten Heimat, hinterliess er sie den Augustinerinnen als hochheiliges Geschenk. Dort wird sie heute noch verehrt."

Mit eigener Hand schnitt der fromme Mönch die blutbespritzte, rechteckige Pergamentseite, an welcher die wunderbare Hostie klebte, aus dem Brevier heraus, ehe er sie nach Cascia brachte.

Wie oft mag die hl. Rita, die in der Morgenfrühe des Festes Mariae-Himmelfahrt, am 15. August 1417, wunderbar geführt ins Augustinerinnenkloster von Cascia eintrat, vor dieser hochheiligen, blutigen Hostie das Leiden Christi betrachtet haben. Wie innig mag sie den Erlöser um Verzeihung angefleht haben für alle Missachtung und Verunehrung, welche gewissenlose Menschen ihm im heiligsten Altarssakrament antun. Möge sie auch uns innige Liebe zur hl. Hostie und opferwilligen Eifer zum täglichen Besuche der hl. Messe erflehen!

Zwei Päpste, Bonifatius IX. und Gregor XII., haben durch feierliche Bullen den Kult der blutigen Hostien-Reliquie von Cascia gestattet und Ablässe gewährt.

Im Jahre 1926 wurde diese wunderbare Hostie einer neuen eingehenden Untersuchung unterworfen. Dabei konstatierten verschiedene Gelehrte, dass in derselben klar und deutlich das Antlitz Christi erkennbar sei.

(Quelle: Adolfo Morini, La reliquia del corpus Christi di Cascia. Firenze 1930.)

„Gottheit, tief verborgen, betend nah ich Dir."

Hl. Thomas von Aquin (1225 – 74)

Du sollst nicht fluchen

Spanien 1885

Es geschah im Jahre 1885, im Monat September.

In der Stadt Barcelona wütete die Cholera. Die Menschen starben zu Hunderten. Trotz grösster Ansteckungsgefahr eilten die Priester von Haus zu Haus, um allen den letzten Trost zu spenden.

Eines Tages kehrte der HH. Vikar der Pfarrei Sta. Madrona, mit Chorrock und Stola angetan, feierlich mit dem Ziborium von seinen Versehgängen zur Kirche zurück. Der damalige Sakristan, namens E. Rafart, begleitete ihn und erzählte später als Augenzeuge folgende Begebenheit:

Als der seeleneifrige Priester durch die St.-Joachims-Strasse schritt, hörte er plötzlich von einem Baugerüst her einen schrecklichen Fluch. Unwillkürlich schaute der Geistliche auf. Dann ging er auf den fluchenden Maurer zu und segnete ihn mit dem Allerheiligsten. Ohne ein Wort zu sprechen, zog der Priester darauf seines Weges weiter zur Pfarrkirche.

Welch ein Gegensatz, der winzige Mensch verflucht Gott; Gott jedoch segnet den Menschen!

Es ging jedoch nicht lange, da kam jener Maurer im kalkbespritzten Gewande dahergelaufen und frug nach dem Geistlichen, der ihn soeben mit dem Allerheiligsten auf der Strasse gesegnet habe.

Als der Flucher vor dem Vikar stand, brach er in Tränen aus und bat um Verzeihung für seine Gotteslästerungen. Er wünschte sofort zu beichten und machte einen so guten Vorsatz, dass er von da an einer der vorbildlichsten Männer der Pfarrei und eifriges Mitglied der Bruderschaft Unserer Lieben Frau von Lourdes wurde. (Chronik der Pfarrei Sta. Madrona.)

Der Hostienfrevel in der „Rue des Billets" von Paris

Frankreich 1290

Im Jahre 1290 begab sich eine arme Frau in die „Billetsstrasse" von Paris und versetzte dort bei einem Juden ihr schönstes Kleid.

Als sie nach einiger Zeit dasselbe wieder auslösen wollte, verlangte der Pfandhausbesitzer einen derart hohen Preis, dass die Frau nicht imstande war, denselben zu bezahlen. Da machte ihr der Jude den Vorschlag, er werde ihr das Gewand unentgeltlich zurückgeben, wenn sie ihm eine konsekrierte Hostie verschaffe.

Die gewissenlose Frau erklärte sich bereit zu diesem furchtbaren Gottesraub. Sie ging am Osterfeste kommunizieren, bewahrte die heilige Hostie heimlich auf und trug sie in die Rue Billets.

Der elende Kaufmann warf dieselbe voller Hass auf einen Tisch und stach mehrmals mit einem Küchenmesser darauf ein.

Da begann aus der durchbohrten hl. Hostie sogleich eine Menge Blut zu fliessen.

Trotz dieses grossen Wunders ging der Frevler nicht in sich, sondern holte einen Hammer und nagelte die hl. Hostie an die Tischplatte.

Als das Blut nun noch reichlicher floss, hielt er vor Schrekken inne und warf die hl. Hostie ins Feuer. Im selben Augenblicke aber erhob sich die hl. Hostie von selbst unversehrt aus dem Feuer und schwebte durch das Zimmer. Da packte sie der Gotteslästerer neuerdings und warf sie in einen Kessel siedenden Wassers.

Das Wasser färbte sich sogleich blutrot. Die hl. Hostie aber erhob sich neuerdings in die Luft.

In diesem Augenblick trat die Frau des Juden in die Küche und sah voller Schrecken Jesus, den Gekreuzigten, lebendig in der heiligen Hostie. Auch das Büblein des Pfandhausbesitzers hatte alles mitangesehen und die Schmähworte des Vaters gegen den Gott der Christen gehört.

Der Kleine sprang nun auf die Strasse und rief seinen Kameraden, die gerade in die heilige Messe gingen, zu:

„Geht nicht in die Kirche, denn euer Gott ist nicht mehr dort! Mein Vater hat ihn soeben getötet!"

Verwundert über diese Worte, blieben Passanten stehen. Eine Frau beschloss, der Sache nachzugehen und betrat die Küche des Pfandhauses. Dabei gewahrte sie voller Schrecken die hl. Hostie in der Luft. Sie kniete nieder und liess die kirchlichen Behörden herbeirufen.

Der Hostienschänder und seine Frau wurden eingesperrt und verhört. Sie gestanden alles. Die Frau und die Kinder bekehrten sich und baten um die heilige Taufe. Der Sünder jedoch blieb verstockt.

Die wunderbare hl. Hostie wurde in der Kirche de St. Jean in Paris bis zur Französischen Revolution, anno 1789, aufbewahrt.

Wo ehemals das Pfandhaus stand, wurde später die Kirche „Saint Germain des Billets" erbaut.

Dieses grosse Wunder wird von vielen berühmten Geschichtsschreibern bestätigt.

(Quelle: P. Traval y Roset, Prodigios Eucaristicos, Buchdruckerei Casals, Barcelona.)

„Überlassen wir uns dem heilsamen Einfluss der eucharistischen Sonne, und das Angesicht der Erde wird erneuert werden."

Hl. Petrus Julianus Eymard (1811 – 68)

Während der hl. Messe des hl. Pfarrers von Ars

Frankreich, 19. Jahrh.

Zwei ungläubige Professoren der Universität Lyon hörten vom Wirken des heiligen Pfarrers Johann in Ars Vianney und beschlossen hinzugehen, um ihn genau beobachten und kritisieren zu können.

Sie kamen in der Kirche von Ars an, während der Heilige zelebrierte. Spöttisch beobachteten sie alle seine Bewegungen.

Als im Augenblick der heiligen Wandlung die anwesenden Gläubigen andächtig niederknieten, sagte einer der Gottlosen zum anderen:

„Wie ist es nur möglich, dass vernünftige Leute vor einem Stücklein Brot niederknien, als wäre es Gott?"

Gottes Barmherzigkeit antwortete durch ein Wunder auf diese sakrilegische Frage.

Als nämlich der hl. Pfarrer von Ars, ehe er die heilige Kommunion austeilte, dem Volke die heilige Hostie zeigte und dazu die liturgischen Worte sprach:

„Sehet das Lamm Gottes, das hinwegnimmt die Sünden der Welt!" da entschwebte die hl. Hostie seinen Fingern zur Kommunionbank hin und legte sich von selber auf die Lippen des ersten Kommunizierenden.

Einer der beiden ungläubigen Augenzeugen wurde durch dieses eucharistische Wunder so tief beeindruckt, dass er hernach den heiligen Pfarrer von Ars in der Sakristei aufsuchte, seinem Unglauben abschwor und später sogar Priester und Dominikanermönch wurde.

Er selber erzählte später voll Dankbarkeit gegen Gott dieses Wunder, dem er seine Bekehrung und seinen Priesterberuf verdankte.

Die hl. Messe und der Acker des hl. Isidor

Ein ehemaliger Bauernknecht ist Stadtpatron der Weltstadt *Madrid. Anno 1070 in Madrid geboren; anno 1130 daselbst gestorben.*

Bald sind 900 Jahre seit dem Tode des Taglöhners Isidor verflossen. Noch heute aber wird sein Fest am 10. Mai mit achttägigen Festlichkeiten in Madrid begangen. Sein eigenes Leben jedoch war keine lustige Kirmes, sondern eine Reihe von mühsamen Tagen. Im Schweisse seines Angesichts verdiente er das Brot für sich, seine Gattin und sein einziges Büblein, das der Himmelvater bald wieder zu sich nahm. Eines Tages stand der fleissige Isidor, von neidischen Mitarbeitern angeklagt, vor seinem gestrengen Herrn Ivan de Vargas, dessen Gut heute noch in Madrid berühmt ist.

„Man sagt mir, du treibest dich in den Kirchen herum, statt frühmorgens an deine Arbeit zu gehen. Ich habe dich nicht zum Beten angestellt, sondern zum Arbeiten!" schimpfte der Gutsbesitzer.

„Es ist wahr, dass ich täglich die heilige Messe anhöre", bekannte Isidor bescheiden. „Ihr dürft jedoch nicht vergessen, dass ich nicht nur in Eurem, sondern zugleich im Dienste Gottes stehe. Meine Eltern haben mich sowohl beten als arbeiten gelehrt. Bei der Ernte werdet Ihr sehen, dass ich treu meine Pflicht getan habe. Solltet Ihr auch dann noch unzufrieden sein, so könnt Ihr meinen Lohn kürzen.

Ivan nickte einverstanden, beschloss aber, die Felder, die er dem frommen Knecht anvertraut hatte, eines Tages heimlich zu kontrollieren. Dabei beobachtete er, dass Isidor erst nach der Frühmesse erschien. Doch an dessen Seite sah der Arbeitgeber staunend ein weiteres, weisses Ochsengespann, von engelgleichen Gestalten geführt, fleissig Furchen ziehen.

Als er neugierig näher trat, erblickte er nur noch Isidor und frug ihn verwundert nach der Herkunft der verschwundenen Helfer.

„Ich habe niemand gesehen", antwortete der Knecht überrascht, „und niemand zu Hilfe gerufen als Gott allein. Gewiss wollte der Herr des Himmels und der Erde euch durch diese Erscheinung davon überzeugen, dass Er die Mühen jener segnet, die ob der Arbeit das Gebet nicht vergessen!"

Ivan de Vargas betrachtete die wohlbestellten Felder, die mehr Ertrag versprachen als alle übrigen und übertrug Isidor die Aufsicht über sein ganzes Gut. Er sah ein, dass die Zeit, die man dem Dienste Gottes weiht, niemals zeitlichen Schaden bringt. – Die Gattin Isidors, Maria de la Cabeza, war nicht weniger fromm als ihr Mann. Sie hatte ihm, obwohl er so arm war wie sie und keinen einzigen Streifen eigenes Land besass, in der Pfarrei Santa Maria de Torrelaguna die Hand zum Ehebund gereicht.

Doch die bösen Zungen verleumdeten die brave Gattin. Isidor litt und schwieg. Seine Gattin aber pilgerte oft zu einer Einsiedelei, die am anderen Ufer des Flusses Jarama lag.

Als er ihr eines Tages entgegenkam, freute sie sich so sehr, dass sie, um schneller bei ihm zu sein, ihr Kopftuch auf das hochgehende Wasser warf und auf demselben, als wäre es ein Boot, zu ihm hinüberfuhr.

Daraus erkannte Isidor, wie erlogen die Verleumdungen waren, da Gott seine Gattin sogar mit der Gabe der Wunder auszeichnete.

Später beschlossen beide, aus Liebe zu Gott, aufeinander zu verzichten. Isidor verblieb in Madrid. Maria de la Cabeza zog sich als Einsiedlerin nach Caraquiz zurück. Als ihr Gatte aber schwer erkrankte, kehrte sie an seine Seite zurück und pflegte ihn bis zu seinem seligen Tode. Beide wurden heiliggesprochen. – Der heilige Isidor und die heilige Maria de la

Cabeza sind das einzige bäuerliche Ehepaar, dessen Gebeine auf demselben Altare in der Kathedrale von Madrid ruhen und gemeinsam verehrt werden.

(Quelle: Biografia de San Isidro.)

Wie der Chinese Ah Lok vom Jesukinde bekehrt wurde

Neu-Britannien, Bismarck-Archipel 1905

Ah Lok, ein unternehmungslustiger junger Chinese, wanderte im Jahre 1899 aus seiner Heimat aus, um auf einer der vielen Inseln des Bismarck-Archipels Arbeit zu suchen.

Der damalige deutsche Verwalter von Neu-Britannien stellte ihn als Koch an und war sehr zufrieden mit dem fleissigen, treu ergebenen Diener. Zwei Jahre später bat jedoch Ah Lok um seine Entlassung, da er auf dem Inselchen Utuan, das zu den York-Inseln gehört, selber eine Plantage übernehmen wollte.

Der anspruchslose, mit kaufmännischem Talent begabte unermüdliche, kräftige Jungmann hatte Erfolg. Da gedachte er seiner jüngeren Brüder, die daheim beinahe dem Hungertod ausgesetzt waren. Er liess sie im Laufe des Jahres 1902 kommen und sandte ihnen das nötige Reisegeld. Er hoffte, dass er auch ihnen eine bessere Zukunft ermöglichen könne. Gewiss ein edler Zug des Verantwortungsbewusstseins des ältesten Bruders den jüngeren Geschwistern gegenüber. Dieser Sinn sollte heutzutage in den Familien wieder mehr gepflegt werden. Die Jüngeren sollten angehalten werden, die Älteren zu achten und ihnen in allem zu gehorchen, was recht ist.

Ah Lok beschäftigte seinen Bruder Achai auf der eigenen Plantage, während er für Akun, den Jüngsten, geeignete Arbeit auf einer Nachbarinsel fand.

Als Akun den neuen Arbeitsplatz in Vunapone antreten wollte, traf er auf der Barke zwei Mischlinge, welche ihm begeistert von der Missionsschule in Vunapone erzählten. Lernbegierig entschloss sich Akun unverzüglich, mit dem nächsten Schiff nach Utuan zu seinem Bruder zurückzukehren, um ihn zu bitten, ebenfalls diese Schule besuchen zu dürfen.

Grossmütig erklärte sich Ah Lok bereit, für alle Kosten aufzukommen und begleitete Akun persönlich, um alles in Ordnung zu bringen.

Bei der Anmeldung frug die Lehrerin, Schwester Borgia, ob Akun auch dem Religionsunterricht beiwohnen und, falls er dies nach einiger Zeit wünsche, auch getauft werden dürfe. Ah Lok, der an seinem früheren Arbeitsort von glaubenslosen Europäern über alles Katholische nur Schimpf- und Spottreden gehört hatte, lächelte gleichgültig und liess seinem jüngeren Bruder völlig freie Wahl in religiöser Hinsicht.

Der kleine Akun fühlte sich überaus glücklich im Internat und bat nach kurzer Zeit um die heilige Taufe, welche er am Weihnachtsfest 1902 erhielt. Er war der erste katholische Chinese jener Gegend. Später liess er sich in Hongkong nieder.

Akun schloss in der Schule Freundschaft mit einem anderen jungen Chinesen, namens Gabriel. Er arbeitete auf einer nahen Plantage und erlernte in der Freizeit bei den Schwestern die englische Sprache. Akun gab ihm jeden Sonntag Religionsunterricht und freute sich ungemein, als der Freund sich ebenfalls taufen liess. Gabriel war nun der zweite chinesische Katholik jener Inseln.

Bald darauf folgten ihrem Beispiel andere Chinesen.

Nur Ah Lok zeigte kein Interesse. Mit einem unergründlichen Lächeln sah er diesen Bekehrungen zu. Ihn selber aber schien nichts zu überzeugen, um konvertieren zu können. Die Vorurteile, die ihm von Andersgläubigen gegen die katholische Kirche beigebracht worden waren, sassen zu tief. Trotzdem bewunderte er die selbstlose Arbeit der katholischen Missionäre und half ihnen sogar grosszügig, wenn sie in Not waren.

Aber gerade diese Nächstenliebe und Freigebigkeit bewog wohl den himmlischen Vater, selber dieses edle, heidnische Herz für sich zu gewinnen. Gott lässt ja nicht einmal ein liebevoll gespendetes Glas Wasser unbelohnt!

Ah Lok pflegte von seiner Pflanzung auf der Insel Utuan aus oft seinen Bruder Akun in Vunapone zu besuchen. Eines Tages traf er zwei Freunde von Akun auf dem Schiff, welche die Überfahrt machten, um in der Missionsstation die heilige Messe zu besuchen. Er entschloss sich, mit den Burschen zum Gottesdienst zu gehen, aber die beiden Neubekehrten versuchten ihn ganz erschrocken davon abzuhalten. Sie kannten ihn nämlich als Witzbold und fürchteten, er könnte sogar die heilige Handlung verulken. Tatsächlich bekannte Ah Lok später, dass er dies damals auch beabsichtigt habe. Erst als er den Freunden seines Bruders versprochen hatte, sich ganz ruhig zu verhalten, wurde er in die Kirche mitgenommen.

Ah Lok, der vorher nie ein katholisches Gotteshaus betreten hatte, besass nicht die leiseste Ahnung vom Sinn der heiligen Messe. Voller Neugierde beobachtete er daher jede Bewegung des Priesters.

Als nun der Missionär, bei der heiligen Kommunion angelangt, den Tabernakel öffnete, erlebte Ah Lok die grösste Überraschung seines Lebens. Er sah nämlich ein wunderschönes Knäblein mit strahlenden Augen und leuchtendem Gewand aus dem Tabernakel treten und über dem Altare schweben. Dann wieder sah er, wie der Priester das Kindlein in die Höhe hob. Herzlich lächelnd blickte das Jesuskind Ah Lok an. Das leuchtende himmlische Knäblein trug grüne Kleider, was auf den staunenden Chinesen besonderen Eindruck machte, da grün die Farbe der Hoffnung, der Freude, des Willkomms ist.

Gerne hätte der völlig aus der Fassung geratene Mann sofort jemanden gefragt, warum denn der Missionär diesen schönen Knaben im winzigen Holzhäuschen auf dem Altar eingeschlossen halte. Auch wollte er wissen, wer dieser wundersame Knabe sei. Aber Ah Lok tat sich Gewalt an, da er ja versprochen hatte, während des Gottesdienstes nicht zu reden.

Als er dann endlich die anderen um Auskunft bitten konnte, glaubten diese seinem Berichte nicht, in der Meinung, der bekannte Spassvogel wolle sie nur zum Narren halten. Auf sein Drängen hin beteuerten sie immer wieder, dass man niemand auf dem Altare sehen könne. Akun erklärte seinem Bruder, so gut er konnte, die katholische Lehre über die heilige Eucharistie. Doch Ah Lok gab sich damit nicht zufrieden. Die ganze folgende Nacht fand er keinen Schlaf. Er wusste doch, dass er wirklich ein Knäblein gesehen hatte. Warum wollten denn die Freunde ihm dies ausreden? Am anderen Tag kam er wieder mit dem Boot nach Vunapone zurück und wohnte allen hl. Messen bei, die im Missionskirchlein zelebriert wurden. Dabei richtete er die Augen unverwandt auf die Tabernakeltüre, um das wunderbare Kind neuerdings herauskommen zu sehen. Aber, welch grosse Enttäuschung! Das leuchtende Knäblein zeigte sich nicht mehr!

Vor seiner Rückfahrt ging Ah Lok zum Missionsoberen und bat ihn um ein Lehrbuch des katholischen Glaubens. Doch dieser konnte ihm nur ein Gebetbuch geben, da er keinen chinesischen Katechismus besass.

Ah Lok kehrte auf seine Plantage auf der Insel zurück und betete immer wieder aus dem Gebetbüchlein. Schliesslich erkannte er, dass auch er katholisch werden müsse.

Einmal traf er auf einem Schiff HH. Pater Dicks, einen sehr ernsten, zurückhaltenden Priester. Ah Lok bat ihn um die heilige Taufe. Der Pater prüfte ihn, fand aber seine religiösen Kenntnisse ungenügend. Noch dreimal stellte sich der angesehene Chinese zum Taufexamen ein, fiel aber jedesmal durch. Dies war gewiss keine kleine Verdemütigung für den erfolgreichen Pflanzer und Plantagenbesitzer.

Eines Tages wunderte sich sein deutscher Verwalter, dass Ah Lok schon längere Zeit seinen Besitzungen fernblieb. Als er ihn traf, erklärte ihm Ah Lok, er habe sich vorgenommen, nicht eher zu seinen Geschäften zurückzukehren, als bis er getauft sei. Pater Dicks hörte von diesem Entschluss, war tief beeindruckt von solch heroischer Standhaftigkeit und taufte endlich Ah Lok am 12. April 1907.

Wie sein Namenspatron, der heilige Apostel Paulus, begann der Neubekehrte sogleich ein eifriges Apostolat unter seinen heidnischen Landsleuten. Er versammelte auf seinem grossen Gute die Chinesen von Neu-Irland und den umliegenden Inseln und unterrichtete sie im wahren Glauben. Zugleich ermahnte er sie, ihre Kinder in die Missionsschule von Vunapone zu senden, damit sie dort zu guten Christen herangebildet würden. Vielen von ihnen bezahlte er das ganze Schulgeld. Später errichtete er selber in Neu-Irland die erste katholische Schule für eingewanderte Chinesen. Er liess katholische Lehrkräfte, Schulbücher und Katechismen aus China kommen, kam immer für alle Kosten auf und half sogar persönlich als Lehrer mit.

Mit seinem grossen Vermögen sorgte er auch für die christliche Erziehung der armen Kinder in der Gartenstadt Rabaul auf Neu-Britannien, sowie an anderen Orten. Als er vernahm, dass zwei katholische Schulen in China von ihren privaten Gründern geschlossen werden mussten, sandte er und seine Brüder das erforderliche Geld zur Weiterführung.
So wurde dieser so verstockte ehemalige Heide durch die Gnade Gottes zum Missionär an vielen Tausenden armer Kinder und zum Begründer einer katholischen Auslandschule, lange bevor andere Kreise dieses Problem erfasst hatten.

Ah Lok gelang es auch, viele angesehene Freunde dem wahren Glauben zuzuführen. Doch bei seinem Bruder Achai versagten alle seine Belehrungen und Bitten. Da sie zusammen arbeiteten, gab es oft Gelegenheit zu Religionsgesprächen.

Ah Lok sorgte sich sehr um das Seelenheil seines Bruders und betete viel für ihn.

Da gelangte eines Tages, ganz unverhofft, der heiligmässige Missionsbischof Couppe, der unermüdlich das grosse Inselreich seiner Diözese befuhr, um seinen weitverstreuten Schäflein die heiligen Sakramente zu spenden, auf die Plantage der beiden Brüder.

Er blieb über Nacht, um den wenigen Katholiken dieser Insel Gelegenheit zur heiligen Messe und zum Sakramentenempfang zu geben. Dessen opferbereite Zuvorkommenheit machte auf Achai einen tiefen Eindruck.

Anderntags fühlte er sich gedrängt, nach der heiligen Messe den Bischof um die heilige Taufe zu bitten. Und der Gnädige Herr willfahrte augenblicklich diesem Wunsche, verlängerte seinen Aufenthalt und erteilte dem Taufbewerber noch einige Religionsstunden. Als Gabriel Chow, der einst durch Akun bekehrt worden war, vernahm, dass das Missionsboot bei der Pflanzung seiner Freunde angelegt hatte, eilte er sofort mit einer Barke auf die Insel und brachte seine zwei kleinsten Kinder mit, die er noch nicht hatte taufen lassen können. Achai übernahm die Patenschaft für beide.

Achai lebte fortan als vorbildlicher, christlicher Familienvater einer vierzehnköpfigen Kinderschar. Drei Söhne und drei Töchter folgten später dem Rufe des göttlichen Missionärs zum geistlichen Stande. Achai selber aber empfing vom Tage seiner Taufe an, während 40 Jahren, sozusagen täglich die heilige Kommunion. Kein Weg war ihm zu weit, keine Bootsfahrt zu lang, um seines Herzens Sehnsucht zu stillen.

Für Ah Lok war dies alles eine unsägliche Freude! Er selber wirkte bis zu seinem Tode als chinesischer Laienapostel und glühender Verehrer des allerheiligsten Altarssakramentes.

Am 25. Januar 1939 aber richtete das göttliche Kind im strahlenden Gewande ewiger Freude und Seligkeit seinen liebenden Blick auf Ah Lok und lud ihn ein in die himmlischen Gärten. Lächelnd ging Ah Lok mit. Es war am Tage Pauli Bekehrung, am Feste seines heiligen Namenspatrons!

Die chinesischen Landsleute vergassen ihren Wohltäter nicht. In der Gartenstadt Rabaul auf Neu-Britannien errichteten sie ihm ein Denkmal. Und auffallend, als diese herrliche Stadt im Weltkrieg 1939–1945 furchtbar zerstört wurde, blieb einzig das Denkmal von Ah Lok unversehrt im weiten Trümmerfeld erhalten. Erschüttert standen die aus japanischen Konzentrationslagern zurückkehrenden Chinesen davor und gelobten, sein Apostolat fortzusetzen. Heute haben sich seine Schulen und karitativen Werke vermehrt, und blühendes christliches Leben erhebt sich aus den Ruinen zu Gottes Lob und Ehre.

Der hl. Paulus erklärte der Christengemeinde von Korinth, dass das hl. Messopfer die Erinnerungsfeier an den Tod des Herrn ist: „Der Herr Jesus nahm in der Nacht, da er verraten wurde, Brot, dankte, brach es und sprach: ‚Das ist mein Leib, der für euch hingegeben wird. Tut dies zu meinem Andenken!' Ebenso nahm er nach dem Mahle den Kelch und sprach: ‚Dieser Kelch ist der Neue Bund mit meinem Blute. Sooft ihr ihn trinket, tut dies zu meinem Andenken!' Denn sooft ihr dieses Brot esst und den Kelch trinkt, feiert ihr den Tod des Herrn, bis er wiederkommt." (1 Kor 11, 23–26)

223 konsekrierte Hostien aus dem Jahre 1730 sind bis heute weiss und frisch geblieben

Italien 1730

Am Festtage Mariae Himmelfahrt, 15. August 1730, wurde aus dem Hochaltar der St.-Franziskus-Kirche in Siena ein gefülltes Ziborium mit 348 hl. Hostien gestohlen. Nach langem Suchen fand man die entwendeten hl. Gestalten im Almoseneinwurf einer Wandnische der Kirche Santa Maria di Provenza. Glücklich über den Fund, begannen die Franziskaner in der folgenden hl. Messe die wiedererlangten Hostien als Kommunion den Gläubigen auszuteilen. Als sie aber bemerkten, mit welcher Andacht das Volk herbeiströmte, um Jesus Christus in den profanierten hl. Gestalten Abbitte und Sühne zu leisten, entschlossen sie sich die restlichen 223 Hostien noch einige Zeit lang aufzubewahren. Die Verehrung dieser geraubten und zurückerlangten Hostien nahm jedoch im Laufe der Zeit nicht ab, wie man vermutet hatte, sondern sogar zu. Zur grossen Verwunderung aller blieben sie unerklärlicherweise stets gleich weiss, frisch und unversehrt. Offensichtlich wurden diese, von gottloser Hand erniedrigten heiligen Hostien vom Naturgesetz der Veränderung und des Zerfalls der Materie verschont.

Anno 1780, fünfzig Jahre nach dem sakrilegischen Raub, wurden die aufbewahrten 223 Hostien zum erstenmal gerichtlich untersucht, was im Laufe der Zeit noch mehrmals geschah. Im Jahre 1914 übergab man diese Hostien neuerdings einer kompetenten Studienkommission, welcher berühmte Chemiker und Universitätsprofessoren, wie Giuseppe Toniolo von der Universität Pisa, Prof. Siro Grimaldi und verschiedene andere Gelehrte unter dem Vorsitz des Erzbischofes von Siena angehörten.

Der Erzbischof als einziger anwesender Priester, reichte den Gelehrten eine Hostie nach der andern auf einer Platin-Spachtel zu den verschiedensten chemisch-biologischen Prüfungen. Das einstimmige Hauptergebnis der Untersuchung lautete:

1. Die Hostien sind wirklich hergestellt aus einem Teig, der Stärke enthält, dem wichtigsten Bestandteil ungesäuerten Brotes.

2. Die Hostien befinden sich im Zustand guter Erhaltung.

Diese Feststellungen sind um so auffallender, als der Verschluss der Glaskapsel der Monstranz, darin diese 223 Hostien seit mehr als 200 Jahren aufbewahrt werden, keineswegs luftdicht ist.

Angesichts des grandiosen Naturwunders, das sich seit 200 Jahren in diesen 223 Hostien offenbart, bekehrte sich der berühmte Chemiker Siro Grimaldi, nachdem er dieselben nach neuesten Methoden untersucht hatte. Der Hl. Vater Papst Benedikt XV., sprach gerne von diesem aussergewöhnlichen Hostienwunder von Siena.

(Quelle: Ettore Cerato, Realta o chimera il soprannaturale? Edizione Paoline, Modena. Idilio dell'Era, La conservazione prodigiosa die Sacre Particule in Siena; diese Schrift wurde den Konzilsvätern bei der 2. Sitzung des II. Vatikanischen Konzils in Rom gereicht.)

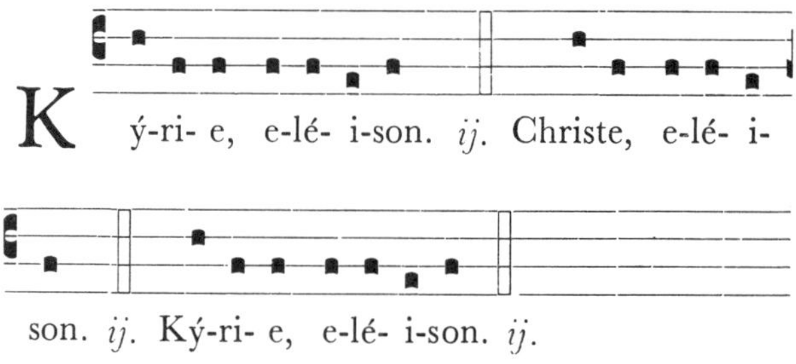

Das Wandlungswunder auf dem Cebreropass

Spanien, 13. Jahrhundert

Als im 9. Jahrhundert das Grab des hl. Apostels Jakobus d. Ä. im nordwestlichen Spanien aufgefunden wurde, begannen viele tapfere Christen aus ganz Europa nach Santiago da Compostela zu pilgern. Oft mussten sie wochen- und monatelang unterwegs sein. Daher stifteten wohltätige Grundbesitzer an wichtigen Punkten der St.-Jakobs-Strasse Kapellen, Lazarette und Herbergen, wo den Wallfahrern unentgeltlich Aufnahme und Pflege zuteil wurde. Auch droben auf der 1300 Meter ü. M. gelegenen Passhöhe des „Cebrero" gründete ein französischer Schlossherr, namens Giraldo de Aurillac, bereits im 9. Jahrhundert, 4 Tagesmärsche von Santiago entfernt, eine Benediktinerabtei mit Pilgerhospiz und Spital. Diese karitative Stätte wurde Tausenden von Wallfahrern, aber auch den Bauern und Hirten der Umgebung zum Segen. Als dann im 19. Jahrhundert Eisenbahnen entstanden, vereinsamte manche Pilgerstrasse und manches Hospiz.

Doch die Benediktinerkirche auf dem Cebreropass blieb dank eines ausserordentlichen Wunders, das dort im 13. Jahrhundert geschah, bis heute berühmt. Das Wunder ist geschichtlich beglaubigt durch den Benediktinerchronisten Pater Yepes und zwei Päpstliche Bullen.

Im Weiler Baja Mayor, am Abhang des Cebrero, wohnte im 13. Jahrhundert ein Untertane des Benediktinerpriorates, der sich durch seinen Eifer im täglichen Besuch der hl. Messe auszeichnete. Weder Kälte, noch Hitze vermochten ihn vom Kirchgang abzuhalten. An einem sehr strengen Wintertage, da das ganze Kloster, Berg und Pass, Weg und Steg tief verschneit waren, feierte der Klosterkaplan das hl. Messopfer, während draussen der Sturm heulte. Als der Priester bereits die hl. Wandlungsworte gesprochen und dadurch das Brot in den wahren Leib Christi und den Wein in das wahre Blut Christi verwandelt hatte, hörte er überrascht, dass jemand die Kirche betrat. Es war der fromme Bauer von Baja Mayor, der sich trotz wilden Schneegestöbers bis zum Gotteshause durchgekämpft hatte, um seinem im heiligen Messopfer gegenwärtigen Erlöser die schuldige Ehre zu geben. Statt sich über diesen vorbildlichen Eifer zu freuen, hielt der Priester solchen Opfermut für übertrieben und sagte ärgerlich zu sich selber:

„Wahrlich ein Narr, wer bei solchem Unwetter daherkommt, nur um ein wenig Brot und Wein zu sehen!"

Kaum aber hatte der skeptische Mönch diese Worte ausgesprochen, da verwandelte sich vor seinen erschrockenen Augen die Brotgestalt der hl. Hostie sichtbar in Fleisch und die Gestalt des Weines sichtbar in Blut!

Mit diesem erhabenen Wunder wollte der göttliche Heiland offenbar den eucharistischen Glauben des Landmannes gutheissen und den stolzen, priesterlichen Zweifler bekehren. Dieses Wunder wurde von den St.-Jakobs-Pilgern überall bekanntgemacht. Unzählige Seelen wurden dadurch im Glauben an die wahrhaftige Gegenwart des Leibes und Blutes Christi im allerheiligsten Altarssakrament bestärkt.

Die zu Fleisch gewordene hl. Hostie blieb mehr als 200 Jahre lang auf derselben Patene und der zu Blut geronnene Wein in demselben Kelch, worin sich das Wunder vollzogen hatte, bis dann gegen Ende des 15. Jahrhunderts die spanischen Monarchen Isabel, die „Katholische" und ihr Gemahl, Fernando von Kastilien, die Abtei auf dem Cebreropass besuchten und dort übernachteten. Andächtig verehrten sie die hl. Reliquien des Wunders. Und ehe das königliche Paar mit seinem Gefolge weiter nach Santiago da Compostela pilgerte, schenkte es den Benediktinern einen kostbaren Reliquienschrein, um darin die fleischgewordene Hostie und das anbetungswürdige Blut in gesonderten Gefässen würdig aufzubewahren.

Pater Yepes O.S.B., der Klosterchronist, schrieb zu Beginn des 17. Jahrhunderts: „Ich habe, obwohl dessen unwürdig, die beiden Gegenstände des Wunders selber gesehen und angebetet. Ich betrachtete die beiden Reliquiengefässe. In der einen Ampulle befand sich das kaum eingetrocknete, blutrote Blut . . . und in der andern Ampulle das aus der heiligen Hostie gewordene Fleisch, welches zwar eingetrocknet, aber noch rot ist."

Das hochheilige Antlitz Christi in der hl. Hostie

Reunion-Inseln (Ind. Ozean, 1902)

Pater Lacombe, Pfarrer von St. Andreas auf den Inseln Reunion im Indischen Ozean, erzählte im Juli 1904 bei seinem Besuche in Frankreich öffentlich vor Priestern und Laien ein eucharistisches Wunder, welches sich in seiner Gegenwart zugetragen hatte.

Am 26. Januar 1902, am Sonntag Septuagesima, wurde in der St.-Andreas-Kirche das Fest der Ewigen Anbetung gefeiert. Pater Lacombe zelebrierte um 8 Uhr morgens vor ausgesetztem Allerheiligsten die hl. Messe für die zahlreich anwesenden Bruderschafts-Mitglieder.

Als er bei der Opferung den Blick auf die Monstranz richtete, gewahrte er anstelle der hl. Hostie ein bleiches, ergreifend trauriges männliches Antlitz mit gesenkten Augen, umgeben von einem Strahlenkranz. Diese Erscheinung konnte er die ganze hl. Messe hindurch beobachten.

Am Schlusse des Gottesdienstes in die Sakristei zurückgekehrt, schickte er, um sich zu vergewissern, dass er nicht das Opfer einer Sinnestäuschung sei, einige ältere Ministranten an den Altar, mit dem Auftrage, die Monstranz zu besichtigen. Dieselben kehrten alsbald in die Sakristei zurück mit der Meldung, in der hl. Hostie das Antlitz eines Mannes gesehen zu haben. Ebenso beteuerte dies ein Jüngling, der später hinzutrat. Als nach einiger Zeit mehrere Klosterfrauen zur Anbetung des Allerheiligsten eintrafen, machten auch sie den Pfarrer auf das Wunder aufmerksam, das in der hl. Hostie vor sich gehe.

Rasch verbreitete sich die aussergewöhnliche Kunde und zahlreich eilten Gläubige und Ungläubige herbei. In der Kirche war ein ständiges Kommen und Gehen. Alle wollten das göttliche Antlitz sehen, doch nicht allen zeigte sich die Erscheinung. Zu den Bevorzugten gehörten unschuldige Kinder und grosse Sünder.

Manche Erwachsene konnten zuerst nichts Aussergewöhnliches wahrnehmen, sobald sie aber eine Weile das allerheiligste Altarssakrament angebetet hatten, zeigte sich auch ihnen das ergreifende Antlitz Christi.

Viele näherten sich dem Hochaltar, um das Wunder besser beobachten zu können. Und sonderbar: die Erscheinung war auch hinter der Monstranz zu erkennen. Vorn, hinten und von den Seiten her vermochte man das Antlitz des Erlösers gleich deutlich zu sehen. Als man das elektrische Licht ausschaltete, die Kerzen löschte und den Kirchenraum immer mehr verdunkelte, desto leuchtender erstrahlte das hochheilige Antlitz.

Sogar der Bürgermeister besuchte mit seinen beiden Töchterchen das Gotteshaus und wurde Augenzeuge des Wunders. Es gab Leute, die Vergrösserungsgläser mitgenommen hatten, um das Wunder besser sehen zu können. Sie sahen zwar die Umgebung des Hochaltares vergrössert, jedoch das wunderbare Antlitz Christi weniger gut als von blossem Auge. Auffallend war auch, dass alle heidnischen Eingeborenen der Insel, die aus Neugierde herbeieilten, ausnahmslos sofort die Erscheinung zu sehen vermochten. Sie brauchten nur das katholische Gotteshaus zu betreten und schon zeigte sich ihnen das göttliche Antlitz im hochheiligen Sakrament des Altares ...

Etwa 10.000 Personen besuchten an jenem Festtage der Ewigen Anbetung die St.-Andreas-Kirche. Hunderte von Unterschriften bezeugen die Echtheit des Ereignisses. Das Wunder weckte in weiten Volkskreisen grosse Sympathie für den katholischen Glauben. Diese gute Wirkung suchten leider die Freimaurer zu zerstören, indem sie verbreiteten: „Alles ist lediglich eine Liste der Geistlichkeit, die wegen der Laizierung der Schulen unzufrieden ist."

Gegen 2 Uhr nachmittags war innerhalb der Monstranz eine seltsame Veränderung zu beobachten. Das leuchtende Antlitz Jesu verschwand vollkommen, um einer anderen wunderbaren Erscheinung Platz zu machen. Im Mittelpunkt der hl. Hostie zeigte sich nunmehr dem staunenden Volke ein erhabenes Kreuz, das 2–3 cm oben und unten über die Umrandung der hl. Hostie hinausragte. Mehrere mit Augenleiden behaftete Personen, die sich hinten in der Kirche befanden, versicherten, dieses Kruzifix deutlich sehen zu können, obwohl die Kirche 50 m lang ist und diese Leute an gewöhnlichen Tagen nicht imstande waren, irgendeinen Gegenstand auf dem Altare zu erkennen.

Die eucharistische Erscheinung von St. Andreas dauerte bis nachmittags 3 Uhr und verschwand, als man das Tantum ergo zur Segensandacht sang.

Ausser dem Zeugnis des Pater Lacombe liegen zahlreiche Atteste anderer Augenzeugen vor, die vollkommen mit seinen Aussagen übereinstimmen. Darunter befinden sich mehrere Bestätigungen dieses eucharistischen Wunders durch Ungläubige.

(Quelle: Ettore Cerato, Realta o chimera il soprannaturale? Edizione Paoline, Modena.)

Ein ehemaliger Protestant starb für das allerheiligste Sakrament

Italien, 19. Jahrhundert

Baron Arthur S., Sohn eines reichen deutschen Gutsbesitzers, bereiste im letzten Jahrhundert Italien, um Land und Leute kennenzulernen. An einem Fronleichnamsfeste gelangte er nach Livorno und staunte über die Pracht, mit welcher das allerheiligste Sakrament des Altares gefeiert wurde.

Die ganze Stadt war mit Flaggen und Girlanden geschmückt. Freudig jubelten die Glocken in den lichten Sonnenglanz hinein. Von allen Erkern und Fenstern grüssten Blumen und brennende Kerzen.

Der Erzbischof von Livorno schritt unter feierlichem Baldachin mit der goldenen Monstranz inmitten der Prozession. Ergriffen beteten Tausende von Zuschauern die hl. Hostie an. Nur der junge Baron Arthur S. blieb stolz erhobenen Hauptes stehen und blickte spöttisch auf die Katholiken herab, die niederknieten, als der göttliche Heiland in Hostiengestalt an ihnen vorüberzog. Doch plötzlich veränderten sich die Gesichtszüge des selbstbewussten Adeligen. Der Spott wich tiefer Erregung und alsbald sank auch er in die Knie, während Tränen über sein Antlitz niederstürzten.

Was war geschehen? Was hatte Baron Arthur plötzlich in die Knie gezwungen?

Er selber erzählte seinen erstaunten Freunden sein wunderbares Erlebnis:

„Während ich ungläubigen Sinnes die weisse Hostie in der Mitte der Monstranz betrachtete, erblickte ich darin plötzlich den göttlichen Heiland, der mir einen unsäglich sanften und zugleich betrübten Blick des Vorwurfs zuwarf. Im selben Augenblicke fühlte ich eine unbeschreibliche Regung in mei-

nem Innern. Vollkommen überzeugt von der wirklichen Gegenwart Jesu Christi in der heiligen Hostie kniete ich nieder und betete Ihn an!"

Gottes Gnade hatte den stolzen Ungläubigen ähnlich in die Knie gezwungen wie einst den eingebildeten Saulus auf dem Wege nach Damaskus. Baron Arthur wurde durch dieses eucharistische Wunder bekehrt. Er bat um die hl. Taufe und später sogar um Aufnahme in den Jesuitenorden, dem er durch sein heiligmässiges Leben zu grosser Zierde gereichte.

Seit jener gnadenreichen Fronleichnamsprozession zeichnete sich Baron Arthur stets durch eine innige Andacht zur hochheiligen Eucharistie aus. Manche Stunde des Tages und der Nacht verbrachte er vor dem Tabernakel. Oft bot er dem eucharistischen Heiland sein Leben an als Sühnopfer für die Kälte, Lauheit, Beleidigungen und Sakrilegien, die ihm im Sakramente der Liebe widerfahren. Dieses heroische Sühneangebot nahm Gott wohlgefällig an. Der ehemalige Protestant durfte ein Märtyrer der Eucharistie werden ...

Es war zur Osterzeit, als die Obern den guten Jesuitenpater Arthur S. als Aushilfe zu einem alten Geistlichen in die Sabinerberge sandten. Damals war jene Gegend als Versteck verwegener Räuberbanden berüchtigt.

Eines Abends spät wurde der Pfarrherr zu einem Kranken gerufen. Pater Arthur erwartete, an einem Fenster des Pfarrhauses stehend, dessen Rückkehr. Seine Blicke streiften bewundernd den herrlichen Sternenhimmel und richteten sich dann betend zum Hochaltar hinüber, der durch ein offenes Kirchenfenster sichtbar war. Da schien ihm plötzlich, als seien dunkle Gestalten im Scheine des ewigen Lichtes zum Hochaltar hinauf geschlichen. Unsäglicher Schrecken bemächtigte sich des stillen Beobachters, und rasch entschlossen eilte er zum Gotteshause hinüber, um Nachschau zu halten. Durch das offene Portal gewahrte er zwei Diebe, die sich bemühten, den Tabernakel aufzubrechen, um die goldenen Gefässe zu rauben. Einen kurzen Augenblick überlegte Pater Arthur, ob er mit einer der Eisenstangen, die neben dem Turme lagen, auf die Banditen losgehen solle. Doch er verzichtete grossmütig auf jede Selbstverteidigung im edlen Gedanken, dass eine geweihte Hand, die das Brot des Lebens austeilt, sich gegen keinen Sünder erheben soll.

Unbemerkt vermochte er im dunkeln Kirchenschiff sich dem Altare zu nähern. Als er dicht hinter den eifrig beschäftigten Verbrechern stand, gelang es ihm, dank seines hohen Wuchses, mit einem einzigen Sprunge den hostiengefüllten Speisekelch aus dem aufgebrochenen Tabernakel an sich zu reissen. Vollkommen überrascht machten sich die Räuber davon. Doch, da sie bemerkt hatten, dass der Priester ganz allein und unbewaffnet war, kehrten sie alsbald zurück. Wütend warfen sie sich auf den Wehrlosen, um ihm das Ziborium wieder zu entreissen. Erbarmungslose Schläge prasselten auf den armen Ordensmann nieder, der tief über den Altartisch gebeugt, das Allerheiligste an seine Brust drückte, um es vor den sakrilegischen Händen zu schützen. Da zog einer der Banditen seine Pistole und zielte auf den bluttiggeschlagenen, standhaften Helden.

Von einem tödlichen Kopfschuss getroffen, sank Pater Arthur mit dem Aufschrei „Herr, eile mir zu helfen!" an den Stufen des Altares nieder.

Im selben Augenblicke betrat der Pfarrherr mit dem Sakristan und zwei weiteren Begleitern das Gotteshaus. Jetzt erst liessen die Banditen von ihrem Opfer ab und entflohen in der Finsternis.

Als die Heimgekehrten zum Altare eilten, fanden sie den Aushilfsgeistlichen, den sie vor einer Stunde gesund verlassen hatten, schwerverwundet in seinem Blute liegend. Seine bleichen Hände aber drückten immer noch den Speisekelch mit den unversehrten heiligen Hostien ans sterbende Herz. Glückliches Lächeln verklärte seine Züge, als er mit letzter

Kraft den geretteten eucharistischen Schatz dem Pfarrherrn überreichen konnte. Eiligst wollte man ärztliche Hilfe holen. Pater Arthur aber bat einzig um die hl. Wegzehrung.

Wie ein blutiges Sühneopfer vor dem Altare liegend, empfing der ehemalige protestantische Baron Arthur S. zum letztenmal die hochheilige Hostie, aus welcher ihn einst der gute Hirte liebevoll mahnend angeblickt, zum katholischen Glauben bekehrt und zum erhabenen Priesteramte berufen hatte.

(Nach Millet, „Trésor d'histoire", Paris)

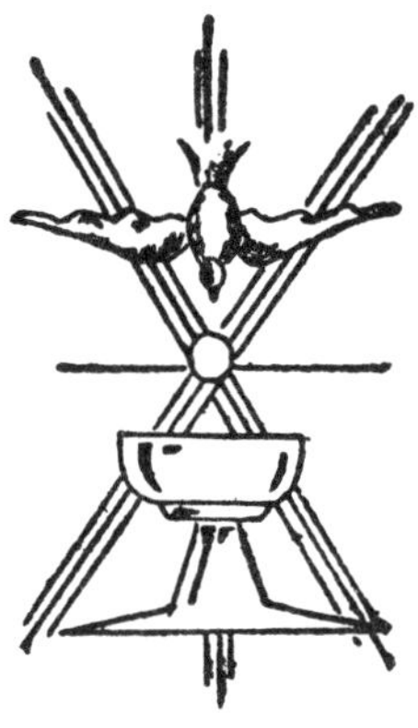

Die blutige Hostie von Bois-Seigneur-Isaac

Belgien 1405

Das eucharistische Blutwunder von Bois-Seigneur-Isaac bei Nivelles erregte im Jahre 1405 grosses Aufsehen in ganz Europa. Es begann mit drei geheimnisvollen Visionen des Freiherrn Jean du Bois, auch Johann von Huldenberghe genannt.

Erste Erscheinung

Am Dienstag vor dem Pfingstfest 1405 wurde dieser gottesfürchtige Erbe seiner frommen Ahnen auf dem Rittergute Bois-Seigneur-Isaac, von einer unbekannten Stimme gegen Mitternacht aus dem Schlafe geweckt. Vor seinem Lager stand ein etwa dreissigjähriger Mann, strahlender als das Sonnenlicht, angetan mit einem blauen, hermelinbesetzten Mantel. Nachdem Jean du Bois seinen ersten Schrecken über den seltsamen Anblick gemeistert, frug er den Fremdling, was er wünsche. Da schlug dieser seinen Mantel auseinander und zeigte auf furchtbare, blutende Wunden hin, die seinen ganzen Körper bedeckten.

„Schau da, wie grausam man mich misshandelt hat! Hab' Erbarmen mit mir und besorge mit einen Arzt, der mich heilt und mir Gerechtigkeit widerfahren lässt!"

Der geheimnisvolle Verwundete war niemand anders als Jesus Christus, von welchem schon der Prophet Isaias, Kap. LIII, 5 prophezeite: Um unserer Sünden willen wurde er durchstochen und niedergetreten wegen unserer Verbrechen!

Die Augen des Ritters Jean aber waren gebunden, wie einst die Augen der Emausjünger, so dass er seinen göttlichen Erlöser nicht erkannte. Er ahnte nicht im geringsten, dass er eine himmlische Erscheinung vor sich habe. So sagte er lediglich einige höfliche Worte des Bedauerns, um den nächtlichen Ruhestörer bald loszuwerden:

„Euer beklagenswerter Zustand erregt wirklich mein tiefstes Mitleid. Nur ein ganz hartherziges, unmenschliches Gemüt vermöchte angesichts Eurer Wunden und Leiden ungerührt zu bleiben. Aber leider kenne ich keinen Arzt, der fähig wäre, solch entsetzliche Verletzungen zu heilen. Auch sehe ich mich leider ausserstande, dafür zu sorgen, dass Euch Genugtuung und Sühne erstattet werde für die nach Rache schreiende Unbill, die Euch zugefügt worden, denn ich besitze keine richterliche Gewalt!"

Burgherr Jean stand völlig ratlos da, weil er nur die Worte seines Besuchers, nicht aber deren Sinn erfasste. Der göttliche Erlöser beabsichtigte durch diese Erscheinung, nicht nur den gottesfürchtigen Ritter, sondern das ganze christliche Volk auf seine Wunden und sein bitteres Leiden aufmerksam zu machen, damit alle von Mitleid und Gerechtigkeitssinn erfüllt, sich bessern. Er sehnte sich nach Sühneseelen, die gleich einem Arzte, seine Schmerzen lindern und seine Wunden heilen, indem sie durch Gebet und Busse eigene und fremde Sünden sühnen und Ihm dadurch Genugtuung anbieten für die schweren Beleidigungen, die Ihm täglich zugefügt werden.

Die Erscheinung gab sich daher mit den billigen Ausreden des Burgherrn nicht zufrieden, sondern spornte ihn zu vermehrtem Eifer an:

„Wenn du ernsthaft suchen wolltest, würdest du einen solchen Arzt leicht finden! (Damit war wohl der Ritter selber aufgerufen!) *Sag, wie sollte ich nicht übervoll von Wunden sein, wenn man mir täglich neue zufügt?"*

Darauf zeigte der göttliche Schmerzensmann dem erstaunten Ritter eine besonders breite Wunde in der Herzgegend mit den Worten:

„Komm her zu mir und betrachte diese Seitenwunde genauer, denn sie bereitet mir die ärgsten Schmerzen!"

Jean de Bois brach beim Anblick der offenen Herzwunde, aus welcher sich das Erlöserblut ergoss, in laute Wehrufe aus. Doch der Heiland ermahnte ihn zu tätigerer Liebe, indem er sagte:

„Wenn du mir kein wirksameres Heilmittel als blosse Worte anzubieten verstehst, so lege wenigstens deine Hand auf meine Wunden, um deren Schmerz zu lindern. Tu wenigstens was du kannst, und ich werde mich dir dafür erkenntlich zeigen, bis du imstande sein wirst, mehr für mich zu tun und dann werde ich der Welt verzeihen!"

Zweite Erscheinung

Um nicht verspottet zu werden, verschwieg Jean du Bois sein nächtliches Erlebnis. Doch wie staunte er, als in der folgenden Nacht der Unbekannte wieder an seinem Lager stand und ihm feige Nachlässigkei vorwarf.

„Ich habe dir doch meine Wunden gezeigt und dir meine Leiden und Schmerzen geklagt, damit du Mitleid mit mir habest und einen Arzt für mich suchest, der mich heilen und meine Qualen lindern will. Du aber hast nichts für mich getan! Sollte sich wirklich niemand finden, der bereit ist, sich meiner zu erbarmen und meine Angelegenheit in seine Hand zu nehmen? Wird man meine Wunden verfaulen lassen? Wird man mich zwingen, eine Welt, welche meinen Klagen gegenüber taub bleibt, zu züchtigen?"

Verwirrter denn je, kam es dem guten Seher auch jetzt noch nicht in den Sinn, wer der Unbekannte sein könnte. Aber am folgenden Morgen zog er seine Angehörigen ins Vertrauen. Doch auch sie wussten keinen Rat. Da bat Ritter Jean seinen furchtlosen Bruder, in der folgenden Nacht bei ihm zu bleiben und ihn, falls nötig, zu beschützen. Sorgsam verriegelten die beiden die Kammertür.

Dritte Erscheinung.

Derselbe Schmerzensmann, der sich Dienstag und Mittwoch gezeigt hatte, bat den Gutsbesitzer von Bois-Seigneur-Isaac Donnerstag nachts noch dringlicher um den Beistand eines liebevollen Arztes. Da frug Jean du Bois, während sein Bruder schlief, die Erscheinung naiv nach ihrer Adresse:

„Wohin müsste ich, falls ich wirklich einen Arzt fände, denselben schicken? Ihr seid mir ja ganz unbekannt und ich habe auch keine Ahnung, wo Ihr wohnt!"

Da antwortete der Erlöser voll himmlischer Geduld:

„Nimm den Schlüssel zur Kapelle und gehe hinein. Dort wirst du mich finden und erkennen, wer ich bin!"

Ritter Jean gehorchte in der Ekstase. Da erblickte er über dem Hochaltar der Kapelle Jesus Christus am Kreuze hängend, von grausamen Wunden ganz zerrissen. Aus dessen offener Seitenwunde strömte frisches Blut.

Jetzt erst erkannte Jean du Bois seinen Herrn und Meister und warf sich voll Liebe und Mitleid ihm zu Füssen, wie einst Magdalena. Laute Rufe tiefsten Erbarmens drangen über die Lippen des Sehers und weckten seinen schlafenden Bruder. Als Ritter Jean darnach in seiner Schlafkammer aus der Ekstase zu sich kam, machte er seinem bestürzten Bruder lächelnd Vorwürfe, dass er ihn „so tapfer" bewacht habe. Er berichtete, dass der Erlöser neuerdings geklagt habe, dass er die Welt strafen müsse, wenn sie Ihm nicht mehr Interesse, Liebe und Glauben entgegenbringe. „Und neuerdings wies Er mich auf seine Wunden hin. Aus der Seitenwunde, die ihn am meisten peinigte, schoss eine Quell seines kostbaren Blutes hervor ... Morgen früh, lieber Bruder, werden wir Ihn aufs neue auf dem Altare sterben sehen!"

Die hl. Messe des Pfarrherrn Peter Ost, am Freitag vor Pfingsten 1405

Nachdem Ritter Jean du Bois die dritte und letzte Vision geschaut, wurde nicht mehr er, sondern sein Seelsorger, Pfarrer Pierre Ost von Haut-Ittre, wozu auch der Weiler Bois-Seigneur-Isaac gehörte, aus dem Schlafe geschreckt.

„Sire Pierre, steh auf und geh unverzüglich nach Bois-Seugneur-Isaac, um dort die Votiv-Messe vom hl. Kreuze zu feiern!"

Der Befehl klang klar und bestimmt. Obwohl Pfarrer Ost an diesem Tage ein Jahresgedächtnis in seiner Pfarrkirche in Ittre halten wollte, wagte er nicht, sich dem geheimnisvollen Anruf zu widersetzen. Mit seinem alten Mesner eilte er durch den Wald nach Bois-Seigneur-Isaac. Auf das Glockenzeichen kamen rasch einige Gläubige herbei. Darunter auch der fromme Ritter Jean, der vor wenigen Stunden im Traume den blutenden Gekreuzigten über dem Hochaltar geschaut hatte.

Ein blutender Hostienpartikel rötet das Corporale

Zu Beginn der hl. Messe breitete Pfarrer Ost, nach damaligem liturgischem Brauch, das Corporale nur der Länge nach auf dem Altare aus. Seine Züge waren so ernst und seine Andacht so ungewöhnlich, dass es den Gläubigen sofort auffiel. Er musste immer wieder an die geheimnisvolle Stimme denken, die ihn ans Zelebrieren gemahnt hatte! Jetzt, da er bei der Opferung des Kelches angelangt war, faltete er das Corporale vollständig auseinander und bemerkte darin einen Hostienpartikel, etwa den achten Teil der grossen Hostie, die er bei seiner hl. Messe am letzten Dienstag nachlässig übersehen und im Corporale liegengelassen hatte. Am selben

Dienstag aber hatte sich der Erlöser so herzergreifend bei Jean de Bois, über die gleichgültige Menschheit beklagt, die ihm so viele Wunden beibringe! Doch Pfarrer Ost hatte hievon keine Kenntnis. Er bemühte sich jetzt lediglich, in aller Stille den konsekrierten Hostienteil vom Corporale wegzuheben, um ihn dann bei der hl. Kommunion, zusammen mit der neuen Hostie, zu geniessen. Doch alle seine Bemühungen waren umsonst. Der Partikel schien Widerstand zu leisten und blieb am Corporale haften. Verwundert betrachtete Pfarrer Ost diesen Hostienteil und bemerkte zu seiner unsäglichen Bestürzung, dass Blutstropfen daraus zu sickern begannen und das Corporale röteten. Der Geistliche erbleichte, begann zu zittern und war einer Ohnmacht nahe. Der Mesner bemerkte es und winkte rasch Ritter Jean an den Altar. Dieser sah das Blutwunder und begriff sogleich den Zusammenhang mit den Klagen des Erlösers. Mitleidig flüsterte er dem Zelebranten zu: „Hochwürden, erschrecken Sie nicht! Dieses Wunder kommt von Gott! Haben Sie Vertrauen! Gott wird uns seinen Willen kundtun!"

Durch diese Worte ermutigt, wagte Pfarrer Ost, das Messopfer vom hl. Kreuze fortzusetzen. Nie zuvor hatte er mit so tiefer Ehrfurcht die hl. Geheimnisse gefeiert. Immer wieder wanderten seine Blicke zum Hostienpartikel, der nicht aufhörte zu bluten.

Nach der hl. Messe zeigte Pfarrer Ost allen Anwesenden den Hostienpartikel, dessen Blutstropfen durch das Kelchtüchlein sickerten und sich nach und nach eine Fingerdicke hoch und drei Finger breit unter dem Partikel ausbreiteten, ohne dessen strahlende Weisse zu verändern. Fünf Tage lang, vom Freitag vor Pfingsten bis Dienstag nach Pfingsten, blutete die Hostie, so dass tausende Gläubige herbeieilten und sie sehen konnten. Dieses wunderbare Blut begann erst nach dem hl. Fronleichnamsfest einzutrocknen.

(Quelle: Histoire du Sanctuaire de Bois-Seigneur-Isaac, Nivelles, Belgien.)

Das weltberühmte Mirakel von Amsterdam

Holland 1345

Am 13. März 1945 feierten die niederländischen Katholiken den 600. Jahrestag jenes Hostienwunders, dem sie Aufstieg und Wohlstand ihrer schönsten Stadt zuschreiben.

Im 14. Jahrhundert war Amsterdam lediglich ein unbedeutendes Fischerdorf. Nur vier Strassen und ein paar Gässchen mit bescheidenen Fischerhütten und einem einzigen grösseren Gebäude, in welchem die Beguinen-Klosterfrauen wohnten, bildeten das ganze damalige Dorf Amsterdam.

Am 13. März 1345 wurde dieser schlichte Ort durch ein grosses eucharistisches Wunder weit über Holland hinaus bekannt und Ziel vieler Wallfahrer, die Arbeit und Wohlstand brachten.

An jenem bedeutungsvollen Tage war ein Priester zu einem sterbenden Fischer gerufen worden. Er hörte ihn Beicht und reichte ihm die hl. Wegzehrung. Kaum aber war der Geistliche weggegangen, wurde der Kranke von so heftigem Hustenreiz befallen, dass er ausspeien musste. Seine Gattin warf den Auswurf samt der sich darin befindlichen, noch ganzen, heiligen Hostie kurzerhand ins Herdfeuer. Erst am folgenden Morgen, als sie die restlichen glühenden Kohlen zusammenschüren wollte, wurde ihr bewusst, wie ehrfurchtslos sie mit der heiligen Hostie umgegangen war, denn dieselbe schwebte makellos weiss und unversehrt, von strahlendem Lichtglanz umgeben, wunderbar über den Gluten. Das Feuer hatte die hochheilige Brotgestalt nicht zu vernichten, ja nicht einmal zu schwärzen vermocht.

Tieferschüttert kniete die Frau nieder und betete die hl. Hostie an. Dann nahm sie dieselbe aus dem Herde, ungeachtet des Feuers, das an ihren Armen zwar emporzüngelte, ihr jedoch keine Wunde beibrachte. Voller Ehrfurcht legte sie die hl. Hostie auf reines Linnen in ihre Wäschetruhe.

Eilends suchte sie nun den Priester auf, der ihren Gatten versehen hatte und berichtete ihm alles. Nachdenklich befahl ihr der kluge Seelsorger strenge zu schweigen, damit kein Gerede und kein Aufsehen entstehe. In aller Stille trug er die wunderbare, heilige Hostie ins Gotteshaus zurück.

Am folgenden Tage aber fand die Frau, zu ihrem unsäglichen Schrecken die Hostie neuerdings in ihrer Wäschetruhe. Jetzt erst wurde es dem Seelsorger klar, dass dieses offensichtliche Wunder nicht verschwiegen werden dürfe, sondern öffentlich bekanntgemacht werden müsse zur grösseren Ehre Gottes und zur Stärkung des Glaubens vieler Seelen.

Der Pfarrherr gab nun seinen geistlichen Mitbrüdern und Pfarrkindern das wunderbare Ereignis bekannt, und alsbald strömten die Leute aus der ganzen Umgegend herbei. In feierlicher Prozession, mit wehenden Fahnen und brennenden Kerzen, betend und singend, zogen Priester und Volk mit der wunderbaren hl. Hostie in die St.-Nikolaus-Kirche von Amsterdam.

Die kirchliche Obrigkeit eröffnete darnach sogleich eine strenge Untersuchung, die mehrere Monate lang dauerte. In einem Hirtenbriefe verkündete schliesslich der Bischof von Utrecht, dass dieses ausserordentliche Ereignis vollkommen der Wahrheit entspreche und er deshalb gerne die Erlaubnis erteile, dieses von Gott gewirkte eucharistische Wunder überall kundzutun.

Die fromme Amsterdamer Bevölkerung aber beschloss sogleich, jene armselige Wohnstätte in eine Kapelle zu verwandeln. Der Feuerherd, in dessen Flammen die hl. Hostie so manche Stunde unversehrt geblieben, wurde nicht entfernt, sondern an Ort und Stelle in der Kapelle belassen.

Und hundert Jahre später liess Gottes Güte in jener Kapelle ein neues Wunder zu, um dadurch gleichsam das frühere Wunder zu bestätigen. Am 24. Mai 1452 wurde Amsterdam von einer so gewaltigen Feuersbrunst heimgesucht, dass nahezu die ganze damalige Stadt zerstört wurde. Als der Riesenbrand die Sakramentskapelle bedrohte, beschlossen einige mutige Männer, den Tabernakel aufzubrechen, um die wunderbare Hostie, welche darin in einer kostbaren Monstranz aufbewahrt wurde, zu retten. Doch alle ihre Bemühungen blieben erfolglos. Ihre Werkzeuge zerbrachen wie Zündhölzer. Von den eindringenden Flammen bedroht, mussten die tapfern Männer fliehen. Die hölzerne Kapelle und der Tabernakel wurden vom wütenden Feuer zerstört.

Doch welch unbeschreibliche Freude für die schwergeprüften Katholiken, als sie nach dem Brande die hochverehrte, hundert Jahre alte, wunderbare Hostie unversehrt in der Aschenglut fanden. Auch die Monstranz und sogar der seidene Schleier, der sie umgab, waren vollständig intakt geblieben.

Zahllose Prozessionen und Wallfahrten zogen zur heiligen Stätte, bis im Jahre 1578 der Calvinismus in Holland eindrang und alle katholischen Kundgebungen verbot. Niemals aber gelang es, die Verehrung der wunderbaren heiligen Hostie ganz aus dem Herzen des niederländischen Volkes zu reissen. Als die ersten Glaubensverfolgungen vorüber waren, wurden erneut Feierlichkeiten zu Ehren des hochheiligsten Altarssakramentes gehalten. Vorerst zwar nur im stillen. Im Jahre 1645 aber wurde die 300-Jahr-Feier des Wunders mit vollem Glanze durchgeführt. Sogar während der blutigen Besetzung Hollands durch Hitler-Truppen im Zweiten Weltkrieg gab es stets Katholiken, die am Jahrestag des eucharistischen Wunders es wagten, allein nachts in stillem Gebete den uralten, traditionellen Weg der Sühneprozession „zur hl. Stätte" zu gehen.

Heute aber, nach dem Zweiten Weltkriege, wallfahrtet wieder Katholisch-Amsterdam öffentlich bittend und dankend alljährlich hin zur wunderbaren, hochheiligen Hostie!

Die hl. Kommunion ist die wunderbare Speise der Seele, die sie stärkt gegen alle Versuchungen und Gefahren und sie bewahrt zum ewigen Leben. Aber auch am Leibe mancher Heiligen hat die öftere hl. Kommunion Wunderdinge vollbracht, so dass sie jahrelang ohne jede andere Speise bei voller körperlicher Kraft blieben, wie z. B. der hl. Schweizerbauer Nikolaus von Flüe, die sel. Elisabeth Bona von Reute bei Waldsee, sowie in neuerer Zeit Theresia Neumann von Konnersreuth und Kapuzinerpater Pio von Pietralcina.

Heilige Hostien inmitten einer Schafherde

Deutschland 1516

Als sich der greise Pfarrherr von Rellinghausen bei Köln am 25. Juli 1516 zur Frühmesse begab, bemerkte er zu seinem grossen Schrecken, dass der Tabernakel aufgebrochen worden war. Diebische Hände hatten die geweihten Gefässe samt den hochheiligen Hostien geraubt. Noch nie war in jener gottesfürchtigen Gegend ein solch sakrilegischer Frevel vorgekommen.

Gross war die Betrübnis der Geistlichkeit und des ganzen Volkes. Die Leute eilten ins Gotteshaus, beteten und weinten und baten Gott innig um Verzeihung für die Ihm angetane schwere Beleidigung. Zugleich baten alle vertrauensvoll um einen Hinweis oder ein Zeichen, um das gestohlene hochwürdigste Gut recht bald auffinden und mit allen Ehren in die Kirche zurücktragen zu können.

Das gemeinsame Gebet fand wunderbare Erhörung. Schon am folgenden Morgen, am 26. Juli 1516, kam ein junger Schäfer eilig in den Pfarrhof gelaufen und meldete, dass er die hl. Hostien gefunden habe. Er hatte in aller Frühe seine Herde auf eine abgelegene Weide getrieben und dabei staunend bemerkt, wie sich alle Tiere sogleich um ein Gebüsch scharten und auf ihre Knie niederliessen. Weder durch Lockrufe, noch durch Schläge liessen sich die sonst so sanften Schafe weitertreiben. Als der staunende Hirte das Gebüsch näher untersuchte, entdeckte er die heiligen Hostien, welche der gottlose Dieb tags zuvor dort hineingeworfen hatte.

Sogleich folgte der Pfarrherr mit allem Volke dem Hirtenbuben hinaus auf die Weide, wo die Schäflein immer noch ehrfürchtig ihren Schöpfer umringten.

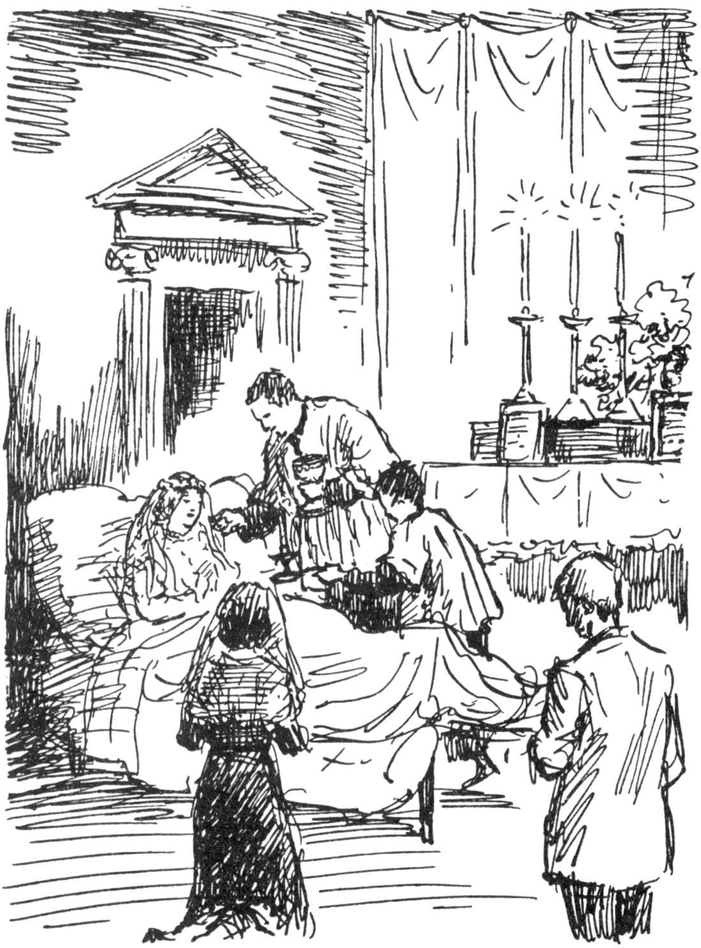

Durch die hl. Erstkommunion plötzlich geheilt

Frankreich 1860

Ich selber – so schreibt Mgr. de Segur – kannte ein verunglücktes Mädchen namens Denise, welches am 20. September 1860 durch das allerheiligste Altarssakrament geheilt wurde.

Die kleine Denise war während der Turnstunde in der Schule so unglücklich von einem Eisengerät gefallen, dass sie eine lebensgefährliche Kopfwunde und andere Verletzungen davontrug. Umsonst versuchten die Ärzte ihr zu helfen. Ihr Zustand verschlimmerte sich von Tag zu Tag. Die schwergeprüften Eltern erhielten den ärztlichen Bescheid, dass die arme Kleine nicht mehr zu retten sei.

Denise hatte sich so sehr auf ihre erste hl. Kommunion gefreut. Jetzt, da der Weisse Sonntag nahte, bat sie die Eltern innig, sie trotz ihrer Schwäche, an der Kommunionfeier in der Pfarrkirche teilnehmen zu lassen, damit sie, wie ihre Mitschülerinnen, den lieben Heiland empfangen könne.

„Bitte, tragt mich in die Kirche und lasst mich kommunizieren! Ihr werdet sehen, dass ich dann bald wieder gesund werde!" bat die Kranke, die keiner Bewegung mehr fähig war.

Arzt und Vater fürchteten zwar, sie könnte infolge ihrer Kopf- und Rückgratverletzungen auf dem Transporte sterben. Die Mutter aber wollte der lieben Kleinen den letzten Wunsch erfüllen. Zuletzt kam man überein, sie im Krankenbett auf einem Wagen in die Kirche zu bringen. Wie ein Engel sah die Schülerin im weissen Kommunionkleid aus. Mit unsagbarer Freude empfing sie zusammen mit ihren Mitschülern und Mitschülerinnen den lieben Heiland. Während der Danksagung bat sie Ihn vertrauensvoll um ihre Heilung. Und plötzlich, noch ehe die hl. Messe zu Ende war, konnte Denise zum freudigen Staunen ihrer Mutter und aller Anwesenden, vom Bette aufstehen und niederknien. Die glückliche Erstkommunikantin war vollkommen geheilt!

Ihr ungläubiger Vater, der nie zur Kirche ging, traute seinen Augen kaum, als sein so schwer verunglücktes Kind ihm nach der Kommunionfeier fröhlich entgegensprang und ihn umarmte. Am folgenden Tag konnte Denise, wie früher, zur zur Schule gehen. Ihr Vater aber glaubte nach diesem Wunder aus ganzem Herzen an die wirkliche Gegenwart Jesu Christi in der hl. Kommunion und bekehrte sich.

Solche plötzliche Krankenheilungen durch die hl. Hostie geschehen sehr häufig in den Wallfahrtsorten Lourdes und Fatima und an andern Pilgerstätten der weiten Welt. Hunderte und Tausende eucharistische Wunder bleiben uns unbekannt, denn kein Buch vermöchte sie zu fassen.

Quelle: Mgr. de Segur, De la communion.

Der Speisekelch von Huesca

Spanien 1648

In der Dämmerung des 30. November 1648 wurde in der spanischen Stadt Huesca frevlerisch der Tabernakel aufgebrochen und der goldene Speisekelch voll geweihter Hostien geraubt. Der Dieb entkam ungesehen.

Frühmorgens erklang, wie alle Tage, hoch im Turm das Aveglöcklein, und aus Palästen und Hütten wurde fromm geantwortet:

Der Engel des Herrn brachte Maria die Botschaft und sie empfing vom Heiligen Geiste. Gegrüsst seist du Maria . . .

Maria sprach: „Siehe, ich bin eine Dienerin des Herrn, mir geschehe nach Deinem Worte." Gegrüsst seist du Maria . . .

Und das Wort ist Fleisch geworden und hat unter uns gewohnt. Gegrüsst seist du Maria . . .

Ehe der Glöckner vom Turme herabstieg, schaute er nach dem Wetter aus. Da gewahrte er auf einem abgelegenen Acker ein seltsames Glitzern und Flimmern, als sprühten Millionen Diamanten ihr feuriges Licht zum Morgenhimmel.

Sinnend stieg der Glöckner in die Sakristei hinab und vernahm dort zu seiner grossen Bestürzung, dass in der Nacht das Ziborium aus dem Tabernakel geraubt worden sei. Ob das sonderbare Leuchten auf dem Acker wohl mit dem Hostienraub zusammenhing? Der Glöckner gab keine Ruhe, bis der Sigrist mit ihm zum Turme hinaufstieg. Und in der Tat. Auch dem Mesner fiel das wunderbare Leuchten auf dem einsamen Felde auf.

Beide Männer beschlossen, sofort miteinander hinauszueilen und an Ort und Stelle nachzusehen. Staunend bemerkten sie, dass die auffallenden Lichtstrahlen aus einem Misthaufen hervorbrachen. Nachgrabend stiessen sie in wenigen Minuten auf den gestohlenen Speisekelch mit den hochheiligen Hostien.

Mit unsäglicher Freude eilten sie zur Kirche zurück und benachrichtigten den Pfarrherrn von ihrem Funde. Wie ein Lauffeuer verbreitete sich die tröstliche Nachricht. In Scharen lief das Volk hinaus auf den einsamen Acker. Tief ergriffen begleiteten alle das von elender Frevlerhand so schmählich behandelte hochwürdigste Gut zurück ins Gotteshaus.

Die Domherren gelobten auf ewige Zeiten, jeweils am 30. November ein feierliches Hochamt und Vesper zu halten, dabei das Allerheiligste auszusetzen und ein Te Deum zu singen zur Sühne für das eucharistische Verbrechen und zum Danke für das glückliche Wiederfinden der hochheiligen Hostien. Am Fundort selber errichteten die frommen Bürger von Huesca eine prächtige Gedächtniskapelle.

(Quelle: „Ceremonial Oscense" des Domherrn Dr. Novellas.)

Schönster Herr Jesus, Schöpfer aller Dinge,
Gottes und Mariens Sohn,
Dich will ich lieben, Dich will ich ehren,
Meiner Seele Freud und Wonn.

Alle die Schönheit Himmels und der Erden
Ist gefasst in Dir allein;
Nichts soll hienieden lieber mir werden
als Du, liebster Jesus mein.

Du bist wahrhaftig, Jesus, hier zugegen
Im hochheiligen Sakrament,
Schenke, ich bitt' Dich, mir Deinen Segen
Jetzt und einst an meinem End!

Mit dem entweihten Messkelch in der Hand, vom Tode überrascht

Italien 1793

Die Französische Revolution war eine Zeit mannigfacher Verbrechen. Mord und Diebstahl, Niederbrennen und Plünderung der Gotteshäuser, Verfolgung der Gläubigen schien manchen eine Heldentat. Die Gottlosigkeit machte keinen Halt an den französischen Grenzen, sondern hatte sehr nachteilige Wirkungen auf viele benachbarte Länder.

In der Schreckenszeit des Jahres 1793 zog ein französisches Regiment durch ein italienisches Dorf, als ein furchtbarer Sturm wütete. Bäume wurden entwurzelt und Dächer abgedeckt. Es regnete in Strömen. Völlig durchnässt drang ein Trupp Soldaten in die alte Dorfkirche ein, um Schutz zu suchen vor den tobenden Elementen. Fluchend und schreiend liessen sich die Revolutionäre im geweihten Raume nieder und warfen Waffen und Gepäck neben sich zu Boden. Ihnen galt die Kirche gerade so viel, wie jedes andere Lokal. Jedermann hätte ihnen gewiss eine Ruhepause gerne gegönnt, wenn sie dem hl. Ort die schuldige Ehrfurcht entgegengebracht hätten. Doch, welch lautes Fluchen und Verwünschen!

„Wein her, Wein her!" befahl einer. „Und Becher!" schrie ein anderer. „Ich habe Durst!"

Volle Weinkessel wurden herumgeboten, doch jener, der ein Glas verlangt hatte, war nicht gewillt, lange darauf zu warten. Er sprang fluchend zum Altare hin, riss gewaltsam die Tabernakeltüre auf, ergriff das hostiengefüllte Ziborium und schüttete die geweihten Hostien ehrfurchtslos auf den Kirchenboden. Dann zeigte er seinen gottlosen Kameraden triumphierend den Kelch, aus dem er zu trinken gedachte. Doch kaum tauchte er den Speisekelch in den grossen Weinkessel, um ihn zu füllen, stürzte er vor aller Augen tot zu Boden. Wie einst dem gottlosen, betrunkenen König Balthasar die schreibende Hand an der Wand das Strafgericht Gottes ankündigte, so traf auch diesen Frevler die strafende Hand Gottes für seinen höhnischen Missbrauch eines geweihten, liturgischen Gefässes. Und zum unverkennbaren Zeichen, dass Gott selber die Heiligkeit des geweihten Kirchenraumes und der kirchlichen Geräte geachtet wissen will, blieb dem toten Soldaten das geschändete Ziborium so fest in der erstarrten Faust haften, daß keiner seiner bestürzten, starken Kameraden ihm das hl. Gefäss zu entwinden vermochte. Man mußte den Dorfgeistlichen herbeirufen. Ihm allein gelang es ohne jedeSchwierigkeit, den entweihten Speisekelch der Hand des Toten abzunehmen.

Für alle andern Soldaten war dies eine furchtbare, jedoch sehr heilsame Lehre. Solch plötzliche Strafen verhängt Gott nur selten. Sie sind eigentlich eine Gunst der göttlichen Barmherzigkeit, denn dem gestraften, verstockten Sünder, ist dadurch die Gelegenheit genommen, seine Seele durch weitere schwere Sünden zu belasten. Die Augenzeugen kommen aber dadurch zur notwendigen Besinnung und Besserung.

Unser ganzes Verhalten im Gotteshause soll tiefste Ehrfurcht, festen Glauben und kindliche Liebe zum Ausdruck bringen.

Quelle: „Der Pelikan", Feldkirch 1895.

Der Hostienraub von Lungern und die Sakramentskapelle von Giswil (Kt. OW)

Schweiz 1492

Im Jahre 1492 drangen drei verwegene Diebe nachts in die Pfarrkirche von Lungern ein und stahlen einen mit hochheiligen Hostien gefüllten Kelch und andere Kostbarkeiten. Nach ihrer Freveltat eilten sie in der Finsternis über Bürglen und die Emmetti-Alp den Giswiler Wald hinauf. Dort oben unter den dunklen Tannen glaubten sie sich sicher und schütteten die geweihten Hostien auf den Waldboden.

Dann flohen sie mit ihrem Raubgut weiter über die Giswiler und Schwander-Alpen dem weltbekannten Berg „Pilatus" zu. Nach stundenlangem, anstrengendem Marsche gelangten sie dort zur Alp „Fräkmünd" und ruhten todmüde auf

Die Diebe schütteten die in Lungern gestohlenen Hostien auf den Waldboden.

Die „Sakramentskapelle" am Fundort der geweihten Hostien im „Sakramentswald" von Giswil.

der Bergwiese aus. Nachdem sie ihr Diebesgut unter sich verteilt hatten, schliefen sie ein. Vielleicht träumten sie schon vom klingenden Gewinn, den sie von ihrer sakrilegischen Beute erhofften. Doch, es sollte anders kommen, denn

Einer ist, der alles sieht,
was auch in dunkler Nacht geschieht!

Ein Älpler, der des Weges kam, betrachtete verwundert die verwahrlosten Gesellen. Da sah er aus einem zerrissenen Kittel etwas Goldenes hervorleuchten. Er schöpfte Verdacht und berichtete seine Beobachtungen seinen Kameraden in der nahen Sennhütte. Die starken, braven Männer beschlossen, die Diebe zu stellen. Doch, als sie sich näherten, ergriffen zwei Räuber eiligst die Flucht. Der Dritte aber konnte gefangengenommen und nach Sarnen vor den Richter geführt werden. Er vermochte seinen Gottesraub nicht zu leugnen, denn der goldene Kelch, den er bei sich trug, verriet ihn. Nach seinem Geständnis musste er im Giswiler Wald die Stelle zeigen, wohin sie die hl. Hostien geworfen hatten.

Als bekannt wurde, wo sich das geraubte, hochheiligste Sakrament befand, zog der HH Pfarrer von Lungern sogleich mit allem Volke in den Giswiler Wald hinauf und holte in feierlicher Prozession unter Lobgesängen und Sühnegebeten das hochwürdigste Gut in die Pfarrkirche zurück.

An jener Stelle aber, wo der hochheilige Leib des Herrn mehrere Stunden lang verunehrt und verlassen geruht hatte, entsprang eine kristallklare Quelle, die heute noch fliesst und durstige Wanderer erfrischt. Die frommen Bauern der Umgegend erbauten über diesem Orte ein stimmungsvolles, hölzernes Kirchlein, die sogenannte „Sakramentskapelle". Altehrwürdige Gemälde darin schildern den ganzen Verlauf des Hostienraubes. Der Wald aber, welcher in jener finstern Nacht das Allerheiligste beherbergte, trägt seither den schönsten Namen aller Wälder der Welt; er heisst „Sakramentswald".

Alljährlich, am Montag nach dem 1. Juli-Sonntag, wird dort oben ein frommes und frohes Waldfest mit feierlichem Amt, Predigt und Sakramentenempfang gehalten zur steten Erinnerung an die freudige Wiederauffindung der geraubten hochheiligen Hostien von Lungern. Aber auch an andern Sommertagen zieht es immer wieder Pilger hinauf in den wundersamen Frieden des Sakramentswaldes von Giswil.

Einsetzung des Allerheiligsten Altarssakramentes

Jesus Christus nahm das Brot in seine heiligen und ehrwürdigen Hände, dankte, brach es und gab es seinen Jüngern mit den Worten: *„Das ist mein Leib, der für euch hingegeben wird."* Dann nahm Er den Kelch mit Wein und sprach: „Das ist mein Blut, das für euch vergossen wird." Er befahl den Aposteln: *„Tut dies zu meinem Andenken!"*

Ein Schweizer Berg gehorcht der hl. Hostie

Schweiz 1873

Zu beiden Seiten der schweizerischen Eisenbahnlinie Arth-Goldau-Schwyz liegen am Abhang des Rossberges auf Wiesen und Matten Hunderte von Nagelfluhblöcken, die einst am 2. September 1806 abends das schöne Dorf Goldau und 457 seiner Bewohner unter sich begruben. Oben am Rossberg hatten sich Felsen gelöst, die verheerend über Wälder und Matten, Bauernhöfe und Viehställe hinab ins enge Tal rollten. Viele Toten waren zu beklagen und noch lange hielt der grosse Schrecken die ganze Gegend in Bann. Man befürchtete, dass der Rossberg, der sich dem Rigi gegenüber erhebt, noch nicht zur Ruhe gekommen sei und weitere Steinlawinen eines Tages neues Unheil anrichten könnten.

Im Dorfe Steinen, das am Fusse des Rossberges liegt, stieg daher die Todesangst aufs höchste, als im Winter 1873 hinter dem Dorfe, beim Bergabhang, der Erdboden langsam zu rutschen begann und riesige Steinmassen sowie der Dorfbach die fruchtbare Gegend zu verschütten drohten.

Da keine menschliche Vorsorge solche Naturkatastrophen zu verhüten vermag, setzte das gläubige Volk sein Vertrauen auf Gott allein. Der damalige Pfarrer Annen von Steinen trug, von den betenden Dorfbewohnern begleitet, das Allerheiligste in der Monstranz in feierlicher Bittprozession durch die Gemeinde bis zur besonders gefährdeten Stelle und segnete den Rossberg. Und der Berg gehorchte.

Seit jener Stunde rutschte der Erdboden nicht mehr weiter. Der „wandernde" Berg war zum Stillstand gekommen. Die geängstigten Bürger von Steinen konnten beruhigt wieder ihrer Arbeit nachgehen, da ihrer Heimat und ihren Angehörigen kein Bergsturz mehr drohte.

1973 wird es 100 Jahre her sein, seit jenem Sonntagnachmittag, da der fromme Pfarrherr Annen den Rossberg vertrauensvoll mit dem Allerheiligsten gesegnet hat. Und nie mehr hat der Berg sich seither geregt!

Ein Brief, den dessen geistlicher Nachfolger, Pfarrer Schnüriger, im Jahre 1894 von Steinen aus an den Kräuterpfarrer Künzle, auf dessen diesbezügliche Anfrage hin, richtete, bestätigt dieses Ereignis. Pfarrer Schnüriger schrieb:

Steinen, den 12. Januar 1894

„Die Tatsache ist folgende:

Im Winter 1873 drohte für hiesiges Dorf Steinen eine grosse Gefahr. Bei etwas warmem Regenwetter fand eine grosse Rutschung eines hiesigen Heimwesens hinter dem Dorfe in den hiesigen Bach statt.

Als die Gefahr immer grösser und die Furcht eine allgemeine geworden dieses Rutschens ein gewaltiger ‚Schutzstein' sich in den Bach gewälzt hätte und dann der Bach seinen Lauf direkt durch einen großen Teil des Dorfes genommen hätte.

Als die Gefahr immer größer und die Furcht eine allgemeine geworden war, ordnete HH Pfarrer Annen sel. auf einen Sonntagnachmittag eine feierliche Prozession mit dem hochwürdigsten Gute bis zu jener gefährlichen Stelle an und wirklich ist seit jener Zeit die Gefahr verschwunden.

Von jenem Erdrutschen in Steinen hörte ich erzählen, als ich noch Student war. Habe nun in der Pfarrei glaubwürdige Personen über diese Begebenheit befragt und dieselben bezeugten, was ich Ihnen oben mitgeteilt habe." *sig. Pfr. Schnüriger, Steinen*

(Quelle: Zeitschrift „Pelikan", 1895.)

Brot vom Himmel hast Du uns gegeben, alleluja,
Das alle Süssigkeit in sich enthält, alleluja.

Wallfahrtsort „Heilig Blut" in Erding (Oberbayern)

Deutschland 1417

Die Kirchengeschichte Bayerns weiss nicht nur von grossen Heiligen, sondern auch von grossen Gunsterweisungen Gottes zu berichten. Der Herr belohnte den heldenhaften Glauben der Bayern von Zeit zu Zeit durch übernatürliche Ereignisse. Die eucharistischen Wunder von Regensburg, Deggendorf und Erding bestärkten die Liebe des Volkes zum allerheiligsten Sakramente des Altares.

Es gibt kein geschichtliches Dokument darüber, wieso in der bayerischen Ortschaft Erding bereits im 14. Jahrhundert dem hochheiligen Blute Jesu Christi besondere Verehrung gezollt wurde. Die Überlieferung sowie ein Wallfahrtsbrauch berichten aber von einem Frevel an einer heiligen Hostie. Diese Wallfahrtsgeschichte ist prächtig auf dem Antependium des Hochaltares gemalt. Auf einem alten Gemälde in der Kirche kann man lesen:

„Dieses Gotteshaus ist zu Ehren des Hochwürdigen Sakraments des wahren Fronleichnams unseres lieben Herrn Jesu Christi geweiht." Es steht ferner geschrieben:

Ein Bauer sei mit seinem Nachbarn auf dem Wege zur Kirche St. Peter in Alten-Erding gewesen, um dort „christlichem Gehorsam gemäss" die Osterkommunion zu empfangen. Im Gespräch habe er den Nachbarn gefragt, wie es denn zu erklären sei, dass ihm alles so gut gelinge und er zu Wohlstand gelangt sei, indes er selber, trotz all seines Fleisses, mit Weib und Kindern Hunger und Not leiden müsse. Darauf habe der begüterte Nachbar geantwortet, dass er daheim das allerheiligste Sakrament aufbewahre. (Wahrscheinlich in einer Hauskapelle.) Kaum hatte der arme Landmann dies vernom-

men, fasste er in seiner Torheit den Plan, auch eine hl. Hostie auf seinen Hof zu bringen und dadurch reich und glücklich zu werden.

Als nun der arme Bauer am Hohen Donnerstag die hl. Hostie empfing, schluckte er sie nicht, sondern liess sie heimlich in ein reines Linnentuch gleiten und machte sich freudig auf den Heimweg. Obwohl er die hl. Hostie mit grosser Ehrfurcht behandelte, so war seine Tat trotzdem eine schwere Sünde. Und war er auch nicht gebildet und geschult, so spürte er dennoch bald heftige Gewissensbisse. Als er bekümmert und nicht wissend, was er tun solle, zur Stadt Erding hinausschritt, schwebte die hl. Hostie plötzlich aus seinem Linnentuche hoch in die Luft und schwebte dort einige Minuten lang. Dann liess sie sich zur Erde nieder und verschwand zum grossen Entsetzen des niedergeschlagenen Mannes. Zitternd lief er zum Pfarrer zurück und erzählte ihm aufrichtig und reuevoll, was er getan. Sogleich eilte der Geistliche mit allen noch im Gotteshause versammelten Gläubigen dem zerknirschten Sünder nach an den Ort des unerklärlichen Geschehnisses. Da erhob sich vor aller Augen die hl. Hostie neuerdings in die Lüfte, schwebte eine Weile ruhig und liess sich dann, ohne dass der Seelsorger sie zu ergreifen vermochte, wieder auf die Erde nieder und verschwand abermals.

Als der Bischof Bericht erhielt von diesem offensichtlichen Wunder, begab er sich, begleitet vom Domkapitel, an Ort und Stelle, um persönlich eine genaue Untersuchung vorzunehmen. Eine ungeheure Volksmenge zog betend mit. Kaum war der Bischof angelangt, erhob sich die hl. Hostie neuerdings vom Boden in die Lüfte und verharrte dort, ohne dass sie der Kirchenfürst erlangen konnte. Staunend kniete das Volk davor. Nach einer Weile schwebte die hl. Hostie wieder zur Erde hinab und verschwand sodann für immer.

Die Gläubigen verstanden den göttlichen Wink und riefen begeistert:

„Der Herr hat diesen Boden geheiligt, denn er will hier wohnen! Wir wollen ihm zur Sühne für die ihm angetane Unbill an diesem Platz eine Kirche zu Ehren des Kostbaren Blutes bauen!"

Und bald reckten sich dort, wo die hochheilige Hostie sich in die Lüfte erhob, ragende Türme einer herrlichen Wallfahrtskirche empor. Der Hl. Vater gewährte dortigen Pilgern gnadenreiche Ablässe. Das Hostienwunder von Erding ist durch päpstliche und bischöfliche Dokumente und durch eine gewaltige Schar von Augenzeugen beglaubigt.

Erweisen wir Jesus im allerheiligsten Altarssakrament stets die grösste Ehrfurcht. Lassen wir es in der Kirche beim Empfang der hl. Sakramente nie an Andacht fehlen. Obwohl der schlichte Bauer aus Erding mehr aus Unwissenheit, als aus Bosheit fehlte, so wünschte der Herr dennoch, dass der eucharistische Frevel öffentlich gesühnt werde durch die Errichtung eines Gotteshauses. Eine unwürdige Kommunion kann nie Glück bringen. Seien wir treue Kinder der hl. Kirche, treu der hl. Sonntagsmesse, treu der öfteren, ja täglichen hl. Kommunion! Dann wird der göttliche Heiland uns einst ebenso belohnen, wie Er die guten Erdinger für ihre Sühnekirche belohnt hat!

(Quelle: Zeitschrift „Pelikan", 1896, Feldkirch.)

Laudate Dominum

Ein blinder Protestant wurde während der hl. Wandlung der Christmette sehend

England 1937

Wie die Londoner Wochenschrift „Catholic Herald" berichtete, vollzog sich während der Weihnachtsmette in der Liebfrauenkirche von Prestwich am 25. Dezember 1937 ein ergreifendes Wunder. Der seit vier Monaten völlig erblindete junge Pianist Eric Malene, ein Nicht-Katholik, hatte seinen katholischen Freund gebeten, ihn zur Mitternachtsmesse mitzunehmen.

Während der hl. Wandlung bemerkte der erblindete Künstler plötzlich einen ungewöhnlich hellen Schein und alsbald kehrte sein verlorenes Augenlicht in voller Stärke zurück.

(Quelle: „Das Kleine Kirchenblatt", Wien, 30. Januar 1938.)

Einsetzung des hl. Buss-Sakramentes

Am Abend des Auferstehungstages erschien Jesus den versammelten Jüngern, die aus Furcht vor den Juden die Türen des Abendmahlssaales verschlossen hatten. Mit den Worten *„Friede sei mit euch!"* trat er in ihre Mitte und zeigte ihnen seine Hände und seine Seite. Da freuten sich die Jünger. Und abermals sprach Er: *„Friede sei mit euch! Wie mich der Vater gesandt hat, so sende ich euch!"* Dann hauchte Er sie an und sprach: *„Empfanget den Heiligen Geist! Wem ihr die Sünden nachlasst, dem sind sie nachgelassen, und wem ihr sie behaltet, dem sind sie behalten!"* (Jo 20, 19–23)

Der heilige Pascal Baylon

das Hirtenbüblein des allerheiligsten Altarssakramentes

Spanien 1540–1592

Das Hirtenbüblein Paschalis Baylon kam am 17. Mai 1540 im spanischen Dorfe Torre Hermosa (Schöner Turm) zur Welt. Seine braven Eltern waren so arm, dass sie den kaum Siebenjährigen bei einem fremden Bauern verdingten.

In aller Morgenfrühe musste er die Schafe zu Berge treiben. Da er dennoch gerne lesen und schreiben gelernt hätte, nahm er Schiefertafel und Griffel mit auf die Weide. Wenn zuweilen ein Wanderer vorbeikam, bat ihn das wissbegierige Büblein, ihm einen Buchstaben oder eine Zahl vorzuschreiben. Manchmal kam aber tagelang niemand des Weges. Dies betrübte den lernbegierigen Schüler.

Dem lieben Gott, der alles sieht und alles weiss, gefiel dieser Fleiss so sehr, dass er sogar einen Engel zu Paskal sandte um ihn lesen und schreiben zu lehren. Wie gerne ging der brave Bub bei einem solch himmlischen Lehrer zur Schule! Da Paskal Gott liebte, hütete er sich vor jeder Sünde. Wenn seine Kameraden fluchten oder gar mit unanständigen Spielen sich die Langeweile vertreiben wollten, verwies er es ihnen und zog mit seinen Schafen abseits. Lieber wollte er verlacht, verspottet und mit Steinen beworfen werden, als Gott beleidigen. Häufig liess er seine Herde im Schatten einer Muttergotteskapelle grasen, wo er Blumen suchen und damit das Gnadenbild schmücken konnte.

Am meisten freute sich der junge Hirte auf den Kirchgang am Sonntag. Andächtig kniete er vor dem Altare. Bei der hl. Wandlung schaute er unverwandt auf die hl. Hostie und den Kelch und betete den hochheiligen Leib und das hochheilige Blut Jesu Christi an. Allzu gerne wäre er auch werktags zur hl. Messe gegangen, doch seine Pflicht liess ihm keine Zeit hiezu. Daher empfahl er sich geistig in alle heiligen Messen auf der ganzen Welt und wünschte, Jesus allüberall anbeten zu können. Diese heilige Sehnsucht belohnte Gott durch ein Wunder.

Als Paskal eines Tages das Wandlungsglöcklein einer Kirche läuten hörte, kniete er auf dem Felde betend nieder. Da öffnete sich der Himmel und in unbeschreiblichem Glanze erschien in den Lüften eine heilige Hostie in kostbarer, von zwei Engeln getragener Monstranz.

In seliger Freude betete das Hirtenbüblein das allerheiligste Sakrament an, bis die Erscheinung verschwand. Noch öfters durfte er dieses Wunder erleben.

Mit 20 Jahren trat Paskal als Laienbruder ins Franziskanerkloster von Valencia (Spanien) ein. Hier arbeitete er unermüdlich in Küche, Feld und Garten. Bald bewunderten die Mitbrüder nicht nur seinen Fleiss und seine Demut, sondern auch sein ausserordentliches Wissen über die Glaubensgeheimnisse und ganz besonders über die hl. Eucharistie.

Oft musste Paskal die Patres auf ihren Missionswanderungen durch Städte und Dörfer begleiten. Wenn sich auf Strassen und Plätzen Leute ansammelten, um das Wort Gottes zu vernehmen, forderten die Missionäre manchmal auch Paskal auf, etwas Erbauendes zu sagen. Dann begann das ehemalige, schlichte Hirtenbüblein mit solcher Beredsamkeit und Liebe vom allerheiligsten Altarssakrament zu sprechen, dass viele sich bekehrten.

Bruder Paskal ermahnte alle, oft zu beichten und zu kommunizieren, denn Jesus sei ja unsertwegen im Tabernakel, um uns zu helfen, uns zu trösten und uns durch das hl. Messopfer und durch die hl. Kommunion vom ewigen Tode zu erretten.

Oft verbrachte der Heilige ganze Nächte, das Leiden Christi betrachtend, vor dem Tabernakel. Er wusste seine Todesstunde voraus. Paschalis Baylon starb am Pfingstfeste,

am 17. Mai 1592. Als seine Leiche während des Requiems in der Klosterkirche aufgebahrt war, bemerkten die Umstehenden, wie der Tote bei der hl. Wandlung sich zu beleben schien und mit einem letzten, freudestrahlenden Blick die hl. Hostie grüsste. Der hl. Paskal ist Patron aller eucharistischen Vereine und Kongresse.

Das Hostienwunder von Lanciano bei Chieti

Italien, 7. Jahrh.

In Lanciano bei Chieti verwandelte sich während der heiligen Messe ein Teil der konsekrierten Hostie in blutendes Fleisch. Dieses eucharistische Wunder wird von allen Geschichtsschreibern und durch eine ununterbrochene Orts-Tradition bis auf unsere Tage bestätigt.

In der ehemaligen Klosterkirche des hl. Legonziano in Lanciano feierte im 7. Jahrhundert eines Tages ein Basilianermönch, wie gewohnt, die hl. Messe. Nachdem er die Hostie in den hochheiligen Leib Christi und den Wein in das kostbare Blut Christi verwandelt hatte, hielt er einige Augenblicke inne. Mag sein, dass er von einem Zweifel an der wirklichen Gegenwart Jesu Christi im heiligsten Altarssakrament geplagt wurde. Im selben Augenblicke wurde er von einem ausserordentlichen Wunder überrascht. Ein Teil der geweihten Hostie verwandelte sich nämlich vor seinen entsetzten Augen in blutendes Fleisch, während der übrige Teil weiterhin wie Brot aussah; der verwandelte Wein nahm gleichzeitig die Gestalt frischen Blutes an, das nach und nach zu fünf Blutkörperchen gerann, die in Form und Gestalt verschieden waren.

Der erschrockene Priester suchte zuerst das unerklärliche Vorkommnis zu verheimlichen, doch eine grosse innere Erschütterung nötigte ihn, das wunderbare Ereignis den anwesenden Gläubigen mitzuteilen und alsbald wurde es stadtbekannt.

Seit zwölf Jahrhunderten schon dauert dieses grandiose Verwandlungswunder der Gestalt des Brotes in wirkliches Fleisch und der Gestalt des Weines in wirkliches Blut an und kann heute noch betrachtet und untersucht werden. Jene wunderbare Hostie wird zwischen zwei Glasscheiben in einer kunstvollen Silbermonstranz aufbewahrt und weist einen dicken, dunkelroten Teil mit Fleischfasern auf, während im andern Hostienteil noch die ursprüngliche weisse Brotgestalt erkennbar geblieben ist.

Die Monstranz wird von zwei knienden Engelfiguren getragen, zwischen denen ein Glaskelch das zu fünf ungleichen Blutkörperchen geronnene Blut enthält. Mgr. Rodreguez ordnete im Jahre 1574 eine öffentliche Untersuchung an. Dabei wurde festgestellt, dass die fünf Blutkörperchen zusammen soviel wiegen wie jedes einzelne separat. Daran erinnert eine Inschrift links beim Eingang innerhalb der Kirche.

Die letzte kirchliche Untersuchung der hl. Hostie und der Blutreliquie fand am 26. Oktober 1886 unter dem Vorsitz des Erzbischofes von Lanciano statt. Das Gewicht des Blutes betrug 16,505 Gramm.

Die Untersuchungskommission machte eigens darauf aufmerksam, dass von jenem Fleisch der hl. Hostie, falls es nicht wunderbar wäre, heute nach zwölf Jahrhunderten nicht einmal mehr Staub bestehen würde. Demnach ist dieses eucharistische Wunder allein schon durch die unnatürliche Dauerhaftigkeit des Fleischteiles der hl. Hostie bewiesen. Diese Tatsache wurde von allen Kommissionsteilnehmern festgestellt und unterschrieben.

Lanciano verdankt es diesem Wunder, dass es anno 1921 zum Sitz des 1. Eucharistischen Kongresses der Abbruzzen erwählt wurde.

(Quelle: Ettore Cerato, Realta o chimera il soprannaturale? Edizioni Paoline, Modena.)

„Wie die Kirche die Eucharistie vollzieht, so erbaut die Eucharistie ihrerseits die Kirche."

Johannes Paul II. in „Über das Geheimnis und die Verehrung der heiligen Eucharistie", Christiana-Verlag.

Wunderbare Begebenheit mit dem Kostbaren Blute in der Benediktinerabtei St. Georgenberg-Fiecht/Tirol

Österreich 1310

Zu den schönsten und interessantesten Gnadenstätten Österreichs gehört der Wallfahrtsort St. Georgenberg- Fiecht ob der Bahnstation Schwaz. Er verdankt sein Entstehen dem sel. Rathold von Aibling, einem bayrischen Adelssohne, der im Hochwald über dem Inntale eine Einsiedelei für sich und seine Gefährten, sowie eine Kapelle zu Ehren Mariens errichtete. Schon vor dem Jahre 1000 zogen Pilgerscharen hinauf zu diesem Gnadenbild der schmerzhaften Mutter mit ihrem toten Sohne auf dem Schosse. Mit der Zeit erweiterte sich diese schlichte Gründung zu einer Benediktiner-Abtei.

Besonderen Aufschwung erlebte die Wallfahrt nach Sankt Georgenberg dank eines eucharistischen Blutwunders, das während der Darbringung des hl. Messopfers in der dortigen Klosterkirche geschah. Eine alte, hölzerne Urkund-Tafel, die beim rechten Seitenaltare angebracht ist, berichtet wörtlich:

„Im Jahre der gnadenreichen Geburt Jesu Christi 1310 unter dem Abte Rupert, dem ersten dieses Namens, las ein gottesfürchtiger Priester, ob Welt- oder Ordenspriester ist unbekannt, in dieser dem hl. Märtyrer Georg und dem hl. Apostel Jakobus geweihten Kirche die hl. Messe. Im Augenblicke, als er das hl. Blut geniessen wollte, kam ihm der Zweifel, ob wohl unter der Gestalt des Weines wirklich und wahrhaftig das Blut Christi enthalten sei. Und sieh! Da wurde die weisse Gestalt des Weines sogleich blutrot. Und das heilige Blut selbst fing an im Kelche aufzuwallen. Starr und blass vor Schrecken stand der Priester am Altare. Der Abt und seine Konventualen, welche eben im Chore waren, nebst vielen anwesenden Wallfahrern eilten herbei und überzeugten sich von dem, was geschehen war.

Der erschrockene Priester war nicht mehr imstande, das hl. Blut ganz zu geniessen, und der Abt hinterlegte den übrigen Teil alsbald in einem Gefässe samt dem Tuche, womit der Kelch ausgetrocknet worden, im Tabernakel des Hochaltares. Kaum hatte sich die Kunde von diesem wunderbaren Ereignis verbreitet, fingen die frommen Gläubigen an, vor dem heiligen Blute ihre Andacht zu verrichten. Diese nahm mit den Jahren immer mehr zu, weil der Herr sich würdigte, den frommen Verehrern des hl. Blutes in verschiedenen Anliegen ausserordentliche Gnaden zu verleihen.

Nun fand sich Bischof Georg von Brixen veranlasst, im Jahre 1472 den hochwürdigen Abt von Wilten, Johannes Lösch, und die Herren Pfarrer Sigmund Thaur und Kaspar von Absam nach St. Georgenberg zu senden, um die Sache näher zu untersuchen. Es wurden mehrere alte Ordenspriester unter einem Eide vernommen, sowohl über die wunderbare Begebenheit mit dem heiligen Blute, wie sie ihnen von ihren Vorfahren war erzählt worden, als auch über die ausserordentlichen Gnadenbezeugungen Gottes, wovon sie nicht selten Augenzeugen waren. Infolge dieser Untersuchung wurde die öffentliche Verehrung des hl. Blutes gutgeheissen und empfohlen. Nun liess Abt Kaspar II. einen schönen Tabernakel von weissem Marmor aus Genua bringen, in welchen er dann das heilige Blut mittels eines Glas-Zylinders in einer kleinen Monstranz andächtig aufbewahrte. Von dieser Zeit an nahm die Andacht zum heiligen Blute immer mehr zu. Unter den vielen frommen Christen fanden sich zu dessen Verehrung nicht selten hohe Kirchenfürsten ein, wie Johannes, Bischof von Triest, Georg, Bischof von Brixen, Rupert, Herzog von Bayern und Erzbischof von Köln, Friedrich, Bischof von Chiemsee u. a. m. Die beiden Erstgenannten verliehen allen denjenigen, welche vor dem hl. Blute um Ausrottung der Irrlehre drei Vaterunser und Ave beten, einen Ablass von vierzig Tagen."

Eine zweite Urkund-Tafel auf der Evangelienseite berichtet, wie die hl. Blut-Reliquie zur Zeit der Kirchenspaltung den wahren Glauben erhalten half.

„Als um das Jahr 1593 die Lehre Luthers im Tirol, namentlich im Inntale, sich allenthalben verbreitete und den wahren Glauben zu verdrängen drohte, wurden die Mönche von St. Georgenberg gebeten, allüberall Glaubenspredigten zu halten. Sie taten es mit gutem Erfolg. Abt Michael Geisser hielt in der Pfarrkirche von Schwaz vor einer grossen Volksmenge erfolgreiche Predigten, in denen er sich nicht scheute, das St. Georgenberger heilige Blutwunder als Beweis für die Gegenwart Jesu Christi im heiligsten Altarssakrament anzuführen. Er nahm sogar die Monstranz mit dem hl. Blute auf die Kanzel und zeigte sie seinen Zuhörern. Er widerlegte die anwesenden neugläubigen Prediger so trefflich, dass diese sich genötigt sahen, die Gegend zu verlassen, weil die von ihnen betrogenen Anhänger wieder zum alten, wahren Glauben zurückkehrten. Diesen vollständigen Sieg über die Irrlehre betrachteten die frommen Gläubigen dankbar als eine besondere Gnade, die der Herr seinen andächtigen Verehrern des Kostbaren Blutes zuteil werden liess."

Im Jahre 1480, also nach 170 Jahren, war das hl. Blut noch „so frisch, als ob es heut aus einer Wunden vergossen wär", so schreibt der Chronist. Jetzt – ich durfte 1968 die Reliquie betrachten – ist das hl. Blut zu einer Blutfaser eingetrocknet und wird den Pilgern jederzeit gern gezeigt.

(Quelle: Wunderbare Begebenheit mit dem Kostbaren Blute in der Benediktinerabtei St. Georgenberg/Tirol, Österr. Selbstverlag.)

Jungfrau Maria, unsere Liebe Frau vom heiligsten Sakrament, du bist der Ruhm des christlichen Volkes, die Freude der ganzen Kirche, das Heil der Welt! Bitte für uns und wecke in allen Christen eine innige Verehrung zum hochheiligen Sakrament, damit sie würdig werden, es täglich zu empfangen.

Heiliger Papst Pius X. (1835 – 1914)

Das Verwandlungswunder von Lanciano

Es geschah vielleicht um 750. Das genaue Datum ist nicht mehr eruierbar. Eines Tages brachte ein junger Priester in der Kirche von Lanciano, die dem heiligen Legonziano geweiht war, das eucharistische Opfer dar. Düsterer Zweifel quälte seine Seele, ob das weiße Scheibchen Brot, das er bei der Konsekration in Händen hielt, sich wirklich in das Fleisch des Gottesmenschen und der Wein im Kelch sich in das Blut Christi verwandelte.

Plötzlich zuckte heisses Erschrecken durch seine Seele: die weisse Hostie, die konsekriert auf der Patene lag, begann sich vor seinen Augen zu verfärben, wurde rot und quoll auf. Auf dem goldenen Tellerchen lag ein blutiges Stück Fleisch und im Kelche schäumte rotes Blut. Der Priester sank weinend in die Knie und flüsterte die gleichen Worte wie dereinst St. Thomas: „Mein Herr und mein Gott!" Er bebte am ganzen Leib und war nicht mehr imstande, die hl. Handlung zu beenden.

Die Patene mit dem wunderbaren Fleisch und der Kelch mit dem Blut aber wurden sorgsam verwahrt und verschlossen und sind heute noch vorhanden.

Das Wunder von Lanciano ist ein permanentes Wunder: Die verwandelten Spezies sind nicht verdorben und erhalten geblieben durch alle Jahrhunderte hindurch bis auf den heutigen Tag.

Der Erzbischof von Lanciano hat im Jahre 1970 eine medizinische Untersuchung dieser hl. Reliquien durch eine Gruppe von Fachgelehrten angeordnet. Das Untersuchungsergebnis wurde in der beiligenden Urkunde niedergelegt.

Der Erzbischof von Lanciano und Bischof von Ortana

Zahl: 06/L/xxl

Der Unterzeichnete, Erzbischof von Lanciano, verkündigt und bestätigt, daß in der Kirche zum hl. Franziskus in Lanciano, die im Volksmund „Heiligtum vom Wunder der Eucharistie" heisst, aus dem achten Jahrhundert eucharistische Spezies unter der sichtbaren Gestalt von wirklichem Fleisch und Blut aufbewahrt werden.

Das Verwandlungswunder ereignete sich während einer hl. Messe in der Kirche zum hl. Legonziano, über der sich heute das oben genannte Heiligtum erhebt.

Auf erzbischöfliche Anordnung wurden die oben bezeichneten hl. Reliquien einer medizinischen Untersuchung durch Fachgelehrte unterzogen, die sich über mehrere Monate erstreckte.

Diese wissenschaftliche Prüfung ergab:

1. Es handelt sich um wirkliches Fleisch und Blut.
2. Sowohl das Fleisch als auch das Blut stammen von einem Menschen.
3. Das Fleisch weist eindeutig die Struktur des Herzgewebes auf.
4. Das Fleisch und das Blut haben die gleiche Blutgruppe.
5. Das Diagramm des Blutes ist „übertragungsfähig auf menschliches Blut, wie es heute entnommen wird.
6. Das Fleisch und das Blut gleichen dem einer lebenden Person.

Der Unterfertigte steht für die Wahrheit des oben Geschriebenen ein.

Erzbischöfliches Sigillum

Pacifico Perontoni
Erzbischof und Bischof

Albrecht von Bonstetten

Albrecht von Bonstetten, Dekan des Stiftes Einsiedeln, ein Zeitgenosse vom Bruder Klaus, berichtet über dessen mehrjähriges, wunderbares, eucharistisches Fasten, Albrecht von Bonstetten entstammte einer jener wenigen freiherrlichen Familien, die das ausschließliche Vorrecht besaßen, ihre jüngeren Söhne in gewissen Klöstern und Domstiften zu versorgen. Ein solches, dem hohen Adel reserviertes Kloster war damals Einsiedeln, wo Albrecht, der zweite Sohn Kaspars von Bonstetten, Herrn von Uster, kaum zwölfjährig, um 1454 Aufnahme fand. Der dortige Abt Gerold von Hohensax, war sein Onkel mütterlicherseits. Im Frühjahr 1466 begann er seine Studien an der Universität Freiburg i. Br. und setzte sie später in Basel fort, bis ihn Ende 1468 die kritischen Verhältnisse seines Stiftes zur Heimkehr zwangen. Abt Gerold ernannte ihn vor dem 9. März 1469 zum Dekan, obwohl er noch nicht Priester war. Er behielt diese hohe Stelle auch nach der erzwungenen Resignation seines Onkels. Im Jahre 1471 konnte er einen Urlaub erlangen, um seine Ausbildung an der Universität Pavia zu vollenden. Nach seiner Rückkehr aus Italien, im Jahre 1474, wurde er zum Priester geweiht. Bis zu seinem im Jahre 1505 erfolgten Tode lebte er im abgelegenen Kloster Einsiedeln. Dank seiner hohen Abkunft war er in engstem Kontakt mit den Großen der Welt, mit Gelehrten, Diplomaten, Fürsten und selbst Königen. Erzherzog Sigmund verlieh ihm den Titel eines Hofkaplans, Kaiser Friedrich ernannte ihn 1482 zu seinem Hofkaplan und verlieh ihm die Würde eines Pfalzgrafen.

In der Geschichte des schweizerischen Humanismus nimmt Bonstetten keine geringe Stellung ein. Er verdankt sie allerdings mehr seinen ausgezeichneten Verbindungen, als seinen Werken. Sein Bericht über seinen Besuch ist eine eingehende Schilderung des Milieus von Unterwalden im fünfzehnten

Jahrhundert, wenn er auch, weil offenbar zum voraus für die Veröffentlichung bestimmt, hauptsächlich an bestimmten Stellen etwas zu phrasenreich wirkt.

Das Datum seines Besuches im Ranft ist durch den Bericht selbst auf einen 31. Dezember festgelegt, das Jahr ergibt sich aus einem Briefe des venezianischen Gesandten bei den Eidgenossen, Albertus Cavallatius della Bancha, aus Luzern vom 20. Februar 1479, worin er für diesen Bericht dankt.

Vorrede für das Leben Bruder Niklaus' und seines Miteremiten

Den vielwürden, hochgeachteten und führbarsten Herren Pfarrherren, Bürgermeistern und Räten der löblichen Stadt Nürnberg, meinen besonders lieben Herren und guten Freunden entbiete ich, Albrecht von Bonstetten, Dekan des Stiftes von Einsiedeln, Heil. Wie ich vernommen habe, liebe Herren, ist Euer Herz nicht wenig, sondern in höchster Gunst entzündet gegen Bruder Niklaus, unter der Flüe genannt, der allhier in der Eidgenossenschaft, im Lande zu Unterwalden jetzt lange Zeit schon, wie wir mildiglich glauben, ohne zeitliche Speise und Trank, ein strenges Eremitenleben führt, von dem man noch viel mehr und vollkommener im Volke erzählt, als ich hier zu schreiben und reden vermag. Ihm zu Lob und zu Ehren und um alle christgläubigen Menschenherzen zum Dienste Gottes zu entflammen, habe ich vor kurzer Zeit des obgenannten Eremiten Stand, Person und Wesen, nachdem ich alles selbst gesehen und gehört, nach bestem Können, Euch zur Freude kurz in lateinischer Sprache geschildert und beschrieben, und habe jetzt, auf Euren Wunsch hin, die lateinische Schrift ins Deutsche übersetzt. Ich übergebe in guten Treuen dem Boten diese Schrift zur Überbringung. Ich bitte Euch dringend, das Werk mit Wohlgefallen aufzunehmen und meiner gütig zu gedenken. Und damit die Tatsachen, die ich selbst gesehen und vernommen habe, umso höher eingeschätzt werden, habe ich, obgenannter Dekan usw. und der heiligen Pfalz vom Lateran und des kaiserlichen Hofes Pfalzgraf, mit dem Siegel dieses meines Pfalzgrafenamtes dies Buch besiegelt. Gegeben zu Einsiedeln, am Montag nach Bonifatius, da man zählt nach Christi Geburt tausendvierhundertachtzig und fünf Jahre.

So lautet die Legende

In der Reihenfolge der alten Eidgenossenschaft wird Unterwalden mit seinen beiden Halbkantonen an letzter Stelle genannt. Es ist ein kleines, dreieckiges Land. Gegen Italien ist es geschützt durch den Engelberg, so genannt, weil vor Zeiten auf Begehren der Engel, wie man sagt, dort ein Kloster gestiftet worden sei. Gegen Deutschland richtet sich ein anderer hoher Berg felsartig auf, den man Frackont nennt, dessen Spitze in die Wolken reicht und der gemeinhin auch Pilatusberg genannt wird. Auf seiner Höhe soll, nach der Sage, ein Seelein sein, in welches der unselige Pontius Pilatus gebannt sei. Gegen Gallien (Frankreich) liegt der Brünig, ein Berg von ansehnlicher Höhe, dessen Scheitel sich gegen die Gestirne erhebt. Derselbe kann, da er offen ist, überschritten werden.

Nach meiner Ansicht wird das Land deswegen Unterwalden geheissen, weil zu beiden Seiten, am Fusse der steilen Felsen, grosse Wälder sich befinden, unter denen, etwas tiefer im Tal, das Land liegt (ohne Korn und Weinbau), ziemlich fruchtbar und sehr grasreich. Es hat Seen, Wiesen und munter dahintosende Bäche in grosser Zahl. Diese Landschaft wird durch einen grossen Wald geteilt, wie auch Virgilius schreibt: „Es war inmitten der Stadt ein Wald mit fröhlichem Schatten." So redet er von den hohen Zinnen zu Karthago.

Hier, ob dem Walde, wurde aus niedrigem Geschlecht Niklaus geboren, nach seinem Zunamen „unter der Flüe", geheißen, und das mit Recht, denn wer möchte in den Tälern geboren werden, der unter etlichen Felsen geboren wurde? Die Spitzen der Felsen haben eine unglaublich grosse Überneigung, was wir einen „Felsen" nennen, heissen sie eine Flüe. Von daher kommt denn auch der obgenannte Zuname. Als geborener Bauer ist Niklaus von Jugend auf der Arbeit nachgegangen. Es gab keine Art Arbeit (besonders ländlicher) in dieser Zeit, die er nicht gebückten Leibes unternommen hätte. Er betrachtete sich zudem als Nachkomme Adams, zu dem, wie geschrieben steht, der Herr nach Verlust des Paradieses sprach: „Du sollst im Schweisse deines Angesichtes Dein Brot essen." Da er der Jugend entwachsen war und in das Mannesalter eintrat, verehelichte er sich, im Bewusstsein, dass das Joch des Herrn unzweifelhaft süss sein müsse, von dem der Herr selbst mit seinem göttlichen Munde spricht: „Durch das wachset und mehret euch." Er hat auch unter diesem Joch keine dürren Zweige gepflanzt, denn ihm wurden von seiner Ehefrau wohlgestaltete Kinder beiderlei Geschlechtes geboren. Er wurde nie als ehebrüchig befunden, nahm wenig an Lustbarkeiten oder aus eigenem Antrieb an Kriegen teil; er hatte mehr Gefallen an Armut als an Wollust und Hoffart, wie auch Ovidius sagt: „Schlag den goldenen Mittelweg ein, denn in der Mitte wanderst du am sichersten." Mit diesen Tugenden begabt, betrachteten und bestaunten ihn seine Mitbürger als ans Wunderbare grenzend. Nachdem er eine Zeitlang in Ehren gelebt hatte, ein auserwählter Nachbar, ein dankbarer Mitbürger, jedermann treu, niemanden überflüssig, befiel ihn die Sehnsucht, diese vergiftete Welt zu verlassen und ein Einsiedlerleben zu führen. Wie streng er es nahm, beweist, dass er vor vielen Jahren den entschiedenen Vorsatz fasste, seinen Leib mit allen Kräften in vollständigem Abbruch zu bewähren, so lange bis sein Mannesmut Herr über den Höllendrachen geworden sei. Wie setzte sich doch dieser starke Löwe aufschreiend ihm zur Wehr! Der demütige Gottesknecht betrachtete das göttliche Wort, und das Evangelium befolgend, verliess er seine Gemahlin, seine Kinder, sein Haus und alles was ihm kostbar, wert und lieb war. In die Einöde zu gehen, bewog ihn allein der Gedanke, dass er auch aus diesem ungestümen Meer ja nur an ein ruhiges Gestade fliehen werde. Er wurde so ein Nachfolger des milden Schäfleins, auf das der Täufer in der Wüste mit dem Finger hinwies, indem er sprach: „Sehet, das ist das Lamm Gottes", indem er ihm nachfolgen wollte, wohin immer es gehen möge, und indem er in seinem Herzen öfter wiederholte: „O Herrgott, ich hab an Dir allein mein Begnügen." Und da er denn also um eine heimliche Stätte, die zum Dienste Gottes geeignet wäre, zu erfahren und zu besichtigen viele rauhe Gebirge und Wälder durchwanderte, (sich nährend von Kräutern und rauhen Wurzeln), unwissend noch, wohin er eigentlich wolle und in welcher Höhle er bleiben wolle, lebte er in beständigen Zweifeln, bis zuletzt der selige Waldbruder (ich glaube durch eine himmlische Einsprechung ermahnt) sich entschloss, in der Tiefe, in der er nun wohnt, sich niederzulassen, demütig mit dem Psalmisten sprechend: „Da ist meine Ruhe ewiglich, in dieser Stadt werde ich wohnen, denn ich habe sie mir auserwählt." Dann fing er an, sich mit einer Zelle zu versehen und blieb in derselben lange Zeit mit grossem Abbruch, nicht allein von Speise und Trank, sondern er hat auch seinen Leib, in andern menschlichen Dingen schwer kasteit. Man sagt, dass er im Anfang nur dürre Birnen und Bohnen, Kräuter und Wurzeln mit Wasser aus dem Bach, der dort vorbeifliesst, genossen habe, bis er zuletzt anhub, mit jeglicher zeitlichen Speise abzubrechen. Da dies geschah, kam die Kunde allenthalben zu den Talleuten, dass Niklaus, der ein Waldbruder geworden sei, keine Speise und keinen Trank mehr geniesse. Und was taten der Landammann und die Räte, dass sie nicht zuletzt mit solcher Kunde in aller Ohren lägen? In ihrer Ungewissheit umgaben sie den Eremiten Tag und Nacht mit beeidigten argwöhnischen Wächtern, um scharf aufzupassen, ob kein Mensch ihm etwa Speise oder Trank zutrage, oder ob er selbst etwas nähme. Da man die Dinge mit solchem Ernst geprüft hatte, wurde mit unzweifelhafter Wahrheit festgestellt, dass nichts zum Essen oder Trinken (es sei denn vom Himmel) zum Bruder kam, welche Kunde zu aller Ohren und zur grossen Verwunderung auch ins Ausland drang. Und je unerhörter und seltsamer sich so etwas anhörte, um so mehr versetzte dies alle Menschenherzen in höchstes Staunen. Er hatte auch nur zwei Jahre so gelebt, da fingen viele Leute an, ihn in der Wüste aufzusuchen und zu bestaunen. Seine Mitlandsleute bauten ihm eine Kapelle mit angebauter Zelle, in der er nun wohnt, der genannte Bruder Niklaus.

Und da die Rede davon sich allenthalben verbreitete, beseelte auch mich der Wunsch, ihn zu sehen, und um meinen Wunsch zu erfüllen, machte ich mich mit einer ehrsamen Gesellschaft auf den Weg und eilte zu seiner Wildnis. Wie die Stätte sei, was ich gesehen habe, wie er seinen Leib, Angesicht, Worte und Sitten, liebe Herren und gute Freunde, will ich nach bestem Können Euch kurz auslegen. So ist die Wildnis gelegen. Als wir bei dem Wald in ein Dorf namens Kerns kamen, da man gegen den Brünig, den vorgenannten Berg geht, verliessen wir kurz vor Ende des Dorfes den breiten Weg und hielten mehr links an gegen die vereisten, hohen und schneereichen Alpen zu, und als wir diese Berge und Hügel ungefähr eine halbe Meile angestiegen waren, kamen wir auf eine Hochebene, durch die ein Bach schnellen Laufs, mit grossem Gestrudel und Getöse aus den hohen Felsen kommend, fliesst. Von dort gingen wir einen scharf abfallenden Abhang bis in die Tiefe hinunter und von da wieder bachaufwärts ungefähr fünfhundert Schritte. Rechter Hand, nur etwa einen Steinwurf weit vom Flusse entfernt, liegt die Zelle des Eremiten zu Füssen des zweigeteilten Berges. Wir gingen in die Kapelle, die mit Dingen, die zum Gottesdienst gebraucht werden, wohl ausgestattet war, und auch mit Gemälden und Figuren geziert war, als ob das Appelles gemacht hätte, wie es bei Matthäus im 6. Kapitel geschrieben steht: „Suchet zuerst das Reich Gottes." Wir hiessen den Priester, den wir mit uns genommen hatten, das Amt anheben, das wir kniend, voll Demut anhörten, und dem der Bruder hinter uns, nach seiner Gewohnheit, durch ein Fensterlein beiwohnte. Dann ging der Landammann, der ein Verwandter Niklausens war und in Güte uns hergeleitet hatte, auf die Stiege, und bat um eine Unterredung, die er nach kurzer Weile auch erhielt. Nun gingen auch wir zu ihm. Die Zelle ist in der Höhe zweigemächig. Im obern Teile erwartete uns der Diener Gottes, und da er uns erblickte, sprach er gar sanft und demütig mit männlicher Stimme, barhaupt, aufgerichtet: „Gegrüsst seid Ihr, in Gott, allerliebste Väter und Brüder" und reichte uns nach guter Ordnung die Hand. Wir dankten ihm alle erschrocken, und wahrlich, mir stiegen die Haare zu Berge und die Stimme versagte mir. Er sprach weiter: „Wozu seid Ihr hergekommen, in den abgelegenen Schlund dieser Wildnis? Etwa dazu, dass Ihr mich armen Sünder sehen könnt? Ich fürchte, Ihr findet nichts bei mir, das solcher Leute würdig wäre." „Ja, alles, das dem ewigen Gott gefällig ist und einem Ritter Jesu Christi und einem Diener Gottes", sprachen wir wie aus einem Munde. „Wollte Gott, dass es so wäre", erwiderte er neuerdings, nach wenigen Worten sagte er: „Kommt herab an die Wärme." „Geh voran, Vater", sagten wir, „wir wollen Dir folgen." Und da wir alle nach verschiedenen Sachen gefragt hatten, antwortete er nicht nach Sitten der Gleisner, sondern gemeinhin, wie es sich für einen Ungelehrten und doch Auserlesenen und Hochstehenden geziemt, so dass er auch selbst einem Feinde Achtung abgerungen hätte. Ich liess meine Blicke umherschweifen, um alle Dinge zu besehen und die Person und die Zelle genau zu betrachten. Er ist gross gewachsen, ganz mager, braun und runzelig, hat ungekämmte Locken, schwarz, gemischt mit grau, nicht allzu dicht. Der Bart hat die Länge eines Daumens. Er hat mittelmässige Augen mit strahlendem Weiss, guterhaltene weisse Zähne. Er ist nicht redereich und Unbekannten gegenüber zurückhaltend. Ich schätzte ihn ungefähr auf 60 Jahre. Wenn man ihn berührt, ist seine Haut kalt. Er ist barhaupt und barfuss und trägt auf blossem Leib nur einen grauen Rock. Das Gemach war lauwarm am Tag des Sankt Silvester, es hat zwei kleine Fensterlein und hat kein Nebengemach oder irgendein heimliches Schlafgemach, ausser dem, von dem wir gesprochen haben. Ich sah kein Hausgeschirr, keinen Tisch, und kein Bett, auf dem der Diener Gottes hätte ruhen können. Er muss stehen oder sitzen oder auf der Diele am Boden liegen, wenn er dies tun will. Zuletzt fragten wir ihn nach dem Leben seines Miteremiten Bruder Ulrich mit Namen, den er uns hoch lobte, ernstlich bittend, dass wir denselben auch aufsuchen möchten, ehe wir von der Wildnis fortgingen. Wir sagten ihm zu und jetzt war die Zeit unseres Abschiednehmens angebrochen, damit wir ihm nicht überflüssig wurden. Wir dankten ihm und empfahlen uns in sein Gebet und gingen weg ... (es folgt nun die Beschreibung des Bruder Ulrich).

Damit habe ich kurz zusammengefasst, was ich mit meinen Augen gesehen habe. Ich will Euch noch kurz berichten, was ich von glaubwürdigen Leuten gehört habe. Sie sagten, es wäre jetzt das 14. Jahr, seit Bruder Klaus nichts mehr esse, ausser einmal im Gehorsam gegen den Weihbischof von Konstanz, als dieser die Kapelle weihte, drei Bissen Brot und etwas gesegneten Johanneswein. Sie sagten auch, dass er halb stehend, mit dem Rücken angelehnt, schlafe. Im Anfang seines Eremitenlebens habe der böse Feind ihn mit Schlägen hart gepeinigt, so dass man ihn oft halb tot daliegend aufgefunden habe. Er geht alle Tage, vor allem zur Sommerszeit, ungefähr drei Stunden weit weg in eine Höhle, um dort zu beten. Er lobt sehr den Gehorsam und den Frieden, welchen Frieden zu halten er die Eidgenossen immer ermahnte und auch alle, die zu ihm kommen. Etliche sagen auch, dass er künftige Dinge vorausgesagt habe, was ich aber weder von ihm, noch von andern weiter gehört habe. Und da er denn so tugendreichen und andächtigen Lebens ist, setzte ich auf ihn all mein Vertrauen und ich halte auch nur Gutes von ihm und lasse mich nicht beirren durch das, was andere meinen. Was hat das zu sagen? Man soll doch bedenken, daß richtig geschrieben steht: „Soviele Häupter, soviele Sinne."

Ihr habt nun, liebe Herren und liebe Freunde, das Leben, die Sitten dieses Eremiten kurz aufgezeichnet, das ich in Eurem grossen Namen beschrieben, nicht etwa so, dass Ihr von mir etwas Neues oder vorher noch nie Gehörtes empfinget, sondern, dass ich damit Euch meine Liebe bewiesen habe, und sicher fallen Euch diese Dinge nicht allzu schwer zu glauben, denn Ihr wisst ja, dass geschrieben steht: „Wunderbar ist Gott in seinen Heiligen", und glauben wir doch alle an den einen allmächtigen Vater. Damit wünsche ich Euch, dass Gott Eure Gesundheit erhalte.

Eine wahre Geschichte aus Irland

Das nachfolgende Gedicht von P. Wöhler schildert eine wahre Begebenheit, die sich 1877 in Irland ereignet hat. Auf das Gebet des Kindes hin hat sich der Vater bekehrt.

Kindliches Vertrauen
Schon dämmert es in der Kapelle,
und ringsum ist es leer und still;
nur dort das Kind noch auf der Schwelle,
was das allein so spät noch will?

Es naht sich schüchtern dem Altare
und hebt die Händchen bittend auf;
das Kindesauge blickt, das klare,
zum Heiland sehnsuchtsvoll hinauf.

Die treuen Mägde, die es pflegen,
die haben einmal es belehrt:
„Dein Vater geht auf irren Wegen,
Kind, bete, daß er heimwärts kehrt!"

Der Kleine hat dies Wort vernommen
und in das Herzchen tief gesenkt;
drum ist er heimlich jetzt gekommen,
weil er der Kindespflicht gedenkt.

Nichts regt sich – alles bleibt in Ruhe.
Da plötzlich streift das Knäblein frisch
vom kleinen Fuß die warmen Schuhe
und klettert flink auf Gottes Tisch.

Das Köpfchen drückt's nach Kinderweise
dem Tabernakel lauschend nah.
Dann an der Türe klopft es leise,
und flüstert: „Jesus, bist Du da?"

Kein Laut! Nur von den Wänden nieder
tönt es wie ferner Widerhall.
Der Kleine horcht und klopfet wieder,
und ruft den Herrn zum zweiten Mal.

Auch diesmal bleibt es auf die Worte
der milden Kinderstimme still,
und wieder pocht es an die Pforte,
ob denn der Herr nicht hören will!

„Mein Jesus, bist Du da?" – Die Frage,
die es bisher umsonst getan,
vertrauensvoll und ohne Klage
stellt sie das Kind noch einmal an.

Und diesmal war es nicht vergebens,
denn aus dem Innern tönt es gelind
wie Frühlingshauch, ein Wort des Lebens:
„Ja, ich bin da, was willst du, mein Kind?"

„Bekehre mir den Vater!" flehte
der Kleine nun so inniglich,
daß er Dich auch, wie wir, anbete,
wie meine Mutter und wie ich!

O süßer, treuer Kinderglaube,
der so mit Gott vertraulich spricht!
Sei nur getrost, Du reine Taube,
dir widersteht der Heiland nicht!

Der Kleine eilt, vom Herrn gesegnet,
zu den Gespielen hinaus –
ob er dem Engel wohl begegnet,
den Gott gesandt in's Elternhaus?

Nur wenig Tage sind verflossen,
und schon geschah, was er erfleht;
es hat den Himmel aufgeschlossen,
dem Vater seines Kind's Gebet.

P. Wöhler

Der Graf von Habsburg

Von Friedrich Schiller

Zu Aachen in seiner Kaiserpracht,
im altertümlichen Saale,
saß König Rudolfs heilige Macht
beim festlichen Krönungsmahle.
Die Speisen trug der Pfalzgraf des Rheins,
es schenkte der Böhme des perlenden Weins,
und alle die Wähler, die sieben,
wie der Sterne Chor um die Sonne sich stellt,
umstanden geschäftig den Herrscher der Welt,
die Würde des Amtes zu üben.

Und rings erfüllte den hohen Balkon
Das Volk in freudgem Gedränge,
laut mischte sich in der Posaunen Ton
das jauchzende Rufen der Menge.
Denn geendigt nach langem verderblichen Streit
war die kaiserlose, die schreckliche Zeit,
und ein Richter war wieder auf Erden.
Nicht blind mehr waltet der eiserne Speer,
nicht fürchtet der Schwache, der Friedliche mehr,
des Mächtigen Beute zu werden.

Und der Kaiser ergreift den goldnen Pokal
und spricht mit zufriedenen Blicken:
„Wohl glänzet das Fest, wohl pranget das Mahl,
mein königlich Herz zu entzücken;
doch den Sänger vermiß ich, den Bringer der Lust,
der mit süßem Klang mir bewege die Brust
und mit göttlich erhabenen Lehren.
So hab ich's gehalten von Jugend an,
und was ich als Ritter gepflegt und getan,
nicht will ich's als Kaiser entbehren."

Und sieh! in der Fürsten umgebenden Kreis
trat der Sänger im langen Talare,
ihm glänzte die Locke silberweiß,
gebleicht von der Fülle der Jahre.
„Süßer Wohllaut schläft in der Saiten Gold,
der Sänger singt von der Minne Sold,
er preiset das Höchste, das Beste,
was das Herz sich wünscht, was der Sinn begehrt;
doch sage, was ist des Kaisers wert
an seinem herrlichsten Feste?"

„Nicht gebieten werd ich dem Sänger", spricht
der Herrscher mit lächelndem Munde,
„er steht in des größeren Herren Pflicht,
er gehorcht der gebietenden Stunde.
Wie in den Lüften der Sturmwind saust,
man weiß nicht, von wannen er kommt und braust,
wie der Quell aus verborgenen Tiefen,
so des Sängers Lied aus dem Innern schallt
und wecket der dunkeln Gefühle Gewalt,
die im Herzen wunderbar schliefen."

Und der Sänger rasch in die Saiten fällt
und beginnt sie mächtig zu schlagen:
„Aufs Weidwerk hinaus ritt ein edler Held,
den flüchtigen Gemsbock zu jagen.
Ihm folgte der Knapp mit dem Jägergeschoß,
und als er auf seinem stattlichen Roß
in eine Au kommt geritten,
ein Glöcklein hört er erklingen fern,
ein Priester war's mit dem Leib des Herrn,
voran kam der Mesner geschritten.

Und der Graf zur Erde sich neiget hin,
das Haupt mit Demut entblößet,
zu verehren mit gläubigem Christensinn,
was alle Menschen erlöset.
Ein Bächlein aber rauschte durch's Feld,
von des Gießbachs reißenden Fluten geschwellt,
das hemmte der Wanderer Tritte;
und beiseit legt jener das Sakrament,
von den Füßen zieht er die Schuhe behend,
damit er das Bächlein durchschritte.

‚Was schaffst du?' redet der Graf ihn an,
der ihn verwundert betrachtet.
‚Herr, ich walle zu einem sterbenden Mann,
der nach der Himmelskost schmachtet.
Und da ich mich nahe des Baches Steg,
da hat ihn der strömende Gießbach hinweg
im Strudel der Wellen gerissen.
Drum daß dem Lechzenden werde sein Heil,
so will ich das Wässerlein jetzt in Eil
durchwaten mit nackenden Füßen.'

Da setzt ihn der Graf auf sein ritterlich Pferd
und reicht ihm die prächtigen Zäume,
daß er labe den Kranken, der sein begehrt,
und die heilige Pflicht nicht versäume.
Und er selber auf seines Knappen Tier
vergnüget noch weiter des Jagens Begier,
der andre die Reise vollführet;
und am nächsten Morgen, mit dankendem Blick,
da bringt er dem Grafen sein Roß zurück,
bescheiden am Zügel geführet.

‚Nicht wolle das Gott', rief mit Demutsinn
der Graf, ‚daß zum Streiten und Jagen
das Roß ich beschritte fürderhin,
das meinen Schöpfer getragen!
Und magst du's nicht haben zu eignem Gewinst,
so bleib es gewidmet dem göttlichen Dienst;
denn ich hab es dem ja gegeben,
von dem ich Ehre und irdisches Gut
zu Lehen trage und Leib und Blut
und Seele und Atem und Leben.'

‚So mög Euch Gott, der allmächtige Hort,
der das Flehen der Schwachen erhöret,
zu Ehren Euch bringen hier und dort,
so wie Ihr jetzt ihn geehret.
Ihr seid ein mächtiger Graf, bekannt
durch ritterlich Walten im Schweizerland,
Euch blühn sechs liebliche Töchter.
So mögen sie', rief er begeistert aus,
‚sechs Kronen Euch bringen in Euer Haus
und glänzen die spätsten Geschlechter!' "

Und mit sinnendem Haupt saß der Kaiser da,
als dächt er vergangener Zeiten –
jetzt, da er dem Sänger ins Auge sah,
da ergreift ihn der Worte Bedeuten.
Die Züge des Priesters erkennt er schnell
und verbirgt der Tränen stürzenden Quell
in des Mantels purpurnen Falten.
Und alles blickte den Kaiser an
und erkannte den Grafen, der das getan,
und verehrte das göttliche Walten.

Gott lässt seiner nicht spotten!

In der Abgeschiedenheit von Z . . ., wo ich, Pater Norbert, vor der sowjetischen Besetzung Seelsorger war und von wo man mich dann vertrieben hatte, begab sich einmal etwas Seltsames. Ich würde mich hüten, vor der Öffentlichkeit darüber zu berichten, denn die Intellektuellen hielten mich bestimmt für verrückt.

Die Sache hat sich in einem Dörfchen mit ungefähr 1500 Einwohnern zugetragen. Die Volksschullehrerin war eine militante Atheistin. Ihr ganzer Unterricht drehte sich um die Achse der Grundforderung: „Gott abzutun." Es war ihr jede Gelegenheit recht, unsere Religion herabzusetzen, lächerlich zu machen und öffentlich zu verschmähen. Ihr Lehrplan war einfach: Heranbildung junger Gottloser. Die verschüchterten zweiunddreißig Kinder wagten sich nicht zu verteidigen. Ihre Familien aber waren gläubig und treu in der Erfüllung ihrer religiösen Pflichten. Als Pfarrer des Ortes versammelte ich mein kleines Völkchen in der Kirche zum Religionsunterricht. In Ungarn, wie überall hinter dem Eisernen Vorhang, ist der Unterricht gespalten. Wie sollen sich da die armen Lämmlein zurechtfinden? Aber geben Sie jetzt acht! Da greift die Gnade ein, gelegentlich durch seltsame Charismen unterstützt.

Im allgemeinen machten die Albernheiten, mit denen Frl. Gertrud, die Lehrerin, die Kinder beständig duschte, nicht viel Eindruck auf das kleine Volk. Ich bemühte mich nach Kräften, die Kinder geistig auszurüsten, indem ich sie an den häufigen Sakramentsempfang gewöhnte. Und merkwürdig! Frl. Gertrud schien einen geheimnisvollen Spürsinn zu besitzen: Immer bekam sie heraus, wer kommuniziert hatte, und diese ihre schwarzen Schafe, wie sie sagte, behandelte sie mit triebhafter Wut besonders hart und grausam. Möglich wäre es ja gewesen, daß sie ihre Kenntnis von einem oder andern Spitzel hätte beziehen können.

Aber da kam wieder die Zeit zu Hilfe. Die neuen Bestimmungen über die eucharistische Nüchternheit ermöglichte es den Kindern, etwas Warmes zu trinken, ehe sie sich auf den Schulweg machten, an dem auch die Kirche lag. Manche kommunizierten, andere nicht. Aber Frl. Gertrud fand erstere sofort auf den ersten Blick in der ersten Unterrichtsstunde heraus. Man hätte es schon sehr schlau anstellen müssen, ihr in dieser Zeit die Namen der Kommunikanten zur Kenntnis zu bringen. Wir haben auch niemals an eine solche Möglichkeit gedacht. Die Pfarre war einig, die Kinder bildeten eine feste Gemeinschaft.

In der vierten Klasse A befand sich die zehnjährige Angela. (Die Namen der Kinder und der Lehrerin sind geändert.) Sie war sehr gescheit, sehr begabt und immer die erste. Ihre Mitschülerinnen beneideten sie nicht, denn sie hatte ein goldenes Herz und war stets darauf bedacht, ihnen gefällig zu sein.

Eines Tages trat Angela mit der Bitte an mich heran, täglich zur hl. Kommunion gehen zu dürfen. „Weißt du auch, was du da auf dich nimmst?" fragte ich sie. Sie lachte spitzbübisch, als gelte es, jemand einen Streich zu spielen: „Herr Pfarrer, ‚sie' wird mir nicht so leicht etwas vorwerfen können, ich versichere es Ihnen. Ich werde noch fleißiger sein ... Bitte, sagen Sie nicht nein. An den Kommuniontagen fühle ich mich stärker. Sie sagen ja, ich muß ein gutes Beispiel geben. Dazu brauche ich Kraft." – Ich sagte ja, wenngleich nicht ohne Besorgnis.

Von diesem Augenblick an war die vierte A eine kleine Hölle. Angela konnte ihre Schulaufgaben immer tadellos, aber die Lehrerin ließ ihre übelste Laune an ihr aus und schikanierte sie in jeder Weise. Das Kind ertrug dieses Leid geduldig, aber es wurde zusehends blässer. – „Schau, Angela, ist's nicht doch zu schwer?" – „O nein, Herr Pfarrer. Jesus hat noch viel mehr gelitten, als man ihn verhöhnt, gegeißelt und an das Kreuz geschlagen hat."

Die Tapferkeit des Kindes erfüllte mich mit Bewunderung. Angela selbst beklagte sich nie bei mir über die schlechte Behandlung, die sie erfuhr, aber ihre Mitschülerinnen erzählten mir oft weinend von den Attacken der Lehrerin. Im Unterricht kam sie ihr nicht bei, und so ersann sie täglich Neues, um sie von ihrem Glauben abzubringen. Sich über den Lehrplan völlig hinwegsetzend, öffnete sie vor ihren Schülerinnen das ganze Arsenal der Gottlosen, und Angela vermochte nichts zu entgegnen. Sie stand aufrecht da, stumm, mit gesenktem Kopf, von einem Schluchzen gewürgt. Ihr Glaube blieb unerschütterlich, aber wie sollte sie ihn verteidigen?

Als die Zeit des Advents heranrückte, wurde der Unterricht immer mehr zu einem Duell zwischen der Lehrerin und diesem zehnjährigen Kind. Scheinbar triumphierte erstere und behielt immer das letzte Wort. Wozu dieses wütende

Beharren? Es war wohl Angelas Schweigen, das die Lehrerin außer sich brachte. Die Mitschülerinnen riefen in ihrer Bestürzung meine Hilfe an. Aber was konnte ich tun? Mein Eingreifen hätte die Atmosphäre nur noch mehr vergiftet. Gott sei Dank, Angela hielt stand. Es blieb nichts anderes als das Gebet, das Gebet aus allen unseren Kräften.

Die Sache wurde im Dörfchen und in der ganzen Umgebung bekannt. Aber niemand verwies es mir, daß ich Angela die tägliche Kommunion gestattet hatte. Es war keinem ein Geheimnis, daß die Lehrerin in dem zarten Kind ein allgemeines Gut, den Schatz des Glaubens treffen wollte. Die Eltern ermutigten ihre Tochter immer wieder auszuharren und plötzlich stand Angela im Mittelpunkt des allgemeinen Interesses. Alle bewunderten ihre Größe. Nur sie selbst hatte keine Ahnung, sie fühlte sich gedemütigt durch ihre Unfähigkeit, sich zu verteidigen und Beweisgründe für ihren Glauben beizubringen.

Kurz vor Weihnachten, am 17. Dezember, erfand Frl. Gertrud ein grausames Spiel, das, wie sie meinte, dem überkommenen Glauben, der ihre Schule verpestete, den Gnadenstoß versetzen sollte. Die Szene verdient es, in ihrem ganzen Umfang dargestellt zu werden. Angela wird ungezwungen in ein Frage- und Antwortspiel verwickelt: „Was tust du, Kind, wenn deine Eltern dich rufen?" „Ich komme", sagte Angela leise und scheu. „Sehr gut. Du hörst sie rufen und kommst sofort, wie es eben ein braves Kind tut. Und was geschieht, wenn deine Eltern den Rauchfangkehrer rufen?" „Er kommt", sagt das Kind. Ihr Herz schlägt ungestüm, es wittert eine Falle, kann sie aber nicht sehen. Frl. Gertrud funkelt mit den Augen und fragt weiter. Eine kleine Zeugin sagte mir später: „Sie schaute so boshaft, so entsetzlich boshaft ..." – „Gut, mein Kind. Der Rauchfangkehrer kommt, weil es einen gibt, weil er lebt." – Einen Augenblick herrschte Stille. Dann fährt die Lehrerin fort: „Du kommst, weil du lebst. Aber nehmen wir an, deine Eltern rufen deine Großmutter, die tot ist. Wird sie kommen?" „Nein, ich glaube nicht", entgegnete Angela. „Bravo. Und wenn deine Eltern den Ritter Blaubart rufen, oder das Rotkäppchen? Nun, was wird dann geschehen?" – „Es wird niemand kommen, weil das Märchen sind." Angela hebt den Blick, senkt ihn aber sofort wieder, weil sie nicht in die funkelnden Augen der ihr Gegenüberstehenden sehen kann. „Gut, sehr gut", triumphierte die Lehrerin. „Du scheinst ja heute sehr scharf denken zu können. Ihr seht also, Kinder, die Lebenden, diejenigen, die es gibt, die kommen, wenn man sie ruft. Und wer nicht kommt, wenn er gerufen wird, den gibt es entweder gar nicht oder er lebt nicht mehr. Das ist klar, nicht wahr?" „Ja", antwortete die Klasse im Chor. „Und jetzt wollen wir einen kleinen Versuch machen."

Zu Angela gewendet: „Geh du jetzt hinaus, Kind!" Die Kleine zögert, tritt dann aber aus der Bank und gleich fällt die Tür hinter dem schmächtigen Figürchen ins Schloß. „Und nun, Kinder, ruft sie!" „Angela, Angela", schallt es aus einunddreißig Kehlen. Man glaubt, es handle sich am Ende wirklich um ein Spiel. Angela kommt zurück, sie ist ganz verwirrt. Die Lehrerin genießt mit geschwellter Brust den Erfolg. „Wir sind also einer Meinung, nicht wahr?" sagt sie ... „Wenn ihr jemand ruft, der lebt, den es gibt, so kommt er. Wenn ihr jemand ruft, den es nicht gibt, kommt er auch nicht und er kann auch nicht kommen. Angela ist leibhaftig da, sie lebt; hört es, wenn ihr sie ruft, und kommt. Und jetzt nehmen wir an, ihr ruft das Jesuskind. Ist unter euch jemand, der noch an das Jesuskind glaubt?" – Einen Augenblick ist es ganz still. Dann melden sich einige schüchterne Stimmen: „Ja, ja ..." Zu Angela gewendet: „Und du, Kind, glaubst du, daß das Jesuskind dich hört, wenn du es rufst?" Angela antwortet tapfer: „Ja, ich glaube, daß es mich hört." „Sehr gut", spottete die Lehrerin. „Wir wollen einmal den Versuch machen." „Ihr habt vorhin gesehen", sagt sie zur Klasse gewendet, „daß

Angela hereinkam, nachdem ihr sie gerufen hattet. Wenn es ein Jesuskind gibt, wird es hereinkommen, wenn ihr es ruft. Ruft also alle miteinander ganz laut: – Komm, Jesuskind! – Eins, zwei, drei, alle miteinander!"

Die Kinder senkten die Köpfe. In das angstschwere Schweigen fällt ein Hohngelächter. „Da wollte ich euch haben, das ist mein Beweis. Ihr getraut euch nicht, es zu rufen, denn ihr wißt ganz gut, es würde nicht kommen, euer Jesuskind. Und es hört euch nicht, weil es kein Jesuskind gibt, ebensowenig wie einen kleinen Däumling oder einen Blaubart, weil alles bloß eine Sage ist." Bestürzt schweigen die Kinder noch immer. Die brutale Beweisführung trifft sie mitten ins Herz.

Wer in der Kinderpsychologie nur einigermaßen bewandert ist, weiß, wie Spitzfindigkeiten, die sich auf ein konkretes Experiment stützen, auf Kinder wirken müssen. – Die eine oder andere Schülerin begann, wie sie mir später gestanden, zu zweifeln. Ja, wirklich, wenn es das Jesuskind gibt, wieso sieht man es dann nicht?

Angela stand noch immer stumm und totenbleich da. „Ich habe gefürchtet, sie fällt um", erzählte mir eines der Mädchen. Die Lehrerin labte sich sichtlich an der Verwirrung der Kinder. Schließlich sagte sie triumphierend: „Zermalmt das Infame!"

Da geschah etwas völlig Unerwartetes. Angela sprang mit einem Satz mitten in die Klasse hinein, ihre Augen waren feurig, und sie schrie: „Wir wollen es aber doch rufen. Hört ihr! Alle miteinander rufen wir: Komm, Jesuskind!" – Im Augenblick stand die ganze Schar auf. Mit gefalteten Händen, ernsten und entschlossenen Blicken und von einer ungeheuren Hoffnung im Herzen riefen sie: „Komm, Jesuskind!"

Darauf war die Lehrerin nicht gefaßt gewesen. Sie trat unwillkürlich einige Schritte zurück. Den Blick hielt sie unverwandt auf Angela gerichtet. Eine Stille, schwer wie mit Todesangst geladen. Dann wieder die feine kristallklare Stimme Angelas: „Noch einmal!" Und alle Kinder riefen ein zweites Mal: „Komm, Jesuskind!" Es war ein Schrei, von dem die Mauern hätten einstürzen können, erklärte mir später ein Kind.

Und da geschah es. Ich will es mit den Worten der Kinder selbst berichten, ich habe sie alle einzeln befragt. Ihre unbeholfene Ausdrucksweise erschien mir richtiger als alle Darstellung, die wir Erwachsenen geben könnten. Ich armer Seelsorger, der ich war, hatte ein Zeichen selber recht notwendig. Man ist da unten oft sehr am Ende seiner Kräfte. – Die Kinder schauten nicht auf die Tür, sie schauten auf die Mauer vor ihnen und auf Angela. Da ging die Türe lautlos auf. Die Kinder merkten es, denn das ganze Tageslicht floh plötzlich auf diese Tür zu.

Das Licht wuchs und wuchs, dann wurde es eine Feuerkugel. Die Kinder bekamen Angst, aber es ging alles so schnell, daß sie nicht einmal Zeit hatten zu schreien. Die Kugel ging auf und in der Kugel erschien ein Kind, reizend und schön, wie sie noch keines gesehen hatten. Das Kind lächelte sie an, ohne ein Wort zu sprechen. Seine Gegenwart war von unendlicher Süße. Sie hatten keine Angst mehr, es war nur noch Freude. All das dauerte einen Augenblick? eine Viertelstunde? eine Stunde? – Seltsamerweise gingen die Meinungen in diesem Punkt auseinander. Sicher ist jedoch, daß das Geschehnis nicht die Dauer einer Unterrichtsstunde überschritt. Das Kind war weiß gekleidet und sah aus wie eine kleine Sonne. Es selbst brachte das Licht hervor. Die Tageshelle schien daneben schwarz. Einige der Mädchen waren davon wie geblendet und es taten ihnen die Augen weh. Andere betrachteten das Kindlein mühelos. Es sagte nichts, es lächelte bloß, dann verschwand es in der Lichtkugel, die allmählich zerging. Die Tür schloß sich auch von selbst leise. Voll Entzücken, das Herz voll Freude überflutet, konnten die Kinder kein Wort hervorbringen.

Da zerriß ein gellender Schrei die Stille. Ganz verstört und mit Augen, die ihr aus der Höhle traten, schrie die Lehrerin: – „Es ist gekommen! Es ist gekommen!" – Und dann floh sie und schlug die Tür hinter sich zu.

Angela schien aus einem Traum zu erwachen. Sie sagte einfach: „Ihr seht, es gibt das Jesuskind. Und jetzt wollen wir danken!" Die Kinder knieten nieder und beteten ein „Vaterunser", ein „Gegrüßt seist du, Maria" und ein „Ehre sei dem Vater". Dann verließen sie das Klassenzimmer, denn es hatte soeben geläutet, es war Pause.

Die Sache wurde bald ruchbar. Die Eltern suchten mich auf, und wie bereits erwähnt, befragte ich die Kinder, jedes für sich. Ich kann unter Eid bezeugen, daß ich in ihren Aussagen nicht den leisesten Widerspruch fand. Und was mich am meisten überraschte, ist der Umstand, daß ihnen schließlich die ganze Begebenheit nicht als etwas Außergewöhnliches erschien. „Wir waren in Bedrängnis", sagte eines der Mädchen, „und da mußte das Jesuskind kommen und uns helfen."
– Und die Lehrerin? fragte die Schriftstellerin, der Pater Norbert die Begebenheit erzählte. Ja, ich bin ihnen noch ein Nachwort schuldig. Frl. Gertrud mußte ins Irrenhaus gebracht werden. Die Schulbehörde vertuschte die Sache. Wie es heißt, hat die Lehrerin unaufhörlich geschrien: „Es ist gekommen, es ist gekommen!" Da konnte man sie natürlich nicht behalten. Ich wollte sie besuchen, aber mein Bemühen war vergeblich. Priestern wird der Zutritt in die Irrenanstalt kategorisch verweigert. Fälle religiösen Wahnsinns sind dort besonders zahlreich. Personen, die zum Beispiel an der Entweihung unserer Kirchen Schuld tragen, enden fast alle im Wahnsinn. Aber ich bete doch täglich bei der heiligen Messe für Frl. Gertrud. – Und Angela? Angela ist jetzt aus der Schule und hilft ihrer Mutter daheim. Ich glaube, sie möchte Ordensschwester werden, aber natürlich habe ich sie seit meiner überstürzten Abreise aus den Augen verloren.

Maria Winowska

«Der Heiland ist herinnen»

Eines der grössten eucharistischen Wunder der neueren Zeit ist neben Pater Pio und neben Marthe Robin die Stigmatisierte von Konnersreuth, Theres Neumann, in ihrer Umgebung nur «Resl» genannt. Sie wurde am 9. April 1898 in Konnersreuth in der Oberpfalz, nahe der böhmischen Grenze, als Tochter eines Schneiders geboren. 1918 verunglückte sie, als sie beim Löschen eines Brandes mithalf; Erblindung und Lähmung waren die Folgen. 1923 hatte sie eine Erscheinung der heiligen Theresia von Lisieux, wobei sie plötzlich geheilt wurde. In den Passionswochen 1926 empfing sie die Stigmata, die Wundmale Christi, an Händen und Füssen und an der Seite und gleichzeitig erhielt sie wie Anna Katharina Emmerich und andere Stigmatisierte die Fähigkeit, in Visionen die Passion Christi mitzuerleben. Gegen 700 mal haben die Stigmata geblutet, wurde sie Zeugin der schrecklichen Passion Christi, seines Leidens und seines Sterbens am Kreuz. Der Besucherstrom an Freitagen wurde immer grösser, nach dem Krieg kamen auffallend viele amerikanische Soldaten. Seit September 1927 bis zu ihrem Tod am 18. September 1962 nahm sie weder Speise noch Trank zu sich, sie lebte einzig und allein von der heiligen Kommunion. Ihre völlige Nahrungslosigkeit und ihre Stigmata wurden durch ärztliche Untersuchungen bestätigt. Theres Neumann pflegte eine sehr enge und herzliche Beziehung zum eucharistischen Heiland. Ihr Hunger nach dem eucharistischen Brot war unbeschreiblich. Dr. Johannes Steiner, ihr Biograph, schildert in seinem Buch «Theres Neumann von Konnersreuth, ein Lebensbild nach authentischen Berichten, Tagebüchern und Dokumenten» folgendes Erlebnis:

«Ich fuhr mit Resl und meiner Frau zur ‚Kappel' (berühmte Dreifaltigkeits-Wallfahrtskirche nahe bei Konnersreuth). Wir wollten nachsehen, ob die Renovation des Hochaltars schon beendet sei. Es mag um die Zeit der Währungsreform gewesen sein, weil der Pfarrer von Münchenreuth, zu dessen Pfarrei die Kappel gehört, für die Handwerker Essen beibringen musste, damit sie bei ihm arbeiteten. Als wir hineinkamen, sah ich kein Ewiges Licht und neigte deshalb nur das Haupt zum Gruss. Resl dagegen machte eine tiefe Kniebeuge und sagte alsbald: ‚Da ist fei' das Allerheiligste herinnen.' Ich sagte: ‚Resl, da ist ja kein Ewiges Licht da.' Sie antwortete: ‚Aber der Heiland ist herinnen.' Da machte ich auch, im Vertrauen auf ihre Worte, eine Kniebeuge. Nach einiger Zeit kam der Pfarrer von Münchenreuth und erzählte uns, nachdem der Tabernakel fertig sei, habe er heute früh das Allerheiligste wieder eingesetzt, allerdings habe Öl für das Ewige Licht gefehlt, das er gerade mitbringe."

Therese Neumanns Bruder Ferdinand berichtet: „Das Jahr kann ich nicht mehr genau angeben. Es dürfte 1932 gewesen sein. Aber genau weiss ich, dass es ein Sonntag war. Ich bin mit meiner Schwester Marie in der Küche des Pfarrhofes gesessen, da kam die Resl mit Herrn Pfarrer herein; ich glaube, es war nach der Nachmittagsandacht. Resl wurde sofort sehr erregt und sagte: ‚Da ist ja der Heiland herinnen.' Pfarrer Naber lachte und sagte: ‚Resl, da täuschst Du Dich aber gewiss. Der Heiland ist bestimmt nicht im Pfarrhof.' Sie sagte: ‚Doch, ich spür es doch; er ist ganz in der Nähe hier.' Und sie ging dabei auf einen Stoss Briefe zu, die noch ungeöffnet dalagen. Sie hat eigentlich gar nicht lange herumgesucht, sondern ein blaues Geschäftskuvert herausgezogen und es Pfarrer Naber gegeben. Er machte es auf, und da lag in einem Stück weissen Papier eine Hostie. Keine Zeile Text dazu, keine Absenderangabe. Nur die Anschrift: An Fräulein Theres Neumann, Konnersreuth. Poststempel Waldsassen."

Der Fall hat sich aber doch bald aufgeklärt. Einen in Verdacht stehenden Mann aus Waldsassen nahm man ins Verhör. Er gestand, er habe nach der Kommunion die heilige Hostie aus dem Mund genommen und sie in Zweifeln, ob dies mehr als Brot sei, nach Konnersreuth geschickt... Er habe die Tat tief bereut."

Im Juni 1952 habe ich Theres Neumann in Konnersreuth

besucht. Es war nicht an einem Freitag und ich habe sie infolgedessen nicht in Ekstase gesehen; ich war doch sehr beeindruckt von ihrer einfachen, unkomplizierten Art. Ich sagte zu ihr, ich hätte schon mehrere Bücher über sie gelesen, u.a. in meiner Gymnasialzeit das Buch von F. A. Achermann «Moskau – Konnersreuth». Sie winkte ab, als ob sie sagen wollte, das sei nicht so wichtig. Die Narben der Stigmen an ihren Händen habe ich genau gesehen. Zehn Jahre später, am 18. September 1962, ist sie gestorben. Ich weilte damals gerade an der Frankfurter Buchmesse, und ich erinnere mich, wie ich mich von Johannes Maria Höcht verabschiedete, der von der Buchmesse weg nach Konnersreuth zur Beerdigung fuhr. Jene, die an der Realpräsenz Christi im Heiligsten Altarssakrament zweifeln, sollten sich einmal näher mit Theres Neumann beschäftigen.

Arnold Guillet

Jesus Christus hat beim letzten
Abendmahl die Eucharistie
als Opfer und Sakrament
eingesetzt und zugleich
den Aposteln den Auftrag erteilt:
«Tut dies zu meinem Andenken!»
(Lk 22, 19)
Diesen Auftrag erfüllt
die Kirche im heiligen Messopfer.

Die plötzliche Heilung des Leo Schwager in Lourdes

Am 30. April 1952 wurde in Lourdes in Gegenwart einer grossen Menschenmenge ein junger Benediktiner aus der Schweiz von einer Sekunde zur andern von «Multipler Sklerose im Endstadium» geheilt. Nach Augenzeugenberichten wurde der schwer Gelähmte, der kaum einer Bewegung fähig war, sozusagen aus dem Krankenwagen geschleudert und fiel in Dankbarkeit vor seinem Schöpfer in die Knie, um als kerngesunder Mann aufzustehen. Der Fall wurde im Internationalen Ärztebüro in Lourdes nach strengsten wissenschaftlichen Methoden untersucht und noch während Jahren beobachtet. Schliesslich wurde die Heilung vom Internationalen Ärztlichen Komitee in Paris als sicher feststehend und als medizinisch unerklärbar anerkannt.

Der zuständige Bischof von Genf, Lausanne, Freiburg, François Charrière, gestützt auf die Berichte einer kanonischen Kommission, erklärte die Heilung als Wunder, das dem Eingreifen der Allmacht Gottes zuzuschreiben ist.

Ida Lüthold-Minder beschreibt das Leben und die Heilung des Benediktiner-Bruders Leo Schwager im Buch «Ich wurde in Lourdes geheilt», 4. Auflage 1987, Christiana-Verlag. Nachstehend bringen wir daraus das Kapitel über die Heilung während der Sakramentsprozession:

Die Glocken riefen zur Sakramentsprozession. Zum zweitenmal durfte Bruder Leo diese miterleben. Heute aber fühlte er sich elender als gestern. Um halb fünf klang es über den weiten Platz: «Pangue lingua gloriosi ...»

Langsam, feierlich setzen sich die Scharen in Bewegung, und die Engel mit ihnen. Maria, Unsere Liebe Frau von Lourdes, legt in dieser Stunde ihrem göttlichen Sohn ihre Wünsche und Bitten in besonderer Weise ans Herz für jedes ihrer Kinder. Ihr innigster Wunsch ist es, dass der Herr im heiligsten Sakrament verherrlicht werde und dass die Macht der unscheinbaren Hostie, die vom

Gold der Monstranz umschlossen ist, offenkundig werde, um die Herzen im Glauben zu bestärken. Ihr Mutterauge schaut auf Bruder Leo. «Herr, hilf ihm.» Und Christus antwortet nicht mehr wie gestern: «Meine Stunde ist noch nicht gekommen.» Er spricht ein Ja, und was Gott ausspricht, das geschieht sogleich. Dieses «Sogleich» wird bald eintreffen, wie ein Blitzschlag aus einer andern Welt. Die Prozession bewegt sich über die Esplanade. Und wieder ruft das Volk: «Herr, wenn du willst, kannst du mich gesund machen. Herr, mache, dass ich sehe. Herr, mache, dass ich gehe.» Wie ein fernes Rauschen tönt das Beten an Bruder Leos Ohren, so schwach ist er. «Jesus, Sohn Davids, erbarme dich meiner!» «Benedictus qui venit in nomine Domini», so singen die Scharen, denn der Herr ist wahrhaft da, mitten unter ihnen, ob es ihnen bewusst ist oder nicht, ob ihr Glaube stark oder schwach ist. Der Herr ist da, wahrhaft, wirklich, wesenhaft mit Leib und Seele, Menschheit und Gottheit, dem menschlichen Auge verborgen, im heiligsten Sakrament. In der Monstranz getragen, nähert er sich Bruder Leo. Er ist nur eines Gedankens fähig: «Herr, Dein Wille geschehe. Mutter Gottes, hilf uns.» Sie singen, viele mit ausgespannten Armen: «Parce Domine… Schone, o Herr, schone deines Volkes und zürne uns nicht auf ewig.» In diesem Augenblick wird die Monstranz mit der heiligen Hostie zum Segen über Bruder Leo erhoben. Jetzt spricht der Herr: «Ich will, sei gesund.» Dieses «Jetzt» ist unbegreiflich. Ein Schlag vom Kopf bis zum Fuss – das Ende! Nein! Was ist geschehen? Rechts und links trauen die Menschen ihren Augen nicht. Kardinal Gerlier, Erzbischof von Lyon, der den Segen spendet, ist so erschrocken, dass er beinahe die Monstranz fallen lässt. Da liegt der Benediktiner plötzlich auf den Knien vor dem Allerheiligsten. Wie von einem Blitzschlag getroffen, hat es ihn hinausgeworfen aus dem Krankenwagen. Er weiss nicht, wie es geschehen ist, er kniet da, ohne Schmerzen, mit neuer Lebenskraft in allen Gliedern. Menschliche Worte können dieses Ereignis nicht beschreiben, weil es jeden menschlichen Verstand übersteigt. Nur die Wirkung dieses

Einbruchs der andern Welt lässt sich erzählen. Da kniet er, den strahlenden Blick zur Monstranz erhoben. Tränen rinnen über seine Wangen. «Hochpreiset meine Seele den Herrn», jubelt er, nur durch einen schwachen Schleier vom Schauen getrennt. Dann betet er: «In Demut bet' ich dich, verborgene Gottheit, an, die du den Schleier hier des Brotes umgetan.» Und mit ihm dankt die Mutter Jesu ihrem göttlichen Sohne. Was muss es diesem von Liebe glühenden Mutterherzen für eine Freude bedeuten, wenn eines ihrer Kinder von Jesus in besonderer Weise berührt wird! Sie weiss, was Leiden heisst. Sie hat ihren einzigen Sohn am Kreuz verbluten gesehen und konnte Ihm nicht helfen. Jetzt erhört er dafür ihre Bitten. – Langsam entfernt sich Kardinal Gerlier mit dem Allerheiligsten, um die nächsten zu segnen. Bruder Leo bleibt auf dem Boden knien und schaut ihm nach. Er achtet die Menschen nicht, aber die Menschen sehen ihn. Ein Räuspern, ein Staunen. Krankenschwestern beobachten ihn! Ein Arzt, der die Prozession begleitet, dreht sich immer wieder nach ihm um. Wir werden sein Zeugnis noch vernehmen. Nach ungefähr zehn Minuten wird das «Tantum ergo» angestimmt. Noch einmal erhebt der Erzbischof die Monstranz zum Segen fürs ganze Volk. Dann bleibt der Herr noch da und hört auf den Lobpreis aller Herzen, besonders des glücklichsten unter allen, die da rufen:
«Gott sei gepriesen!
Gepriesen sei sein heiliger Name!
Gepriesen sei Jesus Christus, wahrer Gott und wahrer Mensch!
Gepriesen sei der Name Jesu!
Gepriesen sei sein heiligstes Herz!
Gepriesen sei Jesus im allerheiligsten Sakrament des Altares!
Gepriesen sei die erhabene Gottesmutter, die heiligste Jungfrau Maria!
Gepriesen sei ihre heilige und unbefleckte Empfängnis!
Gepriesen sei der Name der Jungfrau und Mutter Maria!
Gepriesen sei der heilige Josef, ihr keuscher Bräutigam!
Gepriesen sei Gott in seinen Engeln und Heiligen!»

Kardinal Gerlier trägt das heilige Sakrament durch das geöffnete Portal in die Rosenkranz-Basilika. In wunderbarer Disziplin hat sich alles abgespielt. Bruder Leo erhebt sich vom Boden, ohne Hilfe, ohne Stütze. Ist es wahr, was da geschah? Jetzt ist es aus mit der Ruhe. Viele Leute umringen ihn, bestaunen ihn, berühren ihn. Er wird mit Fragen bestürmt. Bevor er sich recht fassen kann, steht der Pilgerarzt, Dr. med. H. Jeger von Chur, neben ihm und befiehlt ihm mitzukommen. An seiner Seite schreitet Bruder Leo durch die Menge, ganz frei, ohne jede Schwäche, er, der vor einer Stunde noch kein Glied regen konnte. Noch ganz benommen von dem Unfassbaren, kehrt er ins Asyl zurück, den Wagen schickt man fröhlich ohne Insassen an seinen Ort. Der Arzt betritt mit dem Geheilten einen Krankensaal, und sogleich beginnt ein erster Untersuch durch Fräulein Dr. med. Schönenberger. Es ist abends gegen halb sechs. Draussen raunt es einer dem andern zu: *«Einer von uns wurde geheilt.»*

Ida Lüthold-Minder

Monstranz

Goldgefäss der Gnade
neue Bundeslade
vor uns hingestellt.

Brot in Sonnenscheibe
Gottes Leib und Bleibe
mitten in der Welt:

Dich anschaun löst Binden
vom Gesicht der Blinden,
Dich anschauen macht gut.

Lasst uns niedersinken
und anbetend trinken
Glauben, Hoffnung, Glut.

Silja Walter

Du hast doch auch noch Brot bei dir…

Die Steyler Missionare P. Götsch und Bruder Gervasius hatten einmal in China ein eigenartiges Erlebnis, das sich jedem verstandesmässigen Begreifen entzieht. Bruder Gervasius, der den Forscher Dr. Filchner durch Tibet nach Indien begleitet hatte, erzählte die Begebenheit, die in geheimnisvollere Bezirke als fremde Länder führt.

Eines Tages begleitete er den Pater von Kaotai zu einer Schwerkranken im Süd- oder Richthofengebirge. Nach dreitägigem Ritt von mehr als zweihundert Kilometern waren sie am Ziel und fanden die Kranke bereits tot.

Bedrückt traten die Missionare den Heimweg an. Sie hatten fast die Hälfte des Bergritts hinter sich, als sie ein Junge am Weg erwartete und sie bat, zu seiner Mutter zu kommen. Der Junge führte sie zehn bis fünfzehn Kilometer abseits zu einer kleinen Ortschaft.

In einer Lehmhütte wartete die Sterbende und stellte sogleich sonderbare Fragen:

„Ausländer, willst du mir die Wahrheit sagen und auf meine Fragen antworten?"

„Aber gewiss, Mutter."

„Gibt es einen Gott, in dem drei Gestalten sind? Gibt es im anderen Leben einen Freudenort für die Guten und einen Schreckensort für die Bösen? Stimmt es, dass Gott auf diese Erde gekommen ist, um für die Menschen zu sterben und ihnen den Ort der Freude zu öffnen? Ausländer, ist das alles wahr?"

Der Priester bejahte staunend. Woher hatte die Kranke diese Kenntnisse?

„Gut, du hast Wasser bei dir", fuhr die Kranke fort, „so wasche mich, damit ich an den Ort der Freude komme."

Woher wusste sie, dass der Pater Taufwasser bei sich hatte? Die Entschiedenheit der Kranken hatte etwas Kindliches und zugleich Überlegenes. P. Götsch unterrichtete sie kurz und spendete ihr die heilige Taufe. Da rief die Kranke voll Freude: „Du hast doch auch noch Brot bei dir. Es ist kein gewöhnliches Brot, sondern Gott ist in ihm. Gib mir auch davon."

Der Priester trug noch das Allerheiligste auf der Brust. Die Sterbende wusste auch das. Er reichte ihr die Kommunion und spendete ihr das Sakrament der heiligen Krankensalbung.

Dann sagte er:

„Bisher hast du Fragen gestellt, jetzt stelle ich einige Fragen. Woher hast du die Wahrheiten des Glaubens? Bist du früher mit katholischen oder evangelischen Christen in Berührung gekommen?"

„Nein, Ausländer."

„Aber du hast christliche Bücher gelesen?"

„Ich kann gar nicht lesen, Ausländer, und wusste auch nicht, dass es solche Bücher gibt."

„Aber woher hast du denn deine Glaubenskenntnisse?"

„Ich habe nur gedacht, es müsse so sein und habe fast zehn Jahre danach gelebt. Auch meine Kinder habe ich danach unterrichtet, du kannst sie alle waschen (taufen)."

„Wusstest du denn, dass wir heute vorbeikämen?"

„Gewiss, ich hatte einen Traum und sah einen älteren Mann. Der sagte mir, ich solle meinen Jungen zum Weg schicken und die beiden Ausländer rufen. Sie würden mich waschen für den guten Ort nach dem Tod."

Die Missionare waren tief gerührt. Das Wesen der Kranken war im Angesicht des Todes so einfach, dass kein Raum für Zweifel blieb. Zum Abschied schenkten sie ihr ein kleines Bild vom heiligen Josef, dem Patron der Sterbenden. Da war die Kranke ausser sich vor Freude.

„Den kenne ich, der hat mich ja besucht. Er war schon öfter bei mir und liess mich den Jungen auf den Weg schicken, um euch zu rufen."

War es im Traum, oder war er in Wirklichkeit bei ihr gewesen? Sie wusste es nicht und es war ihr auch nicht wichtig. Wichtig war, was sie durch ihn erfahren hatte.

Die Missionare hatten über vieles nachzudenken. Wie sie später erfuhren, starb die Frau noch in der gleichen Nacht.

Aus der Zeitschrift «Weite Welt», Nr. 1, Januar 1976, L. Lenzen.

Ein eucharistisches Lied an den Lebensbaum.

Sei gegrüsst, sei gegrüsst, o Lebensbaum,
der du uns die Frucht des Lebens schenkst!
Aus der Mitte dieser Erde
klagt mein Herz, seufzt mein Herz.
O! wer wird mir Flügel geben,
dass ich zu meinem Liebsten fliege!
Sei gegrüsst, sei gegrüsst, o Lebensbaum,
der du uns die Frucht des Lebens schenkst!

Auf deinen Blättern seh ich diese Worte stehen:
Fürchtet nichts!
Dein Laub sagt: Habet Hoffnung!
Dein Geäst ruft mir zu: Liebe!
Und dein Schatten: Demut!
Sei gegrüsst, sei gegrüsst, o Lebensbaum,
in dir finde ich die Frucht des Lebens.
Aus der Mitte dieser Erde
klagt mein Herz, seufzt mein Herz.
O! wer wird mir Flügel geben,
dass ich zu meinem Liebsten fliege!
Sei gegrüsst, sei gegrüsst, Baum voller Segen!
Denn du trägst die Frucht des Lebens.
In deinem Schatten will ich klagen,
zu deinen Füssen will ich sterben.

Schwester Maria von Jesus dem Gekreuzigten (1846 – 1878), genannt "Mirjam, die kleine Araberin"

Wie die heilige Clara die Sarazenen in die Flucht schlug

Wie der heilige Franziskus war auch Clara, seine ebenbürtige Jüngerin, eine eucharistische Heilige im besten Sinne des Wortes. Sie schätzte die Heilige Eucharistie, sie hatte grösste Ehrfurcht davor und hatte, wie uns Thomas von Celano, ihr Biograph, schildert, eine „wunderbare Andacht zum Altarssakrament".

Vor allem aber wurde die heilige Clara als eucharistische Heilige bekannt durch jene ebenfalls von Thomas von Celano berichtete Szene, wie die Heilige durch das heiligste Altarssakrament die Sarazenen in die Flucht schlug: „In jenem Sturm, den die Kirche unter Kaiser Friedrich II. in verschiedenen Teilen der Welt aushalten musste, bekam das Spoletotal häufiger vom Kelch seines Zornes zu trinken. Dort lagerten auf kaiserlichen Befehl Scharen von Kriegsvolk und sarazenische Bogenschützen gleich Bienenschwärmen, um Festungen zu zerstören und Städte zu erobern. Als die Feinde in ihrer Wut sich einmal auf Assisi, die Stadt, die der Herr besonders liebte, stürzten und das Heer sich sogar schon den Stadttoren näherte, drangen die Sarazenen, ein verruchtes Volk, das nach dem Blute der Christen dürstete und jeglichen Frevel schamlos wagte, bei San Damiano in die Gemarkungen des Ortes, ja sogar in das Kloster der Jungfrauen selbst ein (an einem Freitag im September 1240). Die Frauen vergingen vor Angst, ihre Stimmen erzitterten vor Furcht, und sie brachten ihr Wehklagen zur Mutter (Clara) hin. Sie aber, die krank darniederlag, blieb furchtlos und liess sich zur Tür führen, vor die Feinde hinlegen und vor sich her ein silbernes, innen mit Elfenbein ausgelegtes Kästchen tragen, in welchem der Leib des Heiligen der Heiligen andächtigst verehrt wurde. Als sie sich im Gebete Christus, ihrem Herrn, ganz und gar anheimgegeben hatte, sprach sie unter Tränen: ‚Willst Du, mein Herr, Deine wehrlosen Mägde, die ich in Deiner Liebe erzogen habe, den Händen der Heiden überliefern? Beschirme, Herr, ich bitte, diese Deine Dienerinnen, die ich jetzt nicht mehr beschützen kann!' Bald hörte sie von der neutestamentlichen Sühnestätte her eine Stimme wie die eines Knäbleins an ihr Ohr dringen: ‚Ich werde euch immer behüten.'

‚Mein Herr', sprach sie weiter, ‚und wenn es Dir gefällt, so schütze auch diese Stadt, die uns um Deiner Liebe willen ernährt!' Und Christus antwortete: ‚Schwere Heimsuchungen wird sie bestehen müssen, aber durch Meinen Schutz wird sie sich behaupten.' Da erhob die Jungfrau (Clara) ihr tränenvolles Antlitz und stärkte die weinenden Schwestern, indem sie sagte: ‚Im Glauben beschwöre ich euch, meine Töchter, kein Leid wird uns geschehen, vertraut nur auf Christus!' Siehe, ohne Verzug, alsogleich war der Verwegenheit jener Hunde eine Schranke gesetzt und sie erbebten und flohen schleunigst über die Mauern, die sie bestiegen hatten, und mussten der Macht der Beterin weichen. Sogleich verbot aber Clara jenen, welche die erwähnte Stimme gehört hatten, eifrig drohend folgendes: ‚Hütet euch auf jegliche Weise, geliebteste Töchter, mit jemand, solange ich lebe, über jene Stimme zu sprechen!'"

Diese Szene ist in der christlichen Kunst mindestens seit dem 15. Jahrhundert oft zur Darstellung gebracht worden, zumal in den Türkenkriegen die Abwehr der Ungläubigen durch das Allerheiligste neue Aktualität gewonnen hatte.

Aus Ferdinand Holböck «Das Allerheiligste und die Heiligen», Christiana-Verlag.

Das Sakrament des Altares
ist der Leib und das Blut
Jesu Christi auf dem Altar
als Opfer (Messopfer)
dargebracht und den Gläubigen
zur Speise (Kommunion)
gegeben.

«Bist du Christ?»

Aus den Tagen der Erstürmung Berlins 1945

Pater Rösch SJ berichtet aus unmittelbarem Erleben:

Es war Ende April 1945. Nach dem langersehnten und nur mehr durch ein Wunder Gottes geschenkten Auszug aus den düsteren Todeszellen – wenige Stunden vor der Erstürmung des Zuchthauses durch die russischen Truppen – zogen wir unter Granatfeuer durch die Strassen Berlins. Zu dritt fanden wir eine freundliche Aufnahme bei Schwestern, die in diesen Schreckenstagen der Eroberung einer Weltstadt die Kleinen und Kleinsten, vor allem elternlos gewordene Kinder, um sich gesammelt hatten.

Am Abend des 30. April verstummte allmählich das Artilleriefeuer; die ganze Strassenzeile und die Häuser um das Kloster herum, die noch vor einigen Tagen unversehrt waren, sind in Brand geschossen und brennen langsam, aber unaufhaltsam ab. Schwere Rauchnebel lagern sich über unser Viertel. Wir suchen in der Nacht Wasser; denn alles ist unterbrochen, es gibt keinen elektrischen Strom mehr, kein Licht, kein Gas.

Am andern Tag, dem 1. Mai, feiern wir sehr früh die heilige Messe. Es wird ein sehr ernster und sehr schwerer Tag werden. Gegen sieben Uhr schauen wir aus dem Haus hinaus – vorsichtig! Die endlos lange Strasse ist völlig menschenleer. Aller Kampf ist verstummt. Es ist sicher, die Russen haben dieses Gebiet erobert. Nun werden sie bald kommen.

Wir Priester – es sind unser drei – gehen an die Pforte. Wir wollen dort sein, wenn die ersten Russen ins Haus kommen. Plötzlich hören wir schwere Schläge an dem grossen Tor, viel Geschrei und Schiesserei. Wir machen das grosse Eingangstor nicht auf.

Nun stürmen fünf Soldaten durch die kleine Tür daneben. Sie sehen uns – inzwischen war eine Schwester zu uns gekommen – verdutzt in einer Reihe stehen. „Die ersten Russen", denke ich, „wie mag alles gehen?" Da schreit der Anführer auf deutsch:

„Hände hoch." Wir folgen. Der Reihe nach fragt er uns: „Du Soldat? – Du Soldat? – Nix Soldat?" Er fängt von vorne an. „Du Munition? – Du Munition?" Jeder sagt mit mehr oder weniger Herzklopfen: „Nix Munition!" Die Russen tasten uns ab, ob es auch stimmt. Und nun geht es los: „Urri – Urri – Urri" – in allen Stärken und Tonarten. Allmählich wird es uns klar, sie wollen Uhren haben. Der eine Priester hat eine sehr wertvolle Uhr; sie wird ihm abgenommen. Der andere hat eine ziemlich wertlose; sie verschwindet in den Händen eines Russen. Nun schreit mich wieder einer an: „Urri – Urri!" – „Nix Urri." Er wird anscheinend wütend und legt die Pistole an. „Nix Urri – Gestapo Urri" – und dabei mache ich das Zeichen von Gitterfenstern mit aneinandergelegten offenen Fingern.

Da staunt er. Er macht das gleiche Zeichen und fragt: „Du Gestapo gefangen?" – „Ja." Da sagt er plötzlich zu mir: „Germanski gut." Die erste Gefahr ist also vorüber, und wir atmen auf.

Nun beginnt der Führer uns einzeln sehr ernst und eindringlich zu fragen, einen nach dem andern: „Du Jesus Christos?" Dabei hält er die Maschinenpistole vor seiner Brust, den Lauf auf uns gerichtet. Der erste Priester antwortet ruhig: „Ja – Jesus Christos", d.h. ich glaube an Jesus Christus. – Jeder von uns wird gefragt: „Du Jesus Christos?" Und jeder gibt die Antwort: „Ja, Jesus Christus." In der Seele aber spielt sich unsagbar rasch ein ganz eigenartiges Erleben ab. Zunächst will es wie eine tiefe Trauer aufsteigen: der Todeszelle entronnen – und jetzt erschossen werden in der ersten wiedergewonnenen Freiheit! Dann aber leuchtet ein beglückender Gedanke auf: „Jesus Christus – wenn wir für Ihn sterben dürfen, dann ist es Martyrium – für Ihn. In wenigen Minuten ist es vorbei, und wir sind daheim bei Jesus Christus."

Da geschieht etwas ganz Unerwartetes. Der Anführer der Russen lässt seine Maschinenpistole sinken, seine streng-ernsten Züge hellen sich auf, er beginnt leise zu lächeln, verneigt sich, macht dreimal auf griechische Weise das Zeichen des Kreuzes und spricht ehrfürchtig dabei: „Jesus Christos." Seine Augen schauen uns freundlich an. Der erste Russe, den wir treffen, ist ein Christ! Nun sind wir erstaunt; wir können uns kaum fassen.

Ich wende mich an den Anführer der Russen mit den Worten: „Du nix Leningrad, nix Moskawa, du Kiow, Ukraino?" Das soll heissen, du bist von Kiew, wo es ja immer viele griechisch-unierte Katholiken gab. Fast jubelnd antwortete er mit einem ungemein frohen Gesicht: „Kiow, Ukraino. Jesus Christos." Er will sagen, er ist aus Kiew, ein gläubiger Christ und so mit uns durch den Glauben verbunden. Eine unfassbar gütige Führung Gottes! Da fällt mir ein: „Heute ist ja der 1. Mai. Daheim feiern sie die schönen Maiandachten. Ich will den Russen nach Maria, der Muttergottes fragen. Ich deute auf ihn mit den Worten: „Du – Maria?" Es soll heissen: „Glaubst du auch an Maria?" Er versteht die Frage, und sofort müssen wir drei Priester und die Schwester uns wieder in eine Reihe aufstellen, um neuerdings examiniert zu werden. Er deutet auf jeden von uns und sagt: „Du – Maria?" – „Ja, Maria", lautet unser einfaches Glaubensbekenntnis. Was geschieht? Nun räumt er seine Taschen aus – Gold, Silber, Perlen, Diamanten, kostbare

Uhren, ein Reichtum von Schmuck kommt zum Vorschein. Er muss also schon viele Wohnungen ausgesucht haben. Alles lässt er prüfend durch die Finger gleiten. Bald wird er ungeduldig – er kramt in seinen inneren Rocktaschen herum – dann aber wird er fröhlich und zeigt uns eine grosse Medaille: „Maria-Kasan". Er hat gefunden, was er sucht, eine schöne Muttergottes-Medaille von dem berühmten russischen Wallfahrtsort Kasan. Jetzt gibt er uns ganz freundschaftlich die Hand.

Da flüstere ich der Schwester zu: „Möglichst rasch fort – ins Haus zu den Babys – jede Schwester soll eines nehmen – mit ihnen im Keller sitzen, wo das Allerheiligste aufbewahrt ist." Es gelingt ihr, unbemerkt wegzukommen, weil die anderen Russen auch die Medaille anschauen. Gottlob, wir drei Priester sind allein. Ein neues Verhör beginnt: „Soldat im Haus?" Wir nicken, nehmen einen Rotkreuzwimpel in die Hand und führen die Russen, allerdings mit grossem Herzklopfen, in den Kohlenkeller zu den Schwerverwundeten. Gebe Gott, dass sie ihnen nichts tun! Aber sie suchen nur Uhren und sind damit zufrieden. Darauf durchstöbern sie das ganze Haus und ziehen ab. Während des Tages kommen immer wieder neue Soldaten, treiben sich überall in den offenen Räumen herum, nehmen mit, was ihnen gefällt. Freundlich sind sie nur zu den ganz Kleinen; wenn sie das Allerheiligste sehen und die Schwestern davor mit den Allerkleinsten, dann sind sie scheu und verschwinden rasch wieder. Es kommt die Nacht und mit ihr eine Masse neuer Soldaten, ganz unheimliche Gestalten darunter. Sie sind schwer betrunken. Was in dieser Nacht Schauriges ringsherum geschah, das soll verschwiegen sein. Die Schwestern und wer sich in ihr Haus hatte flüchten können, bleiben verschont, blieben für immer verschont. Alle wachten die Nacht durch vor dem Allerheiligsten. Sie hatten Schutz und Hilfe und Rettung gefunden im Kreuz und Rosenkranz und bei unserm Herrn in der heiligsten Eucharistie.

Karl Maria Harrer